The Harcourt College Publishers World Languages Accuracy Commitment: From Manuscript to Bound Book

As a leading textbook publisher in world languages since 1866, Harcourt College Publishers recognizes the importance of accuracy in world language textbooks. In an effort to produce the most accurate programs available we have added two stages to the development of our introductory and intermediate programs – **double proofing** in production and a **final accuracy check** by experienced teachers.

The outline below shows the unprecedented steps we have taken to ensure accuracy:

Author	Writes and proofs first draft.
1st Round of Reviews	Review of first draft manuscript. Independent reviewers check for clarity of text organization, pedagogy, content, and proper use of language.
Author	Makes corrections/changes.
2nd Round of Reviews	Review of second draft manuscript. Independent reviewers again check for clarity of text organization, pedagogy, content, and proper use of language.
Author	Prepares text for production.
Production	Copyediting and proofreading. The project is **double-proofed** – at the galley proof stage and again at the page proof stage.
Final Accuracy Check	The entire work is read one last time by experienced instructors, this time time to check for accurate use of language in text, examples, and exercises. The material is read word for word again and all exercises are worked to ensure the most accurate language program possible. The accompanying workbook/lab manual, tapescript, and video are proofed simultaneously.
Final Textbook	Published with final corrections.

Harcourt College Publishers would like to acknowledge the following instructors who, along with others, participated in the final accuracy check for the seventh edition of *Civilización y cultura:* Margarita Cota-Cárdenas, Arizona State University: Felipe Dobarganes, Tarrant County College, South; Juan Carlos Gallego, California State University at Fullerton; Luis Hermosilla, Kent State University; Mary Pable, University of Wisconsin at Washington County; Richard A. Seybolt, University of Minnesota, Duluth; Estrella Sotomayor, University of Wisconsin at Milwaukee.

MÉXICO, AMÉRICA CENTRAL Y EL CARIBE

ESTADOS UNIDOS

Albuquerque

San Diego
Mexicali
Tijuana
Nogales
Nogales
El Paso
Ciudad Juárez
Hermosillo
Chihuahua

Río Bravo

San Antonio

Nuevo Laredo
Laredo

GOLFO DE MÉXICO

BAJA CALIFORNIA

SIERRA MADRE OCCIDENTAL

MÉXICO

SIERRA MADRE ORIENTAL

Río Bravo

Monterrey
Brownsville
Matamoros

Mazatlán

Aguascalientes
San Luis Potosí
León
Tampico

Puerto Vallarta
Guadalajara

PENÍNSULA DE YUCATÁN

Cancún
Mérida
Chichén Itzá

México, Distrito Federal

Taxco
Cuernavaca
Puebla
Veracruz

BAHÍA DE CAMPECHE

OCÉANO PACÍFICO

Acapulco
Oaxaca
Palenque

Belmopan
BELICE

Elevación en metros

4.000+
2.000–4.000
500–2.000
200–500
0–200

Nivel del mar

0   125   250   375   500 MILLAS

0   250   500   750 KILÓMETROS

Guatemala

Tegucigalpa

GUATEMALA

San Salvador

EL SALVADOR

Managua

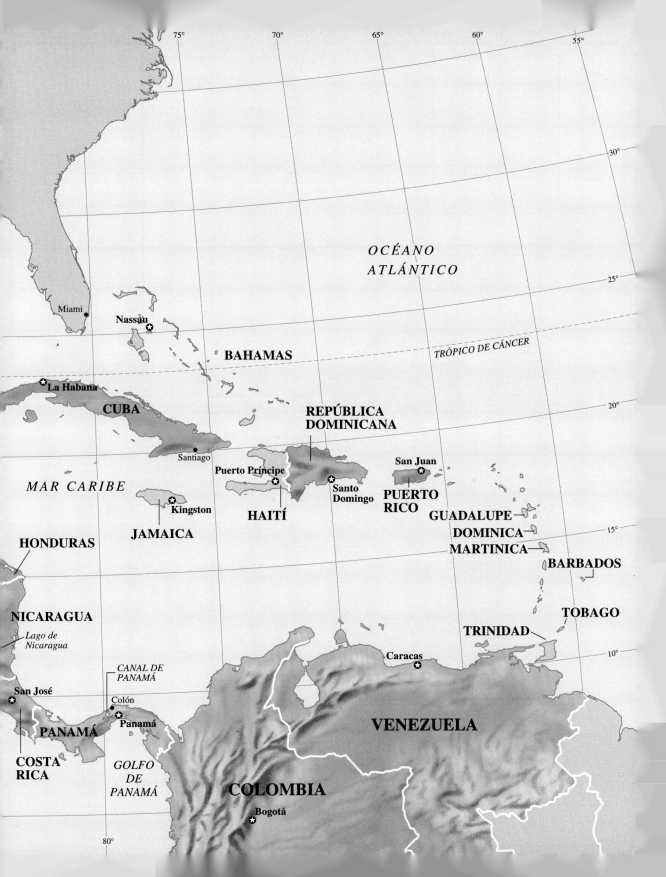

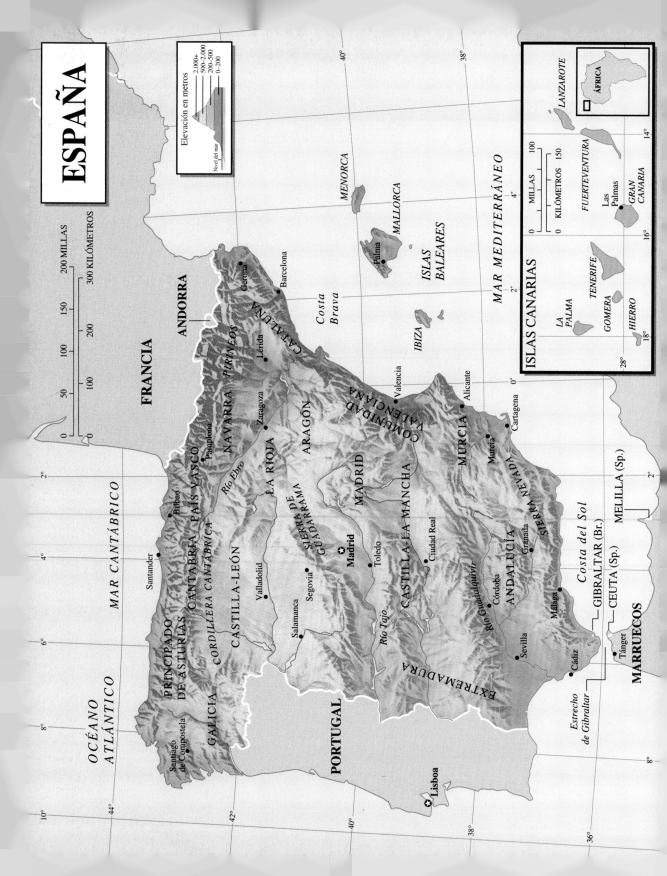

CIVILIZACION Y CULTURA

INTERMEDIATE SPANISH

SEVENTH EDITION

John G. Copeland
Late of the University of Colorado

Ralph Kite

Lynn A. Sandstedt
Professor Emeritus
University of Northern Colorado

HARCOURT COLLEGE PUBLISHERS

Fort Worth   Philadelphia   San Diego   New York   Orlando   Austin   San Antonio
Toronto   Montreal   London   Sydney   Tokyo

Publisher: Phyllis Dobbins
Acquisitions Editor: Jeff Gilbreath
Marketing Strategist: Jill Yuen
Developmental Editor: Nancy Geilen
Project Manager: Andrea Archer

Cover Design: Clarinda Publication Services

ISBN: 0-03-029401-0
Library of Congress Catalog Card Number: 00-107249

Address for Domestic Orders
Harcourt College Publishers, 6277 Sea Harbor Drive, Orlando, FL 32887-6777
800-782-4479

Address for International Orders
International Customer Service
Harcourt College Publishers, 6277 Sea Harbor Drive, Orlando, FL 32887-6777
407-345-3800
(fax) 407-345-4060
(e-mail) hbintl@harcourtbrace.com

Address for Editorial Correspondence
Harcourt College Publishers, 301 Commerce Street, Suite 3700, Fort Worth, TX 76102

Web Site Address
http://www.harcourtcollege.com

Harcourt College Publishers will provide complimentary supplements or supplement
packages to those adopters qualified under our adoption policy. Please contact your
sales representative to learn how you qualify. If as an adopter or potential user you
receive supplements you do not need, please return them to your sales representative or
send them to:
Attn: Returns Department, Troy Warehouse, 465 South Lincoln Drive, Troy, MO 63379.

Printed in the United States of America

0 1 2 3 4 5 6 7 8 9   032   9 8 7 6 5 4 3 2 1

Harcourt College Publishers

This seventh edition of *Intermediate Spanish*

is dedicated to the memory of John G. "Pete" Copeland,

an inspirational teacher and an equally inspired

friend and colleague.

Ralph Kite and Lynn A. Sandstedt

Índice

Preface

With the publication of *Intermediate Spanish*, the materials available for use at the intermediate level took a step in a new direction. We had long believed that it would be desirable to have a "package" of materials, unified in content but varied in the possibilities for use in the classroom, that would be flexible enough that the instructor could easily adapt them to his or her own teaching style and particular interests.

With this in mind, we devised the three highly successful textbooks that made up our intermediate level program. *Conversación y repaso* reviews and expands upon the essential points of grammar covered in the first year and also includes dialogues, abundant exercises, and a variety of activities intended to stimulate conversation. *Civilización y cultura* presents a variety of topics related to Hispanic culture. The approach in this reader is thematic rather than purely historical, and the topics have been chosen both for the insights that they offer into Hispanic culture and for their interest to students. The exercises are designed to reinforce the development of reading and writing skills, to build vocabulary, and to stimulate class discussion. *Literatura y arte* introduces the student to literary works by both Spanish and Spanish-American writers and to the rich and diverse contributions of Hispanic artists to the fine arts. The accompanying exercises also stress the development of reading and writing skills and include vocabulary-building and conversational activities.

One of the salient features of the program is the thematic unity of the texts. Each unit of each textbook has the same theme as the corresponding unit of the others. For example, Unit 7 of the grammar textbook deals with the subject of poverty and the problem of the migration of workers in Hispanic culture in its dialogues and conversational activities. The same theme is treated in the essay «Aspectos económicos de Hispanoamérica,» the seventh unit of the civilization and culture reader, and the theme of poverty is further explored in Unit 7 of the literature and art reader in the short story «Es que somos muy pobres» and in the essay on the murals of Diego Rivera.

We have found that this thematic unity offers several advantages to the teacher and student: (1) the teacher may combine the basic grammar and conversation book with either or both of the readers and be assured that essentially the same cultural and linguistic information will be presented to the students; (2) the amount of material to be covered may be adjusted through the choice of one textbook or more, making it possible to balance the quantity of material and the amount of classroom contact available; (3) if one book is used in the classroom, another may be used for outside work by those students who wish additional contact with the language; (4) for individualized programs, only those units may be assigned that are relevant to the student's particular interests. If several books are used, the students will absorb a considerable amount of vocabulary related to the theme, and by the end of their study of the topic, they will have overcome, at least in part, their reluctance to express their own ideas in Spanish. We have tested this "saturation" method in our own classrooms and have found it to be quite effective. We suggest that if several books are used, the grammar and initial dialogue should be studied first, followed by one or more of the other textbooks, and finally, the conversation stimulus section of the grammar and conversation text.

Like the earlier editions, this Seventh Edition of *Intermediate Spanish* contains materials that will be of interest to students of different disciplines. Throughout, our goal has been to present materials that will enable students to develop effective communicative skills in Spanish and motivate them to want to know more about the culture they are studying.

We would like to thank the following colleagues for their valuable comments and suggestions for the seventh edition of *Civilización y cultura:* Enrica J. Ardemagni, Indiana University Purdue University Indianapolis; Dr. Rosamel S. Benavides, Humboldt State University; Karen Berg, College of Charleston; Beatriz Calvo, Auburn University—Montgomery; Isabel Cavour, University of Dayton; Carmen L. Chávez, Clemson University; Margarita Cota-Cárdenas, Arizona State University; Felipe Dobarganes, Tarrant County College, South; Juan Carlos Gallego, California State University at Fullerton; Constance García-Barrio, West Chester University; Manuel García-Castellón, University of New Orleans; Lloyd Halliburton, Louisiana Tech University; Luis Hermosilla, Kent State University; Jerry W. Larson, Brigham Young University; Mary Pable, University of Wisconsin at Washington County; Federico Pérez Pineda, University of South Alabama; Richard A. Seybolt, University of Minnesota, Duluth; Estrella Sotomayor, University of Wisconsin at Milwaukee; Janet Snyder, Topeka High School; James Reese Weckler, Moorhead State University; Nancy Zechiedrich, Westark College.

Finally, we would like to thank our editor, Tashia Stone, for her useful suggestions and her careful editing of the text.

The Intermediate Spanish Series and the Standards

The material found in each of the three texts that make up the Intermediate Spanish Series has been developed in the following way which will enable the student to achieve the five C's which are the goals of the National Student Standards.

Communication

The paired and group activities and tasks included in each of the three texts provide a variety of opportunities for the student to be actively engaged in the **interpersonal, interpretive,** and **presentational** aspects that constitute real communication. Through a series of activities the student has ample opportunities to develop the four language skills and then integrate them in authentic everyday, communicative activities.

Culture

Cultural themes related to the **perspectives, practices,** and **products** of the Hispanic world are approached in a different way in each of the texts. In *Conversación y repaso*, the students encounter the **perspectives** of people from the Hispanic world through a series of dialogues and listening exercises. The **practices** found in the Hispanic world which are the results of how the people of those regions perceive their own reality are discussed in greater depth in the *Civilización y cultura* text. Authentic material from newspapers and magazines give an accurate view of the various cultures and people of the Hispanic world. A sampling of the major **products** of the Hispanic world are presented in the *Literatura y arte* text via a selection of short stories and poetry written by well-known Hispanic writers. Representative examples of art of the Hispanic world are also found at the end of each unit. This combination of literature and art provides the student with a broader view of the culture of the Spanish-speaking world which allows them to develop a greater understanding and appreciation of the culture of that part of the world.

Connection

Through the material found in each unit of each of the three texts, students come in contact with other disciplines through their study of geography, religion, literature, art, and history of the Hispanic world. The activities found in each text ask the student to access the Internet to find additional material that relates to some of the themes under study. Much of this material is only written in Spanish which helps the students to realize the importance of knowing a second language if they wish to research information found on the Internet that may only appear in Spanish.

Comparisons

As a student progresses through the material of the program, he or she cannot help but compare his or her language and cultures to those of the Spanish-speaking world. Through this comparison, the student not only learns to better appreciate and understand the cultures and language of other countries, but it also helps them to develop a better insight into the nature of their own culture and language.

Communities

The last two units of each text deal with the themes of «La presencia hispánica en los Estados Unidos» y «Los Estados Unidos y lo hispánico». Students readily see that it is essential to know other languages if they wish to function effectively outside the classroom in a multicultural world. With the growing Spanish-speaking population in this country, the students gain an understanding how a functional knowledge of this language will help them secure jobs that are only open to individuals that have a specific skill coupled with a high level of proficiency in Spanish.

The Intermediate Spanish Series and Heritage Language Speakers of Spanish

The material in the Intermediate Spanish Series is designed not only to meet the educational needs of the traditional students of the language, but also the needs of the heritage language speakers of Spanish who enter the Spanish program with some or all of the four language skills already developed.

Depending on their home language background and their educational and life experiences, the heritage language student will demonstrate varying abilities and proficiencies in Spanish. Some will have minimally developed the listening and speaking skills while others will be fluent in these areas. The majority of heritage speakers, however, will need more instruction developing their ability to read and write. It is generally accepted that most heritage language speakers will need to continue the study of the language in order to maintain and further perfect the four language skills, which in turn will enable them to communicate more effectively in Spanish.

Each of the three texts in the series and the accompanying workbook, CD-ROM, and tape program provides the student with a wide variety of opportunities and activities in which the student can explore and further develop his or her language skills. The communicative focus of the series allows the student to practice the interpersonal, interpretive, and presentational modes of communication through a wide variety of authentic tasks and activities. The student will also examine various cultural aspects of the Hispanic world, which will provide the heritage language speaker with a better understanding and appreciation of his or her own heritage language and culture. One of the major goals in the series is to teach the student when to use the language appropriately and strategically depending upon the situation in which the student finds himself or herself and the status of the individual (child, adult, person in authority) with whom he or she wishes to communicate.

Introduction

Intermediate Spanish: Civilización y cultura is a thematic approach to Hispanic culture consisting of essays written for the third or fourth semester college course. It is designed to be used with the authors' *Intermediate Spanish: Conversación y repaso* and is linked thematically with that textbook. It is complete in itself, however, and may be used with other intermediate materials. The essays present twelve topics, both historical and contemporary, that serve to introduce the student to various aspects of Hispanic tradition, customs, and values. Most of the points apply equally to Spain and to Spanish America, although some treat one or the other exclusively. A strong emphasis is placed on culture contrast in order for the student to more readily relate the material to his or her own experience.

Each unit opens with a list of *Vocabulario útil* along with a set of questions for students to work with in pairs, using the new vocabulary and designed to increase interaction among students in addition to providing vocabulary practice. This is followed by a short section called *Enfoque* that presents an overview of the topic. The *Anticipación* section then poses some questions that urge the student to examine his or her knowledge of the topic before reading the selection. The reading selection has marginal glosses and supplementary footnotes. The questions on the text and the personal questions at the end of each reading segment encourage the students to relate the topic to their own experience. The reading is followed by vocabulary-building exercises, cultural contrast points, a writing-skill exercise and debate, composition, and role-playing topics. Units 7 through 12 also incorporate brief journalistic articles on contemporary topics related to the reading themes. The exercise material is all designed to encourage close and repeated reading of the textbook in an effort to provide repeated contact with the structures and vocabulary.

There is some progression in difficulty and length between the first and last units. Abundant use has been made of cognates in order to maintain a mature and interesting level of content while avoiding the discouragement often experienced by students at this level when confronted with material written for native speakers of the language.

Since a variety of academic disciplines are touched upon, it should be possible to devise outside reading assignments, when desired, relating to the special academic interests of the individual student.

It is clear that any such treatment of Hispanic culture must leave many things unsaid and may at times lead to broad generalizations. It is hoped that these features will serve to stimulate class discussion and to encourage individual investigation on the part of the students using the materials. The variety of topics presented should allow the instructor to add personal material in those areas where he or she possesses special knowledge or experience.

About the Seventh Edition of Civilización y cultura

Most of the essays in the Seventh Edition have been updated to reflect recent cultural attitudes and practices, and authentic reading sections have been increased yet again. In all units, most of the journalistic articles have been replaced with newer ones and some materials are included from electronic sources, such as *El País Digital* from Madrid and *La Nación Online* from Buenos Aires. (A number of articles are from the weekly *El País Internacional*, which ceased publication in late 1999. The regular daily paper is still available, of course, as is the electronic version.) For additional variety, most topics in the text are keyed to the vidiocassette *Videomundo*, which provides valuable visual and linguistic reinforcement. Short question and answer exercises on these segments are provided in the text.

For those wishing to expand the information presented here, try browsing the Internet. Many Spanish-language newspapers have sites; among them are *ABC* (Spain), *El Excelsior* (Mexico City), *El Nuevo Herald* (Miami), and *La Nación* (Buenos Aires). *El País Digital* (Spain) offers an extensive list of news articles renewed daily, and both *El País* and *La Nación* allow you to sign up for a headline service that provides the headlines of the daily editions by E-mail.

Besides newspaper sites, every country has several sites aimed at tourists and others interested in the area. Since these sites have been somewhat unstable, the best results will be achieved by searching on the country name. Many allow you to choose English or Spanish as the language of the site.

Users of the text have often asked for a list of films related to the topics of the units. The authors have felt that it is beyond the scope of this book to evaluate and recommend movies. They are not rated as U.S. movies are and many, if not most, contain fairly explicit sex and violence. If that issue is important, it is recommended that any movie chosen be screened by the instructor before scheduling for classroom use. Availability has improved in recent years.

A significant source of movies on videocassette is Movies Unlimited, Inc., 3015 Darnell Road, Philadelphia, PA 19154. Their 800-page catalog of movies on video includes numerous selections in Spanish—documentaries and fiction, such as "I, the Worst of All," an Argentine film about Sor Juana Inés de la Cruz, the Mexican poet described in *Unidad 5*. The catalog can be accessed on their Web site with some search facilities and links to other sites, or the print version may be ordered there.

Another source is Facets Multimedia, Inc., 1517 West Fullerton Ave., Chicago, IL 60614. Though the authors have not tried it, this source offers rental of videos. Their catalog includes such documentaries as "Frida" on Frida

Kahlo and "Reed: México Insurgente," based on John Reed's journalistic writing on the Mexican Revolution of 1910, discussed in *Unidad* 8. The catalog may be ordered from their Web site.

Photo credits

p. 1, Ulrike Welsch
p. 6, Ruggero Vanni/Corbis
p. 15, Beryl Goldberg
p. 19, Charles & Josette Lenars/Corbis
p. 24, Bettmann/Corbis
p. 32, Vanni Archive/Corbis
p. 39, Stephanie Maze/Corbis
p. 46, Robert Frerck/Odyssey/Chicago
p. 48, Robert Fried/DDB Stock
p. 57, Bob Daemmrich/The Image Works
p. 67, Beryl Goldberg
p. 70, Chip & Rosa Maria de la Cueva Peterson
p. 79, Ulrike Welsch
p. 93, Archivo Iconografico, S.A./Corbis
p. 94, Bettmann/Corbis
p. 98, AP/Wide World
p. 103, Robert Frerck/Odyssey/Chicago
p. 108, Robert Frerck/Odyssey/Chicago
p. 119, Robert Frerck/Odyssey/Chicago
p. 123, Latin Focus
p. 136, Doug Bryant/DDB Stock
p. 138, Inga Spence/DDB Stock
p. 147, Sergio Dorantes/Corbis
p. 152, Robert Frerck/Odyssey/Chicago
p. 163, Hulton Getty/The Liaison Agency
p. 175, Owen Franken/Corbis
p. 184, Beryl Goldberg
p. 203, Daniel I. Komer/DDB Stock
p. 214 (top), Jim Sugar Photography/Corbis
p. 214 (bottom), Mark L.Stephenson/Corbis
p. 219, Wesley Bocxe/The Image Works
p. 220, M. Moody/DDB Stock
p. 223, Sonda Dawes/The Image Works
p. 231, J. Nordell/The Image Works
p. 247, Morton Beebee, S.F./Corbis
p. 253, Bob Daemmrich/The Image Works
p. 261, Latin Focus
p. 263, Lauren Goodsmith/The Image Works
p. 279, Beryl Goldberg

Orígenes de la cultura hispánica: Europa

La Mezquita en Córdoba fue un gran centro árabe entre los siglos VIII y X. El exterior no tiene decoración y parece una fortaleza. ¿Cómo es el interior?

♥Vocabulario útil

Estudie estas palabras antes de leer el ensayo.*

Verbos

adoptar   *to adopt*
contribuir (contribuye)   *to contribute*
convertir (ie)   *to convert*
desarrollar   *to develop*
destacarse   *to stand out, to be distinguished*
influir (influye)   *to influence*
llegar a ser   *to come to be*

Sustantivos

la costumbre   *custom*
el gobierno   *government*
el habitante   *inhabitant*
la lucha   *struggle, battle*

el pueblo   *people, village*
la tribu   *tribe*
la Península Ibérica   *Iberian Peninsula (the entire land mass between the Pyrenees mountains and the Strait of Gibraltar containing the modern countries of Spain and Portugal)*

Otras palabras y expresiones

bilingüe   *bilingual, able to speak two languages*
entre   *between, among*
occidental   *western*
posterior   *later*

Trabajen en parejas, o como indique su profesor(a), para hacer y contestar estas preguntas usando el vocabulario de la lista para descubrir algo sobre sus compañeros de clase.**

1. ¿De dónde vienes? ¿Cuántos habitantes tiene tu pueblo original?
2. ¿Contribuyes a alguna causa con tu tiempo, dinero u objetos usados? ¿Cuál es?
3. ¿De qué manera influye(n) en tu vida: el cine, un libro, el gobierno, tus padres, tus amigos?
4. ¿Adoptas las costumbres de tus amigos? ¿Cuáles? ¿Hay alguna costumbre que quieres desarrollar, como por ejemplo, empezar a estudiar antes del fin del semestre?
5. ¿En qué materia académica te destacas? ¿Qué quisieras llegar a ser algún día? ¿Quisieras llegar a ser bilingüe?

---

* The gender of nouns is given in two ways: the use of the definite articles *el* or *la*; the use of *m* or *f* except for feminine nouns ending in *-a, -d, -ión* or masculine nouns ending in *-o*.

** These questions use the *tú* form since that is what students normally use with each other.

Enfoque

Muchas culturas actuales son producto de una mezcla de otras culturas que existían antes. Esta mezcla puede resultar de actos de guerra o de la inmigración. La Península Ibérica, situada entre el mar Mediterráneo y el océano Atlántico, ha recibido varias influencias de otras civilizaciones y muchas de ellas se han transmitido al Nuevo Mundo. En la lectura que sigue se van a describir algunas de las contribuciones a la cultura hispánica de algunos de estos pueblos.

mar *sea*

Anticipación

Responda a estas preguntas.

1. ¿Cuáles son algunos aspectos que incluye el concepto de culutra?
2. Véase *(Look at)* los mapas al principio de este libro. ¿Dónde está la Península Ibérica?
3. ¿Qué otro país la comparte *(shares)* con España? ¿Cuál es más grande?
4. ¿Cuáles son los países vecinos de España?
5. En grupos de 3 ó 4 estudiantes según indique su profesor(a), busquen la siguiente información sobre España: (a) su población actual; (b) su tamaño en comparación con un estado norteamericano; (c) las seis ciudades mayores y; (d) sus ríos y montañas principales. Prepárense para informarles a sus compañeros sobre lo que han encontrado.

I. La cultura romana

1 Los primeros habitantes de la Península
Ibérica, en tiempos históricos, fueron las
tribus celtíberas, de origen no muy bien   celtíberas *Celt-Iberian*
conocido. En el siglo III A.C.[1] llegaron los
5 romanos y convirtieron la península en una
colonia romana. Establecieron la lengua
latina, su sistema de gobierno y su
organización social y económica. Más tarde
introdujeron la religión cristiana. Se ha dicho   Se ha dicho *It has been said*
10 que la península llegó a ser la colonia más
romanizada de todas.
    Los habitantes de la península
adoptaron la lengua llamada históricamente
«el romance» o «el latín vulgar», o sea la   o sea *that is*
15 lengua oral del pueblo, y no el latín clásico
escrito. La lengua usada hoy por los 300
millones de personas del mundo hispánico
desciende de esa lengua oral. Las lenguas   desciende *comes from*
«neo-latinas»[2] como el portugués, el francés,
20 el italiano, el rumano y el español se parecen
tanto porque todas tienen como base el latín.
    La cultura romana también influyó en
las costumbres y los hábitos diarios del   diarios *daily*
pueblo español. La conocida costumbre de la
25 siesta toma su nombre de la palabra latina
sexta, o sea la sexta hora del día. Esto refleja   sexta *sixth*
el dicho romano: «Las seis primeras horas del   dicho *saying*
día son para trabajar; las otras son para
vivir». Claro que esto se debe a las   se debe a *is due to*

---

[1] A.C. *(antes de Cristo)* Before Christ, that is, B.C.

[2] *las lenguas neo-latinas* The Romance languages, French, Provençal (southern France), Italian,
Spanish, Portuguese, Romanian, Galician (northwest Spain), Catalan (northeast Spain), Sardinian,
and Romansh (eastern Switzerland) are some of the known Romance languages and dialects.

30 necesidades físicas de la gente en un clima
cálido. En estas regiones es preferible trabajar   cálido *hot*
durante las horas más frescas. Hasta hoy, en
muchas partes del mundo hispánico es
costumbre dormir la siesta después del
35 almuerzo. En algunas ciudades más
tradicionales todas las tiendas y oficinas se
cierran hasta las cuatro de la tarde. Vuelven a
abrirse desde las cuatro hasta las siete u ocho
de la tarde.

40   Otra tradición famosísima en el mundo
hispánico es la corrida de toros[3] que combina
elementos de deporte, arte y diversión en un   diversión *entertainment*
espectáculo lleno de emoción. Los romanos la
popularizaron en el circo, donde se ofrecía   circo *circus*
45 toda clase de juegos para la diversión   se ofrecía *were provided*
popular. Hasta Julio César[4] aprendió a torear   Hasta *Even*
en la península y autorizó las primeras   aprendió a torear *learned to*
corridas.   *fight bulls*

    El concepto de la ciudad como centro de   autorizó *authorized*
50 la cultura y del gobierno también es una de
las contribuciones importantes de los
romanos. Esta tendencia hacia la
urbanización ha sido muy notable en
Hispanoamérica desde la época colonial. Por
55 ejemplo, México, Lima y Buenos Aires
sirvieron como sedes del gobierno español y   sirvieron *served*
todavía se distinguen del resto del país por su   sedes *(f) seats*
influencia y poder.

    Los romanos, pues, influyeron mucho
60 en la formación básica de la sociedad
hispánica.

---

[3] *la corrida de toros* Bullfight. Although the origin of the *corrida* is still debated, it is thought to have originated among the Celt-Iberians. The term stems from the fact that the bulls were "run" to the ring before the fight or *lidia*.

[4] *Julio César* Julius Caesar. Roman leader of the first century B.C., immortalized in the famous play of the same name by Shakespeare.

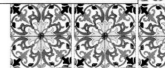

Se pueden ver las ruinas de un anfiteatro romano en Mérida, España. ¿Cuáles son algunas características de la arquitectura romana? ¿Qué espectáculos se presentaban allí?

Comprensión

A. Decida si las siguientes frases son verdaderas o falsas según el texto. Corrija las falsas.

1. No se conoce muy bien el origen de las tribus de la península anteriores a la llegada de los romanos.
2. Las lenguas neo-latinas vienen del latín clásico.
3. Hoy se hablan más de cinco lenguas neo-latinas.
4. La corrida de toros viene del dicho romano «Las seis primeras horas del día son para trabajar; las otras son para vivir».
5. La siesta se practica en muchas partes del mundo hispánico.
6. En la cultura romana la ciudad es el centro de la civilización.

B. Responda a las siguientes preguntas con su opinión personal.

1. Entre el idioma, la religión y las costumbres diarias, ¿cuál es el elemento más importante en la formación de la cultura?
2. ¿Influyeron los romanos en nuestra sociedad? ¿Cómo?
3. ¿Seguimos la costumbre de la siesta? ¿Por qué sí o por qué no?
4. ¿Es importante la urbanización? ¿Por qué? ¿Prefiere Ud. vivir en una ciudad o en el campo? ¿Por qué?

II. La cultura visigoda

1 En el siglo V de la época cristiana algunas
tribus germánicas del norte de Europa
invadieron el imperio romano que se hallaba   se hallaba *found itself*
sin el apoyo del pueblo para resistir. Estas   apoyo *support*
5 tribus primitivas, también conocidas como
visigodas, fueron influidas por la cultura
romana. Se convirtieron al catolicismo,
adoptaron la lengua latina y se establecieron
en los mismos centros que habían usado los
10 romanos. En vez de contribuir con elementos
nuevos a la cultura española, más bien   más bien *rather*
reforzaron y desarrollaron los elementos
existentes.

　　　　Su mayor contribución original fue
15 el feudalismo, sistema económico que
impusieron en toda Europa. Este   impusieron *imposed*
sistema —producto de una sociedad
guerrera— daba el control de la tierra a un   guerrera *warrior*
señor. Éste recibía parte de los productos de   señor *(m) lord*
20 la gente que habitaba su tierra y la protegía protegía *protected*
de otros señores. El monarca de todos los
señores reinaba sólo con el permiso de éstos.   reinaba *ruled*
Es éste el sistema que determinó la
organización feudal de las colonias del Nuevo
Mundo.

Comprensión

A. Responda según el texto.

1. ¿Quiénes fueron los visigodos?
2. ¿Cómo llegaron a practicar el catolicismo?
3. ¿Cuál fue la mayor contribución de los visigodos a la cultura española?
4. ¿De dónde vino el poder del monarca de los señores feudales?
5. ¿Cómo llegó el feudalismo al Nuevo Mundo?

B. Responda a las siguientes preguntas con su opinión personal.

¿Puede Ud. pensar en algunas ventajas del sistema feudal para el pueblo? ¿Cuáles son las desventajas?

III. La cultura árabe

1 Los moros[5] estuvieron en España desde 711 hasta 1492, y fueron tal vez la influencia más importante para la formación de la cultura española después de los romanos. España es

5 la única nación europea que conoció el dominio de la brillante cultura del norte de África. En el resto de Europa, la misma época se caracterizaba por falta de progreso y de desarrollo cultural.

10   La historia popular de España considera que la Reconquista[6] de la península comenzó en el año 711 y terminó en 1492 cuando el último de los reyes árabes fue expulsado de Granada. Esta convivencia de ocho siglos dio

15 como resultado una cultura muy heterogénea.

    El centro del reino moro en España se estableció en la ciudad de Córdoba. Esta ciudad llegó a ser un gran centro cultural, con una biblioteca de unos 400.000 libros. En

20 su universidad se enseñaban medicina, astronomía, botánica, gramática, geografía y filosofía. A causa de la influencia árabe se usan hoy los números arábigos en lugar de los romanos. En parte, los conocimientos de los

25 árabes vinieron de la cultura griega antigua,

expulsado *expelled*
convivencia *living together*

reino *kingdom*

---

[5] *los moros* Moors. This is the general term applied to the Arabs (*árabes*) who invaded Spain from North Africa in the eighth century. Most were of the Islamic faith, followers of Mohammed (*Mahoma*), called Moslems (*musulmanes*). The Spanish Christians who submitted to Islamic rule were allowed to practice their own religion and were called *mozárabes*. Those who converted were *muladíes*.

[6] *la Reconquista* Reconquest. The period of Spanish history from 711 to 1492 (especially between 711 and 1254), when the Spanish Christians, who had taken refuge in the northern mountains, carried on a constant war in an effort to expel the Moors. The wars were mostly between individual feudal lords, but the religious factor gave some unity to the two sides.

que los moros divulgaron con sus artes de
traducción. Los califas[7] tenían una actitud
generosa hacia el arte y la sabiduría en
general, porque los árabes pensaban que la
30 creación de la belleza exterior era una forma
de adorar a Dios.

Muchas palabras árabes forman la base
de los términos usados hoy en varias lenguas
occidentales. Palabras como alcachofa, alfalfa,
35 algodón y azúcar son de procedencia árabe,
como lo son los productos a que se refieren.
También las palabras relacionadas con las
ciencias: alcohol, alcanfor, alquimia, cero,
cifra y jarope. Muchas otras como azul,
40 escarlata, alcoba y ajedrez representan
aspectos de la vida diaria. Otras palabras de
origen árabe son: almohada, adobe, alfombra,
alcalde, aduana, barrio, y los nombres de
muchas plantas y flores, como azucenas y
45 zanahorias. La mayoría de estas palabras
comienzan con *a* o con *al* porque éste es el
artículo en árabe.

En la arquitectura, figuran varios
ejemplos que todavía nos impresionan: la
50 Alhambra de Granada, el Alcázar de Sevilla y
la Mezquita de Córdoba con sus 1.418
columnas. Su estilo es muy elaborado en las
fachadas y los patios interiores y de ahí viene
la palabra «arabesco». La religión musulmana
55 prohibe el uso de imágenes de seres vivos en
el decorado y por eso hay pocos ejemplos de
ello. Otra característica particular de sus
construcciones es el uso de azulejos; sus
métodos para hacer brillar la loza nunca han
60 sido igualados. Su arquitectura ordinaria
consiste en la típica casa blanca con techo de
tejas rojas. Este estilo es popular aún hoy
desde la Tierra del Fuego (al sur de Chile y la
Argentina) hasta el norte de California.

divulgaron *made known*

sabiduría *knowledge*

adorar *to worship*

alcachofa *artichoke*
algodón *(m) cotton*
azúcar *(m) sugar*

alcanfor *(m) camphor*
cifra *cipher*
jarope *(m) syrup*
alcoba *bedroom*
ajedrez *(m) chess*
almohada *pillow*
alfombra *carpet*
alcalde *(m) mayor*
aduana *customs house*
azucenas *white lilies*
zanahorias *carrots*

fachadas *façades*

seres *(m) beings*

azulejos *ceramic tiles*
brillar *to shine*
loza *porcelain*
igualados *equaled*
techo *roof*

---

[7] *los califas* Caliphs. Rulers who were successors of Mohammed and combined secular and religious
authority over a given region called a caliphate (*califato*).

65   Los judíos de la península no sólo
convivieron con los musulmanes sino que
ocuparon puestos oficiales de importancia y
lograron crear la brillante cultura sefardita[8]
en Córdoba durante los siglos IX y X.

70   La cultura mora contribuyó a
engrandecer la cultura española en
comparación con el resto de Europa entre los
siglos VIII y XIII. A mediados del siglo XIII la
mayor parte de la península fue

75 reconquistada y la influencia mora comenzó a
disminuir. La provincia de Granada pasó a
manos de los españoles en 1492, año en que
comenzó el gran choque de culturas en
América.

judíos	*Jews*
convivieron	*lived together*
lograron	*managed*
engrandecer	*to exalt*
A mediados	*In about the middle*
disminuir	*to diminish*
pasó a manos	*fell into the hands*
choque *(m)*	*collision*

---

[8] *sefardita* Sephardic. The name comes from the biblical place name Sepharad, which scholars think referred to the Iberian Peninsula.

Comprensión

A. Responda según el texto.

1. Después de los visigodos, ¿qué grupo invadió la península?
2. ¿Cuáles son las fechas del período llamado la Reconquista?
3. ¿Qué ocurrió en Granada en 1492?
4. ¿Qué aspectos culturales se encuentran en la Córdoba de los moros?
5. ¿Cuáles son algunas palabras de origen árabe que usamos en inglés?
6. ¿Qué cultura crearon los judíos durante la época árabe en Córdoba?

B. Responda con su opinión personal.

1. ¿Qué condiciones son necesarias para que una cultura adopte palabras de otra cultura?
2. ¿Cree Ud. que hoy día hay guerras que tienen origen en la religión, o que ya no ocurren por esa razón? Explique su respuesta.

IV. Los idiomas de España

1   Aún hoy no se puede decir que haya «una»
cultura española. Hoy se hablan cuatro
idiomas en España y varios dialectos también.
En el país vasco, en el norte central de la

5   península, hablan vascuence, un idioma de
origen oscuro. En la región de Galicia, en el
noroeste, hablan gallego, un idioma parecido
al portugués. En el nordeste, en la región de
Cataluña, hablan catalán, otro idioma neo-

10 latino. El cuarto idioma es el idioma oficial de
la nación, el castellano —el idioma de
Castilla en el centro del país— o sea, el que
llamamos muchas veces el español.
     Sobre la diferencia entre los nombres

15 *español y castellano* para referirse al idioma
nacional, un experto nos dice lo siguiente:
«*El nombre de castellano había obedecido a
una visión de paredes peninsulares adentro; el
de español miraba al mundo. Castellano y*

20 *español situaban nuestro idioma
intencionalmente en dos distintas esferas de
objetos: castellano había hecho referencia,
comparando y discerniendo, a una esfera de
hablas peninsulares —castellano, leonés,*

25 *aragonés, catalán, gallego, árabe—; español
aludía explícitamente a la esfera de las
grandes lenguas nacionales —francés,
italiano, alemán, inglés*».[9]
     Y de otro experto viene un dato sobre la

30 palabra *español:*

     «La palabra *España* era pronunciada en
esa forma por el vulgo que hablaba

Glosses (right margin):

vascuence *(m) Basque*

parecido al *similar to*

paredes *walls*

esferas *spheres*

discerniendo *contrasting*
hablas *languages*

aludía *referred*

vulgo *populace*

---

[9]Amado Alonso, *Castellano, español, idioma nacional*, 2ᵈᵃ edición, Buenos Aires: Losada, 1943, pp 33–34.

latín en la península hacia el año 300
d. de C.; *español,* por el contrario, es

35 vocablo venido del sur de Francia, del
Languedoc, en el siglo XIII, comenzado
a usar en Provenza desde el siglo XII en
la lengua escrita. Que *español* no es
vocablo castellano era un hecho que

40 algunos lingüistas conocíamos, aunque
corresponde al suizo Paul Aebischer
haber demostrado el origen provenzal
del nombre que los *españoles* se dan a
sí mismos... »[10]

45   Durante la dictadura de Francisco
Franco (1939–1975), por razones de unidad
nacional, se prohibió el uso de los idiomas
regionales oficialmente, pero se seguían
usando en casa. En los veinticinco años desde

50 el nacimiento de la democracia, las culturas
de las varias regiones han tenido un
renacimiento, especialmente en Cataluña (y
su ciudad principal, Barcelona). Hoy todos los

55 documentos oficiales y hasta los letreros de la
calle aparecen en catalán —a veces con su
traducción al castellano, a veces no. Los
catalanes han desarrollado una «Política
lingüística» que requiere que todos los niños

60 de las escuelas primarias y secundarias de la
región asistan a la escuela donde la lengua
usada es catalán. Otras medidas insisten en
que un 50% de las películas más taquilleras
sean dobladas al catalán y que una cuarta

65 parte de todas las que dan estén en catalán.
También requiere semejantes usos de catalán
en la radio y la televisión. Manda que las
etiquetas de los productos vendidos en
Cataluña estén en catalán. Los españoles de

70 habla castellana reaccionan negativamente
cuando los catalanes se refieren al castellano

---

d. de C. (después de Cristo) A.D.
vocablo *word*

suizo *Swiss*

se dan a sí mismos *give to themselves*

dictadura *dictatorship*

renacimiento *rebirth*

letreros *signs*

traducción *translation*

medidas *measures*
taquilleras *popular*
dobladas al catalán *dubbed into Catalan*

etiquetas *labels*

---

[10] Américo Castro, *Sobre el nombre y el quién de los españoles*, Madrid: Sarpe, 1985, p. 29. This theory, disputed by some, would explain why *español* is the only nationality/language name in Spanish that ends in *-ol.*

como segunda lengua o lengua extranjera. Pero en fin, la defensa del catalán es natural frente al hecho de que hay millones de

75 personas de habla española, como se nota en este reportaje de un Congreso Internacional de Lengua Española en Valladolid, España.

América y España

1 El manifiesto suscrito, titulado *Una lengua para un milenio,* en un congreso que se ha celebrado en el corazón de la Castilla profunda, Valladolid, no dejó de

5 recordar que la inmensa mayoría de los más de 300 millones de hispanoha-blantes viven en el continente ameri-cano. Acentos de los Andes, de Colombia, de México y de Centroamérica

10 han puesto de relieve que los españoles apenas representan el 10% de los hablantes de uno de los idiomas más universales. Pero todos han coincidido en el valor de la diversidad dentro de

15 una unidad básica que se ha mantenido a lo largo de cinco siglos.

«Es lindo escuchar la complejidad, la riqueza, los distintos acentos del español», observó Ernesto Sábato

20 [conocido escritor argentino]. Así pues, el centro de gravedad del español está en América y por ello las conclusiones del congreso remarcan que «en esta co-munidad hispánica de naciones y de

25 gentes donde las tierras, las costum-bres, las leyes y los problemas son di-versos, la lengua es común y es donde debemos sentar los pilares de una fruc-tífera convivencia».

El País Internacional (Madrid)

manifiesto suscrito *signed statement*

no dejó de recordar *did not forget*
hispanohablantes *Spanish speakers*

han puesto de relieve *have em-phasized*

a lo largo de cinco siglos *for five centuries*

centro de gravedad *center of gravity*
remarcan *note*

sentar los pilares *set the columns*
fructífera *fruitful*

Algunas regiones de España son bilingües. ¿Sabe Ud. en qué parte del país está esta manifestación con letreros en catalán?

Comprensión

A. Responda según el texto.

1. ¿Cuáles son los cuatro idiomas de España y dónde se hablan?
2. ¿Quiénes hablan castellano?
3. ¿Qué hay de raro en la palabra *español*?
4. ¿Cuánto tiempo hace que España tiene un gobierno democrático?
5. ¿Qué medidas ha tomado Cataluña para defender su lengua?
6. Según el informe del Congreso Internacional, ¿dónde está el «centro de gravedad» del español?

B. Responda a las siguientes preguntas con su opinión personal.

1. ¿Hay un programa de educación bilingüe donde Ud. vive? ¿Por qué?
2. Los Estados Unidos no tiene un idioma oficial. ¿Debe tener uno? ¿Por qué? ¿Cuál debe ser el idioma oficial?
3. ¿Cuáles son las ventajas (*advantages*) de aprender un segundo idioma?

Videomundo: La diversidad hispánica (1:20–1:28:45)

Hay costumbres variadas que se asocian con la comida. Mire estos dos segmentos, luego haga y conteste estas preguntas con un compañero de clase o como indique su profesor(a).

1. ¿Cuáles son algunas diferencias entre la comida caribeña y la española?
2. ¿Cuáles serán las causas más importantes de estas diferencias?
3. ¿Qué influencias muestra la comida caribeña que no se encuentran en la comida de Valencia?
4. ¿Qué otra comida sirven en el Café Atlántico? ¿Por qué?

Práctica

I. Ejercicios de vocabulario

A. Busque 10 palabras en el texto que sean similares en forma y significado a sus equivalentes en inglés.

B. Encuentre una palabra en la segunda columna con el mismo significado de la primera.

I.	*II.*
1. cargar	**a.** únicamente
2. sólo	**b.** origen
3. procedencia	**c.** contribuir
4. aportar	**d.** romano
5. latino	**e.** llevar
6. utilizar	**f.** usar

C. Junte las palabras relacionadas.

Modelo →   saber   *sabiduría*

I.	*II.*
1. calor	**a.** lingüístico
2. emperador	**b.** cálido
3. pueblo	**c.** reino
4. antes	**d.** imperio
5. rey	**e.** poblador
6. lengua	**f.** anterior

D. Complete las siguientes formas.

1. convertir	**conversión**	**3.** filólogo	**filología**
divertir	_____	filósofo	_____
_____	**inversión**		**sicología**
2. comenzar	**comienzo**	**4.** trabajar	**trabajador**
_____	**encuentro**	observar	_____
gobernar	_____	_____	**poblador**

E. Señale los verbos contenidos en los siguientes derivados.

Modelo → desorganizar organizar

1. convivir
2. mantener
3. desocupar
4. reconstruir
5. desaparecer
6. desacostumbrar

II. Puntos de contraste cultural

1. ¿Cuáles son algunas diferencias entre la cultura española y la norteamericana en cuanto a *(as far as):* la duración de la cultura, los contactos y los componentes que resultan y el idioma?
2. ¿Cuáles son algunas de las diferencias y semejanzas básicas entre la situación de los que hablan «los otros idiomas de España» y los que hablan «los otros idiomas de los Estados Unidos»?

III. Debate

Organice dos equipos para que ataquen o apoyen esta resolución.

Es la obligación de todo residente norteamericano aprender inglés y por eso los programas de educación bilingüe no son necesarios.

IV. El arte de escribir: el resumen (primera parte)

La preparación para escribir un resumen *(summary)* consiste principalmente en tomar apuntes *(notes)* sobre el contenido. Para tomar apuntes es muy útil reconocer dos aspectos estructurales: el párrafo *(paragraph)* y la oración temática *(topic sentence),* o sea la idea principal.

Cada párrafo se distingue de los otros por contener información diferente. Dentro de cada párrafo hay una oración temática que es prácticamente un resumen del párrafo. Ésta puede ser explícita o implícita o puede ser una oración explícita modificada.

Si se examina la primera sección de esta unidad (La cultura romana), se ve que en el primer párrafo la oración temática es la segunda: «En el siglo III A.C. llegaron los romanos y convirtieron la península en una colonia romana.» En el segundo párrafo es necesario modificar la segunda oración sustituyendo «esa lengua oral» por «el latín vulgar». En todos los otros párrafos la oración temática es la primera. Los apuntes, entonces, pueden consistir en estas oraciones. Se puede acortar frecuentemente como es el caso de la primera oración del cuarto párrafo donde se omite lo que viene después de «toros».

Ahora, tome Ud. apuntes para un resumen de las otras secciones de la lectura.

V. Ejercicios de composición dirigida

Complete las frases según el texto, utilizando las palabras entre paréntesis y otras que sean necesarias.

1. La cultura hispánica... (producto, siglos, contactos, muchos, con, culturas, varias, es)

2. Se ha dicho que la Península... (todas, romanizada, ser, colonia, llega a, más)

3. Otra tradición... (hispánico, toros, famosísima, mundo, corrida, es)

4. El feudalismo es el sistema que... (Nuevo Mundo, colonias, determina, económica, organización)

5. En España... (bilingüe, problema, existe, educación, también)

VI. Situación

Imagine que Ud. es un(a) indígena americano(a) y la fecha es el 12 de octubre de 1492 en la isla de San Salvador en el Caribe. Tiene la oportunidad de conocer a Cristóbal Colón *(Christopher Columbus)*. Afortunadamente Ud. habla español. ¿Qué preguntas le hace Ud. sobre España y qué responde él?

Orígenes de la cultura hispánica: América

Estas estatuas toltecas se encuentran en Tula, México, una ruina al norte de la

Vocabulario útil

Estudie estas palabras antes de leer el ensayo.

Verbos

conducir   *to conduct; to drive*
construir (construye)   *to build*
crear   *to create*
dominar   *to dominate*
fundar   *to found*
gobernar (ie)   *to govern, to rule*
incluir (incluye)   *to include*
requerir (ie)   *to require*
utilizar   *to utilize, to use*

Sustantivos

algo   *something, somewhat*
el, la arqueólogo, -a   *archaeologist*

el conocimiento   *knowledge*
el desarrollo   *development*
el descubrimiento   *discovery*
el, la dios(-a)   *god, goddess*
el emperador, la emperatriz   *emperor, empress*
el hecho   *fact*
el imperio   *empire*
el nivel   *level*
la piedra   *stone, rock*

Otras palabras y expresiones

reciente   *recent*

Trabajen en parejas, o como indique su profesor(-a), para hacer y contestar estas preguntas usando el vocabulario de la lista para descubrir algo sobre sus compañeros de clase cuando estaban en el colegio.

1. ¿Construiste una casita en un árbol alguna vez? ¿Qué otras cosas construiste cuando eras niño(a)?
2. ¿Creabas vidas de fantasía cuando eras niño(a)? ¿Cómo eran?
3. ¿Usabas una bicicleta para ir a la escuela?
4. ¿Dónde vivías en el siglo pasado?
5. ¿Qué pasó la primera vez que condujiste solo? ¿Cuántos años tenías?

Enfoque

Al llegar los conquistadores españoles al Nuevo Mundo en el siglo XVI se encontraron con las grandes civilizaciones de México y del Perú. Tal vez nosotros, en el siglo XXI, podemos entender el asombro que causaron estos descubrimientos si pensamos en nuestra reacción si encontráramos nuevas civilizaciones en otros planetas.

Tanto los aztecas de México como los incas del Perú formaron grandes imperios que se habían establecido por medio de la conquista violenta de las tribus anteriores. La civilización maya, que casi había desaparecido, tenía varios siglos de existencia y desarrollo. Las tres culturas presentaban diversos aspectos interesantes y aportaron nuevos elementos a la cultura hispánica. Esta lectura va a describir algunos de los aspectos más interesantes de estas tres culturas precolombinas.

Al llegar *On arriving*

asombro *awe*

Tanto... como *Both . . . and*

por medio de *by means of*
tribus *(f) tribes*
casi *almost*

precolombinas *pre-Columbian, before Columbus*

Anticipación

Responda a estas preguntas.

1. ¿En qué país se encontraba la civilización azteca?
2. ¿Qué región ocupó la civilización incaica?
3. En grupos de cinco, hagan una lista de lo que saben de esas culturas.

I. Los aztecas

1 En el lugar llamado Anáhuac, donde está hoy
la capital de México, los aztecas habían
dominado a otras tribus durante unos dos
siglos.

5   En 1325 fundaron Tenochtitlán, una
ciudad que dejó mudo a Cortés[1] cuando la vio   *mudo silent*
por primera vez. Bernal Díaz,[2] uno de los 400
soldados de Cortés, la describió así: «Y... vimos
cosas tan admirables [que] no sabíamos qué
10 decir... si era verdad lo que por delante   *por delante ahead*
parecía, que por una parte en tierra había   *parecía appeared*
grandes ciudades, y en la laguna otras muchas,   *por una parte on one side*
y veíamos todo lleno de canoas,... y por   *laguna lagoon*
delante estaba la gran ciudad de México». Los   *lleno full*
15 aztecas habían fundado la ciudad en un lago   *lago lake*
con puentes que la conectaban con la tierra.   *puentes bridges*
    Al llegar al valle de México los aztecas
absorbieron la cultura tolteca[3] cuya religión   *absorbieron absorbed*
incluía el mito de Quetzalcóatl, un hombre-   *cuya whose*
20 dios de la civilización, benévolo, que   *benévolo benevolent*
enseñaba las artes y los oficios necesarios
para el hombre en la tierra. Al mismo tiempo,
el dios protector de la tribu, Huitzilopochtli,
era el dios de la guerra, quien exigía   *quien who*
25 continuas ofrendas de sangre humana. Es   *exigía demanded*
difícil explicar cómo los aztecas llegaron a   *ofrendas offerings*

---

[1] *Cortés* Hernán Cortés (1485–1547) led the first expedition into Mexico and conquered the Aztecs
in the central valley in 1521.

[2] *Bernal Díaz* (del Castillo) (1492-1584) Author of *Historia verdadera de la conquista de la Nueva
España* (Mexico), which he wrote to present the common soldier's view of the conquest of Mexico.

[3] *tolteca* The Toltecs (or "master craftsmen"), about whom relatively little is known, occupied much
of the central area of Mexico prior to the Aztecs. The Aztecs, lacking a historical tradition of their
own, began to consider themselves descendants of the Toltecs and adopted their history.

adorar a dos dioses tan antagónicos. Creían
que Quetzalcóatl había creado al hombre
regando su propia sangre sobre la tierra. Por
30 consiguiente, pensaban que era necesario
recompensar a los dioses con sangre.

adorar *to worship*
antagónicos *contrary*
regando *sprinkling*

recompensar *repay*

Los conceptos religiosos sutiles se
combinaban con un sistema político algo
avanzado. El emperador era a la vez sacerdote
35 y su poder fluía de esta combinación de
autoridad religiosa y política-militar. El
imperio se basaba en la completa
subyugación de casi todas las tribus del
centro de México en una región del tamaño
40 de Italia. Este hecho hizo relativamente fácil
la conquista por los españoles en 1521, ya
que formaron alianzas con las tribus
subyugadas para derrotar a los aztecas.

sutiles *subtle*

avanzado *advanced*
sacerdote *(m) priest*
fluía *flowed*

subyugación *subjugation*

alianzas *alliances*
derrotar *defeat*

Durante los dos siglos anteriores a la
45 conquista, la sociedad azteca había perdido
sus características democráticas y se había
transformado en una sociedad aristocrática.
El emperador Moctezuma II, que reinaba
cuando llegó Cortés, vivía en un palacio
50 comparable en su lujo a los palacios europeos.
Pero el lujo y la aparente prosperidad cubrían
un estado sicológico deprimido. Varios
acontecimientos le habían hecho creer a
Moctezuma que se acercaba el fin del imperio.
55 Cuando llegó Cortés con sus soldados, la
superstición de los jefes los condujo a una
resistencia débil. Pensaron que los españoles
montados a caballo eran monstruos; además,
los indios no tenían armas de fuego como las
60 qué poseían los españoles. Dentro de poco
tiempo éstos habían destruido la capital del
gran imperio de los aztecas para construir
sobre los escombros la ciudad conocida hoy
como la Ciudad de México.

reinaba *ruled*

lujo *luxury*
cubrían *covered*
deprimido *depressed*
acontecimientos *happenings*
se acercaba *was approaching*

montados *riding*
armas de fuego *firearms*
poseían *possessed*

escombros *ruins*

Este dibujo muestra el primer encuentro entre Cortés y Moctezuma en Tenochtitlán. Identifique a las personas y otros elementos representados aquí.

Comprensión

A. Decida si las siguientes oraciones son verdaderas o falsas.

1. La Ciudad de México fue fundada en 1325.
2. Los aztecas adoptaron unos mitos de los toltecas.
3. Huitzilopochtli era el dios de la guerra y el dios protector de los aztecas.
4. Según el mito, Quetzalcóatl creó al hombre con su propia sangre.
5. Moctezuma II era el presidente de los aztecas cuando llegó Cortés.

B. Responda a las siguientes preguntas.

1. ¿Cómo debe el mundo moderno juzgar (*judge*) las culturas antiguas donde se llevaban a cabo prácticas como el sacrificio humano?
2. ¿Cree Ud. que hay mitos en la vida pública norteamericana?
3. ¿Ha visto Ud. alguna ruina de los indios americanos? ¿Dónde? Descríbala.
4. ¿Le interesa a Ud. la arqueología? ¿Por qué sí o por qué no?

II. Los incas

1 Aunque los arqueólogos creen que los
primeros pueblos indígenas de los Andes
datan de 10.000 años antes de Cristo, cuando
desembarcó Pizarro[4] en 1532 los incas apenas
5 tenían un siglo de dominio imperial en las
montañas. Igual que los aztecas, eran un
pueblo militar que había establecido su
dominio sobre las otras tribus durante el siglo
XV. Como los aztecas, también se
10 consideraban el pueblo elegido del sol. El
emperador (llamado «el Inca») recibía su
poder absoluto por el hecho de ser
descendiente directo del sol. Creían que el
primer emperador, Manco Cápac (que vivió en
15 el siglo XIII), era hijo del sol.

     Aunque había una clase de nobles
mantenidos por el pueblo, el resto de la
sociedad de los incas tenía aspecto socialista.
La comunidad básica era el «ayllu».[5] Cada
20 comunidad tenía derecho a una cantidad de
tierra suficiente para producir sus alimentos y
la trabajaba en común. Otro pedazo de tierra
se designaba para el estado (los nobles) y
otro pedazo para los dioses (la iglesia y el
25 clero). La gente del *ayllu* cultivaba esta tierra
también y los productos constituían un tipo
de impuestos sobre la comunidad. Los

desembarcó *landed*

Igual que *Just like*

elegido *chosen*

alimentos *foodstuffs*
pedazo *piece*
se designaba *was reserved for*
el clero *the clergy*

impuestos *taxes*

---

[4] *Pizarro* (1476–1541) along with his brothers, Gonzalo, Juan, and Hernando and Diego de Almagro assured the conquest of the Inca empire when they seized and killed the last emperor, *Atahualpa*, in 1533.

[5] *ayllu* The *ayllu* was, in pre-Incan times, essentially a clan with kinship as its basis. It is believed that it evolved under the Incas to be a more politically organized community. Mountain communities in modern Peru are still called *ayllus*.

productos de la tierra del estado iban para
mantener a los nobles, al ejército, a los
30   artistas y también a los ancianos y enfermos
que no podían producir su propio alimento. Si
ocurría algún desastre en un *ayllu,* como una
inundación, el gobierno les proveía comida de
sus almacenes. Los hombres tenían la
35   obligación de contribuir con una porción de
tiempo cada año a las obras públicas como a
los caminos y a los acueductos, que se
comparaban con los de Europa. El uso de la
piedra para la construcción y su sistema de
40   riego eran maravillosos.

      En los tejidos, los incas ya conocían casi
todas las técnicas que conocemos hoy y
hacían telas superiores a las que producimos
hoy. Dos factores estimularon el desarrollo del
45   arte de tejer: el clima algo frío de las
montañas y la lana de la llama. El tejer era
una actividad exclusivamente femenina y se
pasaban los conocimientos de madre a hija,
refinándolos cada vez más. Las tejedoras eran
50   muy protegidas por el estado, y a las mejores
se las llevaban a conventos especiales donde
pasaban la vida tejiendo. Usaban los tejidos
para enterrar a las personas de importancia
—algo semejante a lo que hacían los egipcios.
55   En otras técnicas como la cerámica y el
uso de metales también sobresalieron los
incas. Parece que tenían conocimientos
avanzados de medicina, especialmente en la
cirugía, ya que operaban el cráneo cuando era
60   necesario.

ejército *army*
ancianos *elderly*

inundación *flood*
proveía *provided*
almacenes *warehouses*

riego *irrigation*
tejidos *textiles*

arte de tejer *art of weaving*

cada vez más *more and more*
tejedoras *weavers*
protegidas *protected*

egipcios *Egyptians*

cirugía *surgery*
cráneo *skull*

Comprensión

A. Elija la respuesta más adecuada según el texto.

1. Cuando llegó Pizarro, el imperio inca tenía (cien años, dos siglos, mil años) de existencia.
2. Los incas creían que eran un pueblo (primitivo, elegido del sol, demócrata).
3. El «ayllu» de los incas era (una comunidad, el hijo del sol, el emperador).
4. Los hombres contribuían con una porción de tiempo cada año para hacer (obras de arte, tejidos, obras públicas).
5. El clima frío estimuló el desarrollo del (arte de tejer, uso de la piedra, «ayllu»).

B. Responda a las siguientes preguntas.

1. ¿Qué conocimientos tecnológicos avanzados tenían los incas?
2. En su opinión, ¿deben tener los ciudadanos *(citizens)* de los Estados Unidos la obligación de contribuir con tiempo a las obras públicas? ¿Por qué?
3. Cuál es mejor, ¿un sistema económico con un gobierno que controla la economía, o un sistema de mercados libres?

III. Los mayas

1   De las grandes culturas indígenas, la que más
ha intrigado al hombre moderno es la cultura
maya. Ésta ocupaba el sureste de México,
Guatemala y Honduras. Fue la civilización
5 más brillante de todas las del continente.

     El nivel de la cultura en su período
clásico (entre 200 A.C. y 900 D.C.[6]) era casi
tan avanzado como el de las culturas
mediterráneas de la misma época. Sus
10 centros, tales como Tikal,[7] además de tener
una importancia ceremonial, probablemente
eran ciudades hasta con 40.000 habitantes.
Sin embargo, durante el siglo IX los mayas
sufrieron alguna catástrofe desconocida y
15 algo misteriosa que resultó en su decadencia
completa. En algunos casos fueron
conquistados por otras tribus más primitivas
y guerreras, y en otros casos desaparecieron
por su propia cuenta.

20   Entre sus muchos logros intelectuales,
su sistema de medir el tiempo era el más
impresionante. Adoptaron un calendario que
existía en toda la región y lo refinaron
mucho. El calendario antiguo consistía en dos
25 ruedas distintas. Una marcaba el año
ceremonial de 13 meses de 20 días y la otra
marcaba el año civil de 18 meses de 20 días.
La relación de 260 días y 360 días daba un
total de 18.980 combinaciones o un ciclo de

intrigado *intrigued*
sureste *(m) southeast*

logros *achievements*
medir *to measure*

ruedas *wheels*

---

[6] D.C. (*después de Cristo*) A.D.

[7] *Tikal* A Mayan ruin in Guatemala long considered the oldest and largest settlement (400-300 B.C.)
However, excavation has recently begun on an older and larger site, El Mirador.

30 52 años, ciclo importante en varias culturas.
Los mayas extendieron el calendario con
otros períodos de 20 y 400 años y fijaron el   fijaron *they fixed*
principio de su propio ciclo en la fecha
equivalente a 3114 A.C. En el caso de la luna
35 calculaban los ciclos lunares en 29,53020 días
comparado con los 29,53059 días que ha
establecido la astronomía moderna.

    Su sociedad incluía un monarca
hereditario y una clase de nobles que vivían
40 obsesionados por las guerras constantes entre   guerras *wars*
los monarcas. Así que su linaje era muy   linaje *(m)* *lineage*
importante y se encuentran muchas
referencias a las fechas de los antepasados.   antepasados *ancestors*
También creían profundamente en la
45 astrología y consultaban las estrellas antes de
hacer cualquier cosa.

    El sistema maya de escribir los números
es interesante por dos razones: el concepto
del cero y el uso de las posiciones. Era un   posiciones *decimal places*
50 sistema vigesimal, que usaba puntos y varas   vigesimal *base 20*
para contar y era superior al sistema romano   varas *rods*
usado en Europa en la misma época.

    En la escritura, los mayas habían
llegado a tener un sistema ideográfico en que
55 los símbolos representan ideas en vez de ser   en vez de *instead of*
dibujos de objetos.[8] Últimamente los expertos   dibujos *drawings*
han podido descifrar los dibujos de las estelas   descifrar *decipher*
en las ruinas y los de los cuatro códices.[9] Las
otras obras mayas conservadas, como los
60 *Libros de Chilam Balam* y el *Popol Vuh,* fueron
escritas por los indios con el alfabeto español
después de la conquista. Parece que había

---

[8] *dibujos de objetos* Writing systems generally show three stages: (1) pictorial, where the writing consists of drawings of actions; (2) ideographic, where the symbols are conventionalized and stand for ideas; and (3) phonetic, where characters stand for sounds. Mayan writing was ideographic, and some scholars think it was phonetic.

[9] *cuatro códices* A codex is a manuscript, especially of official or classical texts. *Estelas* (steles) are upright stone slabs bearing inscriptions, placed at the entrances of buildings, on graves, etc. Some inscriptions on buildings and inside tombs are also extant. The *Libros de Chilam Balam* and the *Popol Vuh* were recorded by Mayan priests using the Spanish alphabet after the conquest.

una clase de escribanos nobles que
mantenían la tradición de la escritura.

escribanos *scribes*

65   La religión maya era muy compleja con
un panteón de dioses relacionados con los
días y los años. Con el fin de obtener salud y
sustento ofrendaban varias cosas a sus dioses
—hasta llegaron a sacrificar seres humanos.

panteón *(m) pantheon*
salud *(f) health*
sustento *sustenance*
ofrendaban *they made offerings of*

70   La arquitectura maya muestra una
preocupación estética importante. Mientras
que en las otras culturas precolombinas el
tamaño de las pirámides era lo que indicaba
su importancia, los mayas ponían más énfasis
75 en la ornamentación de la piedra. Sus logros
artísticos incluían también la escultura y la
pintura.

escultura *sculpture*

     Sus conocimientos prácticos no eran
avanzados. La rueda era sólo un objeto
80 ceremonial, porque su único animal
domesticado era el perro que criaban para
comer o sacrificar y no servía de animal de
carga.

animal de carga *beast of burden*

     El alimento principal de los mayas,
85 como el de muchos otros pueblos indígenas,
era el maíz, y porque los mayas creían que los
dioses habían hecho a los primeros hombres de
maíz, era un producto sagrado. Sus métodos
agrícolas se basaban principalmente en el
90 maíz cultivado en la «milpa», que consiste en
utilizar un pedazo de tierra por unos años (de
dos a cuatro) y dejarlo sin cultivar por unos
diez años. Las investigaciones recientes, sin
embargo, indican que también utilizaban un
95 método de cultivo más intensivo y que tenían
otros alimentos importantes. Todo esto quiere
decir que la población de toda la región maya
pudo llegar hasta 10.000.000 hacia el final de
la época clásica, cerca del año 900 D.C.

sagrado *sacred*

100   Todavía no se sabe por qué exactamente
desapareció esta gran civilización.
Últimamente se ha descifrado más de su
escritura y se cree que las grandes ciudades
como Tikal, Caracol, Copán, Chichén Itzá y

105 otras, llegaron a ser dominantes durante un
período sólo después de conquistar la ciudad
que dominaba antes. Estas agresiones que   agresiones *attacks*
aumentaron en el siglo X resultaron en la
decadencia y abandono de los centros, uno
110 tras otro, durante ese siglo.   tras *after*

      Al examinar el nivel de las culturas
indígenas del Nuevo Mundo es fácil imaginar
el asombro que les causaron a los españoles.
También si se compara esta situación con la
115 de los ingleses —un pueblo homogéneo que
se encuentra frente a tribus de indios
nómadas— se comienzan a comprender las   nómadas *nomadic*
diferencias que aparecen en las sociedades
modernas.

Ésta es la pirámide de Kukulcán o Quetzalcóatl en Chichén Itzá, una ciudad tolteca también, pero en la región maya. ¿Qué elemento nos recuerda la foto de Tula?

Comprensión

A. Responda según el texto.

1. ¿Cuándo ocurrió la época clásica de la cultura maya?
2. ¿Por qué ya había decaído la cultura maya cuando llegaron los españoles?
3. ¿Qué era Tikal?
4. ¿Cuál fue el logro cultural más impresionante de los mayas?
5. ¿Cómo llegaron al ciclo básico de 52 años?
6. ¿Quiénes entre los mayas sabían escribir?
7. ¿En qué aspectos eran diferentes las pirámides mayas de las de otras culturas?
8. ¿Qué era el sistema de la «milpa»?
9. ¿Por qué se cree que la población pudo llegar a unos 10.000.000 de habitantes?

B. Responda a las siguientes preguntas.

1. En su opinión, ¿cuáles de los logros de los mayas sorprenderían más a los europeos del siglo XVI?
2. ¿Cuántas horas a la semana trabaja Ud.? ¿Y en el verano?
3. ¿A Ud. le gustaría tener que trabajar (estudiar) menos? ¿Qué haría con más tiempo libre?

IV. El indio en la actualidad

1   Los indios del Nuevo Mundo contribuyeron
con la papa (los incas), el chocolate y el
tomate (los aztecas) y el maíz (los mayas) al
surtido mundial de comestibles además de
5   varias otras cosas útiles o artísticas. Sin
embargo, hoy el indio representa en algunos
países hispanoamericanos el problema social
y económico de mayor gravedad. En el Perú,   gravedad *seriousness*
millones de indios viven todavía en los
10   «ayllus» de la época incaica, comunidades
físicamente apartadas en las montañas. Se
calcula que el 40% de la población habla
quechua o aymará (los idiomas indios) y sólo
un mínimo de español.
15   El caso de los mayas es típico de la
situación en México y Centroamérica. Existen
los descendientes de los indígenas
precolombinos en grupos relativamente
pequeños aunque su población total sea
20   considerable como se nota en este informe de
Mundo Maya.

Los mayas de hoy

1   Los templos antiguos podrían per-   permanecer *remain*
manecer silenciosos en la selva, pero su
corazón maya todavía late bajo las   late *beats*
piedras que les dan forma. Los descen-
5   dientes de quienes construyeron las
pirámides aún habitan los estados mexi-   habitan *inhabit*
canos de Chiapas, Campeche, Tabasco,
Quintana Roo y Yucatán y los países de
Guatemala, Belice, Honduras y El Sal-   aldeas *villages*
10   vador. En toda la región los mayas viven   ajenas al paso del tiempo
en pequeñas aldeas que parecen ajenas   *removed from the passage of*
al paso del tiempo, hablan su antigua   *time*

lengua, cosechan la tierra tal y como lo
hacían sus ancestros y rinden culto a

15 muchas de sus más antiguas tradiciones.

Actualmente, el número de pobladores
mayas oscila entre cuatro y cinco millones, dependiendo del criterio que se
siga para el censo, y están divididos en

20 diferentes grupos étnicos que hablan
cerca de 30 lenguas indígenas. Por
ejemplo, entre los que hablan dialectos
derivados de la lengua maya están los
lacandones, zoques, tzotziles y tzetzales

25 que se asientan en Chiapas, los dos
últimos habitan en las montañas que
rodean San Cristóbal de las Casas; los
chontales viven en Tabasco; los mayas
yucatecos habitan en la Península [de

30 Yucatán]; los quichés, kekchíes y
cakchikeles en Guatemala y los chortíes
en Honduras. Algunos mayas son bilingües, puesto que aprenden el español
para comunicarse con los ladinos (los

35 habitantes del área que no son de
origen maya). Por ejemplo, las mujeres
que venden artesanías en un centro
turístico aprenden español para ofrecer
sus productos en el mercado. Sin

40 embargo, es posible visitar comunidades
en donde el visitante no escuchará
palabra alguna de español. Aunque
pueden hallarse en cualquier parte del
Mundo Maya, la mayoría de la población

45 indígena se concentra en tres áreas: la
Península de Yucatán, Chiapas y los
Altos de Guatemala.

Mundo Maya (México)

1 Los ideales de la Revolución de 1910 en
México incluyen la incorporación de los
indígenas en la sociedad nacional, pero en
1994 empezó una rebelión de indígenas en la

5 ciudad colonial de San Cristóbal de las Casas
en el estado mexicano de Chiapas. Los

---

cosechan *harvest*
rinden culto *honor*

oscila *varies*

censo *census*

lacandones, zoques, tzotziles...
  names of Indian tribes
asientan *settle*
rodean *surround*

artesanías *handicrafts*

hallarse *be found*

se concentra *is concentrated*
los Altos *the Highlands*

campesinos de la región, predominantemente
de descendencia maya se rebelaron para
exigir tierra propia. La rebelión captó la

10 atención del mundo entero por sus acciones
relativamente pacíficas y por su líder, el
subcomandante Marcos, un joven de buena
formación que siempre aparece con una
máscara. Adoptaron el nombre de Ejército

15 Zapatista de Liberación Nacional (EZLN)
porque un participante en la Revolución de
1910 con la misma demanda se llamaba
Emiliano Zapata.[10] La rebelión de Chiapas
continúa a pesar de años de discusiones y de

20 consultas a los ciudadanos mexicanos como se
informa en este artículo.

campesinos *peasants*	
exigir *to demand*	
pacíficas *peaceful*	
a pesar de *despite*	
consultas *referenda, vote on policy*	

Apoyo a los zapatistas

1   Dos millones y medio de mexicanos
acudieron [en 1999] a la consulta del
zapatismo sobre derechos y culturas indígenas, y por encima del 90% re-

5   spondieron *sí* a las preguntas
planteadas, según el escrutinio efectuado por la Fundación Rosenbluteh, en-
cargada del recuento. Los zapatistas
inquirieron sobre la disposición de los

10 mexicanos a integrar a los indígenas; a
aceptar el diálogo en la solución del
conflicto de Chiapas; al cumplimiento de
los acuerdos de San Andrés [un acuerdo
previo entre los zapatistas y el gobierno

15 federal], y a la conveniencia de
desmilitarizar ese Estado.

acudieron *participated*

planteadas *posed*
escrutinio efectuado *vote count carried out*
recuento *count*
disposición *willingness*

cumplimiento *fulfillment*
acuerdos *accords*

El País Internacional (Madrid)

---

[10] *Zapata* Emiliano Zapata (1879–1919), one of the heroes of the Mexican Revolution of 1910, was a champion of the indigenous landless peasants of southern Mexico. His name was invoked in the rebellion led by Comandante Marcos. The town where the rebels were most active, San Cristóbal de las Casas, has a similarly symbolic name since it was named for Bartolomé de las Casas, a six-teenth-century Spanish monk who was known as the defender of the Indians because of his writings against the abuses he witnessed in the Caribbean islands.

Es evidente que los mexicanos están
dispuestos a resolver el problema pero «entre
lo dicho y lo hecho hay un gran trecho». El
20 mayor dilema es cómo integrar a los
indígenas en la vida moderna sin que pierdan
su vida y costumbres tradicionales. No es muy
diferente a la situación de los indígenas
norteamericanos y sus «reservaciones».

dispuestos *disposed*
«entre lo dicho y lo hecho hay
un gran trecho» *"there's a
great distance between
saying and doing"*

Comprensión

A. Responda según el texto.

1. ¿Cuáles son algunas contribuciones del indio americano al mundo?
2. ¿Qué porcentaje *(percentage)* de los peruanos hablan poco español? ¿Por qué es así?
3. ¿Por qué utilizan los rebeldes de Chiapas el nombre de Emiliano Zapata?
4. ¿Qué querían los indígenas de Chiapas?
5. ¿Cuál es el dilema del indígena hoy?

B. Responda a la siguiente pregunta.

En su opinión, ¿debe el indio cambiar su vida e incorporarse a la sociedad general? Explique.

Práctica

I. Ejercicios de vocabulario

A. Complete las siguientes formas.

1. llegar **llegada**   llamar _____
2. abrir **abertura**   escribir _____
3. dibujar **dibujo**   cultivar _____
4. organizar **organización**   colonizar _____
5. existir **existencia**   influir _____

B. Encuentre los sinónimos.

1. pronósticos	a. controlar
2. dominar	b. decorado
3. comprensión	c. predicciones
4. adorno	d. castellano
5. español	e. entendimiento

C. Complete según los modelos.

Modelo ➔ cultura *cultural*

1. ceremonia _____	**4.** continente _____
2. centro _____	**5.** trópico _____
3. vigésimo _____	

Modelo ➔ brillo *brillante* *brillar*

1. impresión _____ _____

2. _____ interesante _____

3. _____ _____ obsesionar

Modelo ➔ abundancia *abundante* *abundar*

1. procedencia _____ _____

2. _____ existente _____

3. _____ _____ coincidir

II. Puntos de contraste cultural

1. ¿Cuáles son algunas de las diferencias entre las experiencias de los españoles y las de los ingleses con los indios al llegar al Nuevo Mundo? ¿Tuvieron estas diferencias efectos en las sociedades modernas? ¿Cuáles?

2. ¿Cuáles son algunas diferencias y algunas semejanzas entre la situación del indio norteamericano y la del indio hispanoamericano hoy día?

III. Debate

Organice dos equipos para que ataquen o apoyen esta resolución.

Los españoles y los ingleses, al llegar al Nuevo Mundo, tenían derecho a quitarle la tierra al indio americano.

IV. El arte de escribir: el resumen (segunda parte)

En la primera unidad, Ud. aprendió a examinar los párrafos y las oraciones temáticas como preparación para escribir un resumen. El próximo paso es decidir los detalles que va a incluir en el resumen. Hasta cierto punto esto resulta en una decisión basada en el tipo de resumen que se quiere. Por ejemplo, un resumen de la primera sección de la lectura *(I. Los aztecas)* podría ser corto:

> *Los aztecas vivieron en el valle de Anáhuac en la ciudad de Tenochtitlán que fundaron en 1325. Absorbieron la cultura tolteca y adoraron a Huitzilopochtli como su dios protector. Su sistema político era avanzado y lo utilizaron para crear un imperio en el centro de México. Su sociedad era una aristocracia. El estado mental negativo y las supersticiones se combinaron con las armas de fuego para facilitar la conquista por los españoles.*

Si uno quiere un resumen más extendido se pueden incluir más detalles sobre el lago, sobre Quetzalcóatl, la sangre, la subyugación de otras tribus, etcétera.

Ahora escriba un resumen de la tercera sección de la lectura *(III. Los mayas).* Primero escriba los apuntes necesarios y luego decida cuáles va a incluir.

V. Ejercicios de composición dirigida

Complete las frases utilizando las palabras entre paréntesis.

1. Al llegar al valle de México... (absorbieron, tolteca, los aztecas, cultura)
2. Cuando desembarcó Pizarro en 1532... (dominio, montañas, los incas, siglo, tenían, apenas, imperial)
3. El sistema maya de medir el tiempo... (aspectos, es, más, impresionante, culturales, logros)
4. Según su religión... (material, hombre, creación, sirvió, para, maíz)
5. El cultivo intensivo del maíz requería menos tiempo y... (tareas, explicar, puede, intelectuales, tanto tiempo, cómo, dedicar, podían, estéticas)

VI. Situación

Imagínese que Ud. camina por la calle un día y se encuentra con una persona con dos antenas en la cabeza, cuatro ojos y ruedas en los pies. Le dice «Lléveme a su jefe. Salí de mi planeta hace 2.000 años». Con un(a) colega o solo(a), según indique el (la) profesor(a), haga Ud. una lista de las preguntas que Ud. le haría y las respuestas de él (¿ella?) sobre cómo era su cultura cuando salió de su planeta.

La religión en el mundo hispánico

Estas muchachas participan en la ceremonia de la primera comunión. ¿Qué otras ceremonias religiosas son importantes para los hispanos?

Vocabulario Útil

Estudie estas palabras antes de leer el ensayo.

Verbos

ayudar   *to help*
celebrar   *to celebrate*
existir   *to exist, to be*
mostrar (ue)   *to show*
ocurrir   *to happen*
sustituir (sustituye)   *to substitute*
se puede (ver)   *one is able (to see); it is possible (to see)*

Sustantivos

el, la ciudadano (-a)   *citizen*
el, la consejero (-a)   *advisor*
el edificio   *building*

la mayoría   *majority*
el poder   *power*
la reunión   *gathering, meeting*

Otras palabras y expresiones

además   *besides, in addition*
al contrario   *on the contrary, rather*
más adelante   *later, further on*
mayor   *larger, greater, older (with people)*
peor   *worse;* el peor   *the worst*
por lo general   *generally*
por último   *finally*
sobrenatural   *supernatural*

Trabajen en parejas, o como indique su profesor(a), para hacer y contestar estas preguntas usando el vocabulario de la lista para descubrir algo sobre sus compañeros de clase.

1. ¿Asistes (o has asistido en alguna época de tu vida) a alguna iglesia o a algún templo? ¿Qué tipo de edificio es (era), grande, pequeño, mediano? ¿Hay reuniones sociales en la iglesia o en el templo?
2. ¿Qué días festivos celebras? ¿Cuáles tienen carácter religioso? ¿Los celebras con ceremonias religiosas o no? ¿Qué día festivo prefieres?
3. ¿Quién te ayuda por lo general con tus problemas personales (además de tus padres)?
4. ¿Crees en los poderes sobrenaturales? ¿Cómo se muestran? ¿Crees en la magia *(magic)* o los fantasmas *(ghosts)*? ¿Se puede ver el futuro con la astrología? Explica por qué crees esto.

Enfoque

Por razones históricas el catolicismo ha sido la religión dominante en el mundo hispánico. Los habitantes de la Península Ibérica adoptaron el catolicismo de los romanos y lo defendieron contra el pueblo musulmán entre 711 y 1492 y poco después contra los protestantes en Europa. La Iglesia vio el descubrimiento de América como una oportunidad de cristianizar los pueblos indígenas.

descubrimiento *discovery*
cristianizar *to convert to Christianity*

En esta lectura se verá que no ha sido sólo en cuestiones de fe, sino también en la política y la sociedad que la Iglesia ha mantenido una presencia dominante.

fe *(f) faith*

Hay que notar que hoy día mucha gente hispánica, especialmente en el medio urbano, prefiere una de las religiones más modernas o, de hecho, no practica ninguna religión organizada. Pero las tradiciones mencionadas aquí, aunque más típicas del medio rural, reflejan algo que se ha venido a llamar «catolicismo cultural» que todavía caracteriza gran parte del mundo hispánico, aun entre las personas que no ven el interior de una iglesia más que cuando un familiar o un amigo se casa o se muere.

se ha venido a llamar *has come to be called*

Anticipación

Trabajen en grupos de 3 ó 4 estudiantes para comentar las dos posiciones posibles sobre los siguientes temas.

1. La religión debe ser el elemento más importante de la vida.
2. La religión organizada es mejor que la religión individual.
3. Debe haber una separación estricta entre la religión y el gobierno.
4. Se debe permitir rezar *(praying)* en las escuelas públicas.
5. No se debe permitir que una organización religiosa posea *(possess)* mucha tierra.

I. Religión y sociedad

1 La Iglesia católica ha tenido gran importancia
en la política de España. Lo mismo ocurrió en
el resto del mundo hispánico. Desde la época
romana ha existido el concepto de la unidad   unidad *unity*
5 de la Iglesia y el estado, y aunque en los
gobiernos modernos esta alianza no es oficial,
en los más conservadores siempre existe una
gran influencia. La Iglesia tiende a
influenciar al pueblo a favor del gobierno.   pueblo *people*
10 Éste, a cambio, le da ciertas preferencias a la   Éste *The latter*
Iglesia que la ayudan en su deseo de   a cambio *in exchange*
mantener su posición espiritual exclusiva.   preferencias *advantages*
                                                     mantener *to maintain*
   Uno de los aspectos más debatidos del   debatidos *debated*
papel de la Iglesia ha sido la cuestión de su
15 poder económico. Esto es especialmente   papel *(m) role*
importante en Hispanoamérica, donde el   cuestión *matter*
desarrollo económico ha sido una cuestión   desarrollo *development*
política dominante. Los misioneros fueron los
primeros en llegar a algunas regiones
20 apartadas. Por eso, como la Iglesia tuvo   apartadas *distant*
mucha estabilidad como institución, se   se adueñó *took possession*
adueñó de un porcentaje notable de la tierra.
Esta situación siempre resultó en crítica
severa contra la Iglesia.
25   La Iglesia también tiene otras formas de
poder en las sociedades hispánicas. Está
presente en todo pueblo o centro de
población, y su organización es dirigida desde   dirigida *directed*
la capital, así que a veces resulta más eficaz   a veces *at times*
30 que la del gobierno nacional. También tiene   eficaz *efficient*
gran influencia porque participa en los
momentos más importantes de la vida del
hombre, es decir en el bautismo, el   bautismo *baptism*
matrimonio y la muerte.   matrimonio *marriage*
35   Antes del siglo XX la gran mayoría de
las escuelas y universidades del mundo

hispánico eran parroquiales. La Iglesia servía como la mayor agencia de caridad, y el cura ocupaba el lugar de consejero personal de los
40 ciudadanos. En los pueblos, la iglesia, por ser el edificio más grande, servía como centro de fiestas y reuniones sociales.

Esta tremenda presencia en casi todos los aspectos de la vida ha sido motivo de
45 crítica por parte de ciertos partidos políticos. Esta oposición a la Iglesia, o anticlericalismo, ha sido una corriente política especial en los países hispánicos durante toda la época moderna. Para el extranjero es muy necesario
50 saber que la oposición consiste en una crítica contra la Iglesia como institución sociopolítica, y que casi nunca implica un ataque a la fe católica.

parroquiales parochial
caridad charity

partidos parties

corriente current

implica implies

Comprensión

A. Responda según el texto.

1. ¿Qué relación entre la Iglesia y el estado viene de la época romana?
2. ¿Cómo llegó la Iglesia a poseer tanta tierra en Hispanoamérica?
3. ¿Qué resultó en una crítica severa de la Iglesia?
4. ¿Qué otras situaciones le daban influencia política a la Iglesia?
5. ¿Cómo llegó la Iglesia a tener influencia social?
6. ¿Qué es el anticlericalismo?

B. Responda a las siguientes preguntas con su opinión personal.

1. ¿Por qué no hay una religión dominante en los Estados Unidos?
2. ¿Tienen las iglesias mucho poder económico en los Estados Unidos? Explique.
3. ¿Asiste Ud. a una iglesia o una sinagoga regularmente?
4. ¿Qué papel tiene la religión en su vida?

II. La religión y la vida personal

1   Lo anterior indica la presencia notable de la   anterior *previous*
    religión en la vida hispánica. Esta larga
    tradición religiosa ha resultado en una
    actitud especial hacia el papel de la religión   actitud *attitude*
5   en la vida. Hay pocas actividades   papel *role*
    tradicionales en que no se note la presencia
    de la religión.
        La gran mayoría de las fiestas que se
    observan son fiestas religiosas; la Navidad y
10 la Semana Santa[1] sólo son las más conocidas.
    Además cada pueblo tiene su santo patrón y   santo patrón *(m) patron saint*
    el día dedicado a ese santo se celebra cada
    año; es la fiesta más importante del pueblo.
    En el mundo hispánico es costumbre celebrar
15 el día del santo de una persona en vez de su
    cumpleaños. El bautismo, la primera   cumpleaños *(m) birthday*
    comunión y aun el velorio, aunque son   aun *even*
    ceremonias o actos religiosos, ofrecen una   velorio *wake*
    ocasión de reunión social. En la Semana
20 Santa, especialmente en España, hay
    procesiones y actos solemnes durante toda la
    semana. El Día de los Muertos[2] (2 de
    noviembre) se observa con actividades
    religiosas también. En España es tradicional ir
25 a ver *Don Juan Tenorio*,[3] obra dramática en la
    que hay escenas de ultratumba.   ultratumba *beyond the grave*
        El misterio tiene bastante importancia
    en las prácticas religiosas del mundo
    hispánico. La fe, a veces profunda, resulta en

---

[1] *la Navidad y la Semana Santa* Christmas and Holy Week (the week before Easter Sunday).

[2] *el Día de los Muertos* All Souls' Day. A Catholic religious day marked by prayers and services for the souls in purgatory.

[3] *Don Juan Tenorio* A play by the famous Spanish playwright José Zorrilla (1817–1893).

30 una extrema religiosidad enfocada en los
aspectos maravillosos y misteriosos de la
religión. Las iglesias tradicionales muestran
esta preferencia con un decorado simbólico
lleno de imágenes que refuerzan la
35 espiritualidad de la gente.

  El pueblo también usa la religión para
explicar lo sobrenatural. La superstición
tiende a fundirse con los conceptos ortodoxos
para formar un punto de vista algo especial.
40 Por ejemplo, la doctrina católica dice que el
purgatorio contiene las almas en pena. Mucha
gente cree que estas almas visitan la tierra,
se hacen visibles y algunas veces pueden
perseguir a los vivos que les hicieron daño en
45 la vida. Por otro lado, cuando algo bueno
pasa se cree que es obra de algún santo.

  Otras cosas que muestran la presencia
constante de la religión son las palabras y
frases exclamatorias de origen religioso. «Por
50 Dios» o «Dios mío» son usadas por cualquier
persona en cualquier situación, mientras que
los equivalentes en inglés son reservados para
ocasiones de más importancia. Además, es
tradicional en el mundo hispánico dar
55 nombres de personajes sagrados a los hijos. El
nombre femenino más popular es María, que
por lo general lleva también otro nombre de
la Virgen, como María del Rosario o María de
la Concepción. Jesús o Jesús María es un
60 nombre masculino común.

Glosas marginales:

religiosidad *religiosity*
enfocada *focused*

decorado *setting*
imágenes *(f) statues*
espiritualidad *spirituality*

fundirse *to fuse*

almas en pena *souls in agony*

se hacen visibles *become visible*
perseguir *to haunt*
daño *harm*

mientras que *while*

personajes sagrados *(m) sacred persons*

Comprensión

A. Decida si las siguientes oraciones son verdaderas o falsas. Corrija las falsas.

1. Muchas fiestas en el mundo hispánico son de carácter religioso.
2. Cada comunidad tiene su santo patrón que se celebra cada año.
3. Se celebra el día del santo de una persona en vez de la Semana Santa.

Contar con la bendición religiosa en el matrimonio es importante en el mundo hispánico. ¿Por qué? Aquí vemos una boda típica en Castilla, una región de España.

4. Son los aspectos racionales de la religión lo que más atrae a los fieles en el mundo hispánico.

5. El pueblo hispánico explica lo sobrenatural por medio de la religión.

6. El nombre femenino más común es María.

B. Responda a las siguientes preguntas con su opinión personal.

1. ¿Deben los padres exigir que sus niños practiquen su religión? ¿Por qué sí o por qué no?

2. ¿Cuáles son algunos días festivos que se celebran en su país? ¿Qué días celebra Ud.?

3. ¿Cuál es el origen de su nombre? ¿Por qué se lo dieron sus padres a Ud.?

III. *La religión en Hispanoamérica*

1　Los españoles trajeron al Nuevo Mundo
tradiciones ya establecidas. La cristianización
de los indios trajo ciertas modificaciones, si
no en la doctrina, al menos en la
5　manifestación de estas tradiciones.

　　　Las grandes civilizaciones indígenas ya
tenían sus antiguas religiones, que se
distinguían del catolicismo en que tenían
muchos dioses. Cada uno tenía su función
10　especial: el dios de la lluvia, el dios de la
fertilidad, etc. Los santos católicos tenían a
veces funciones parecidas, y los indios les
daban mucha importancia a estas funciones.
Por eso, hasta hoy día, los santos ocupan un
15　lugar más importante entre la gente del
pueblo en Hispanoamérica que en España.

　　　Otra costumbre que puede venir de los
indios es la de ofrecer algo —comida, por
ejemplo— a la imagen del santo cuando se
20　hace una petición.

　　　Las religiones indígenas también
revelaban cierto fatalismo vital, porque sus
dioses eran más voluntariosos que el Dios
cristiano. El concepto de que la vida en la
25　tierra es una prueba por la cual el hombre
gana la salvación no era común en estas
religiones. Se ganaba el paraíso de otras
maneras: por la forma en que uno moría o por
la ocupación que se tenía en el mundo. Este
30　fatalismo parece haber sobrevivido en el
catolicismo de América.

　　　Como los españoles, los indios vivían
bajo un sistema en que el jefe del estado
también era jefe religioso. Esta unión de las
35　dos instituciones sugiere que para ellos

ya establecidas *already established*

antiguas *ancient*

lluvia *rain*

parecidas *similar*

petición *request*

vital *toward life*
voluntariosos *willful*

prueba *test*

paraíso *paradise*

sobrevivido *survived*

sugiere *suggests*

también la religión formaba parte integral de
la vida.

Claro, estas modificaciones se observan
principalmente en las regiones donde se
40 encontraban las grandes civilizaciones
indígenas.

Comprensión

A. Responda según el texto.

1. ¿Por qué hubo modificaciones del catolicismo en Hispanoamérica?
2. ¿Cómo se combinaron el catolicismo y las religiones indígenas en cuanto a los muchos dioses indígenas?
3. ¿Por qué había fatalismo en las religiones indígenas?
4. ¿Qué función doble tenían los jefes indígenas y españoles?

B. Responda con su opinión.

¿Tuvo la religión de los indios alguna influencia en el protestantismo de las colonias inglesas? Explique.

La iglesia católica frecuentemente domina la plaza central de los pueblos típicos como se ve aquí en la Plaza de Armas de Lima. ¿Qué efecto tendrá esta ubicación sobre la gente que pasa mucho tiempo en la plaza?

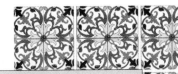

IV. La Iglesia de hoy

1   Las visitas del Papa Juan Pablo II a España y
a Hispanoamérica mostraron el gran cariño
del pueblo hispánico por la Iglesia como
institución. Al mismo tiempo algunos critican

5   al Papa por no tomar una posición social más
avanzada.
      La Iglesia en Hispanoamérica se ha
aliado tradicionalmente con las clases altas,
pero en el siglo XX se vieron algunas

10   excepciones. El padre Camilo Torres en
Colombia llegó a dejar el sacerdocio y a unirse
a los guerrilleros de su país. Según su
criterio, con tales condiciones de pobreza y
miseria, es un pecado no ser revolucionario.

15   Existe el concepto de la «teología de la
liberación» que declara que una obligación de
la Iglesia y de los curas es ayudar a los pobres
y obrar a favor de la justicia social. El
concepto ha ganado apoyo en varios países

20   —en Nicaragua algunos curas sirvieron en el
gobierno sandinista.
      La idea del «cura rebelde» no es un
fenómeno nuevo. Fueron dos curas, el padre
Hidalgo y el padre Morelos, los que

25   proclamaron la independencia de México en
1810.
      Aunque cuando se habla de religión en
el mundo hispánico casi siempre se habla de
la iglesia católica, hay otras religiones que se

30   practican también. Se calcula que el número
de personas que profesan una religión
protestante ha llegado a un 12% y dado que
los católicos no asisten tan frecuentemente,
algunos dicen que en un domingo dado hay

35   más protestantes en las iglesias que católicos.
En las regiones con influencia africana —el

cariño *affection*

avanzada *advanced*

aliado *allied*

sacerdocio *priesthood*

criterio *opinion*
pecado *sin*

Se calcula *It is estimated*

Brasil, la región del Caribe— se encuentra
una fuerte presencia de religiones africanas
como la *santería* en las islas del Caribe. A
40 veces las religiones africanas y el catolicismo
se han unido en una forma sincrética[4] en
que aspectos de las dos religiones se
mantienen en una nueva forma mezclada.
Estas religiones africanas tienen algunas de
45 las mismas características del catolicismo en
que tienen fuertes influencias culturales y
mucha gente que no se considera religiosa
muestra dicha influencia. En el caso de las
religiones africanas, por ejemplo, mucha
50 gente utiliza las hierbas medicinales de la   hierbas *herbs*
santería sin pertenecer formalmente a la   pertenecer *to belong*
religión.

    Siguen dos artículos sobre aspectos de
la religión y la sociedad.

El Papa en México

1 Decenas de miles de personas y un   Decenas de miles *Tens of thou-*
elenco impresionante de cardenales y   *sands*
altas jerarquías católicas acompañaron   elenco *company*
al Pontífice en la celebración de una
5 misa solemne en la basílica de
Guadalupe,[5] en México.

    Juan Pablo II llegó a la basílica de
Guadalupe [en febrero de 1999] tras
pasearse sonriente en el papamóvil por   papamóvil *"Popemobile"*
10 la avenida Insurgentes de la capital
mexicana, entre vítores, aplausos y   vítores *hurrahs*

---

[4] *sincrética* Syncretism is the combining of two religions (or philosophies) into a new form containing elements of both of the original components.

[5] *Guadalupe La Virgen de Guadalupe*, the patron saint of Mexico. The image is a dark-skinned Virgin from Guadalupe in Spain. When a dark-skinned Virgin appeared to the Indian Juan Diego in 1531, she was identified with the already-existing image from southern Spain. The legend is that as proof of her authenticity, she brought fresh roses to Juan Diego in mid-winter in Mexico City. The basilica visited by the Pope is the most venerated spot in the country.

lágrimas de muchos de los presentes,
que, para expresarle su adhesión, se
vistieron de blanco y amarillo, los
15 colores del Vaticano. Poco antes de
llegar ante la Virgen Morena, el Papa se
detuvo, en la explanada de acceso a la
basílica, ante la estatua del indio Juan
Diego, que recuerda la aparición de la
20 Virgen en 1531.

adhesión *support*
se vistieron *dressed in*
Vaticano *the Vatican, residence of the Pope*
se detuvo *stopped*
explanada *esplanade, open space*

El texto dado a conocer por el Papa
denuncia la alarmante situación creada
por una deuda externa que afecta a
muchas naciones americanas, con
25 elevados intereses, fruto de las políticas
financieras especulativas, pero también
de la corrupción que «afecta a las
personas, a las estructuras públicas y
privadas de poder y a las clases
30 dirigentes».

dado a conocer *made known*
deuda externa *foreign debt*
elevados *high*
políticas *policies*
clases dirigentes *ruling classes*

El Papa ha expresado en diversas
ocasiones que considera que... puede
ser el momento para que las naciones
poderosas condonen la totalidad o, al
35 menos, una parte sustancial de la
deuda.

condonen *forgive, cancel (a debt)*

El País Internacional (Madrid)

Más de 100.000 españoles están atrapados en las redes de 200 sectas destructivas

1 ...El ministro español del Interior Jaime
Mayor Oreja, admitió el martes 10 en el
Congreso de los Diputados la «gran
dificultad» que entraña luchar contra las
5 200 sectas destructivas que actúan en
España, la mayoría de ellas legales.
Entre 100.000 y 150.000 ciudadanos
están, sin sospecharlo siquiera,
atrapados en sus redes.

Diputados *deputies, representatives*
entraña luchar *is involved in the struggle*
sin sospecharlo siquiera *without even suspecting it*
atrapados en sus redes *trapped in their nets*

10 El surtido es variado. Las hay de origen
hindú y oriental, otras que celebran

surtido *selection*

misas negras y sacrificios de animales y
algunas incluso que preconizan un   preconizan *advocate*
gobierno aristocrático y totalitario.

15 Unas captan adeptos y dinero —mucho   captan adeptos *win over*
dinero— disfrazadas de fines benéficos   *members*
o inquietudes culturales, y otras   disfrazadas *disguised*
sobreviven gracias al más absoluto de   fines benéficos *benefits*
los secretos. El resultado siempre es   inquietudes *concerns*
20 igual de doloroso: individuos con la   doloroso *painful*
voluntad anulada, convertidos en   voluntad anulada *their will de-*
guiñapos, entregados en cuerpo y alma   *stroyed*
al líder de la organización.   guiñapos *rags, ragdolls*
                                                     entregados *turned over to*

Con todo, hay pocos métodos eficaces,
25 según los expertos, para luchar contra
el avance de las sectas destructivas y   avance *progress*
uno de ellos es el de la información. De
ahí que María Rosa Boladeras,
presidenta del Centro de Asesoramiento e   Asesoramiento *Consultation*
30 Información sobre Sectas, pida al Go-
bierno que destine más medios   destine *direct*
fundamentalmente en el campo de la
información...

El País Internacional (Madrid)

Comprensión

A. Responda según el texto.

1. ¿Qué posición política ha tomado la Iglesia tradicionalmente en Hispanoamérica?
2. ¿Por qué dejó el sacerdocio Camilo Torres?
3. ¿Qué significa la «teología de la liberación»?
4. ¿Quiénes fueron dos curas rebeldes del pasado?
5. ¿Qué otras religiones además del catolicismo se encuentran en Hispanoamérica?
6. ¿Dónde habló el Papa en la Ciudad de México y por qué eligió ese lugar?
7. ¿Qué deuda se debe condonar según el Papa?

8. ¿Cuántos españoles pertenecen a alguna secta según el artículo?

9. ¿Cómo se puede luchar contra las sectas?

B. Responda con su opinión personal.

1. ¿Tienen las iglesias en general más obligación de ayudar a los pobres? ¿Por qué?

2. ¿Cuál debe ser el papel de la religión en la sociedad norteamericana? ¿Se deben permitir las oraciones *(prayers)* en la escuela?

Videomundo: santería/espiritismo (Ángel Luis Rivera: 2:19:55–2:22:35)

1. ¿Qué ejemplo de sincretismo menciona el Sr. Rivera?

2. ¿Para qué son las velas que vende?

3. ¿Qué es una *botánica*?

4. ¿Qué vende Bobby Céspedes en su botánica?

𝒫ráctica

I. Ejercicios de vocabulario

A. Busque 10 palabras en el texto que sean similares en forma y significado a sus equivalentes en inglés.

B. Utilizando los ejemplos de las palabras entre paréntesis, dé las palabras equivalentes en español.

Modelo → (institución) identification   *identificación*

1. (romano) human _____

2. (historia) memory _____

3. (católico) romantic _____

4. (existencia) independence _____

5. (realidad) humanity _____

C. Complete los grupos siguientes

1. establecer   **establecimiento**
   ofrecer   _____

   _____   **conocimiento**

2. importancia   **importante**
   decadencia   _____

   _____   **presente**

3. pena   **penoso**
   fama   _____

   _____   **maravilloso**

4. organizar   **organización**
   participar   _____

   _____   **modificación**

5. desarrollo   **desarrollar**
   apoyo   _____

   _____   **desear**

D. Complete las frases siguientes con la forma correcta de la palabra entre paréntesis.

Modelo →   (establecer) El <u>establecimiento</u> de las misiones en el Nuevo Mundo era una tarea importante.

1. (presente) La Iglesia ha mantenido una _____ fuerte en el mundo hispánico.
2. (fama) El Papa es un ser muy _____ en el mundo.
3. (modificación) Es obvio que vamos a _____ el sistema.
4. (desear) ¿Cuál es tu _____ principal en la vida?

II. Puntos de contraste cultural

1. En cuanto al papel de la religión en la sociedad, ¿qué diferencias hay entre el mundo hispánico y los Estados Unidos?
2. ¿Por qué no tiene la Iglesia tanto poder en los Estados Unidos como en el mundo hispánico?
3. ¿Qué prefiere Ud., la religión misteriosa y dramática o la religión más racional y clara? ¿Por qué?
4. ¿Prefiere Ud. las iglesias modernas y sencillas o las antiguas y tradicionales? ¿Por qué?

III. Debate

Organice dos equipos para que ataquen o apoyen esta resolución.

Es preferible que haya una religión dominante en una sociedad porque crea una unidad más fuerte.

IV. El arte de escribir: la enumeración

Una actividad común en la preparación para escribir sobre un asunto es el hacer una lista de los detalles que se incluirán en la composición. Después, estos detalles se pueden manipular: se ponen en orden cronológico, de importancia o en otro orden lógico.

Después de ordenar los detalles se puede crear un bosquejo *(outline)* formal o proceder a escribir, utilizando la lista como bosquejo. Por ejemplo, una lista de los detalles de una composición sobre el verano pasado podría incluir los siguientes elementos.

Trabajé en un banco.
Fui cajero(a) *(teller)*
Gané poco dinero.
Fui de compras de vez en cuando.
Compré una camisa nueva un día.
Por la noche iba al cine frecuentemente.
Vi una película con Hugh Grant.
A veces salía con mis amigos.
Fuimos a una fiesta en casa de José.
Durante el mes de agosto viajé con mis padres.
Fuimos a México...

Los detalles entonces se pueden elaborar según quiera el autor. Es importante examinar con cuidado el nivel de importancia para hacer los párrafos más o menos iguales en importancia. Con los compañeros de clase, decida los niveles de los detalles de arriba. Márquelos con números de acuerdo con su importancia. Use el número 1 para los más esenciales.

Ahora haga una lista de lo que Ud. va a hacer el verano que viene. Después, marque las frases con números que indiquen su importancia.

V. Ejercicios de composición dirigida

A. Utilizando una frase de cada columna, forme oraciones completas según el texto.

El anticlericalismo	revelaban	religiosas.
Muchas fiestas	dar a los hijos	cierto fatalismo.
Es costumbre	son	central en la sociedad hispánica.
La religión	ha sido	una corriente política especial.
Las religiones indígenas	ocupa un lugar	nombres de personajes sagrados.

B. Complete las oraciones siguientes de acuerdo con la lectura.

1. Además de la lengua, los romanos dieron a España...
2. El poder económico de la Iglesia es importante en Hispanoamérica porque...
3. En vez del cumpleaños es costumbre celebrar...
4. Las iglesias muestran el gusto del hombre hispánico por...
5. Entre los indios los dioses fueron sustituidos por...

VI. Situación

Imagínese que Ud. tiene un hijo de dieciocho años. Él ha decidido afiliarse a *(to join)* un grupo religioso. El grupo se considera un poco esotérico y todos los miembros deben entregar todas sus posesiones personales a la iglesia y tienen que vivir en la iglesia con los otros miembros. ¿Cómo reaccionaría Ud.? ¿Qué le diría a su hijo?

UNIDAD 4

Aspectos de la familia
en el mundo hispánico

Estas personas pasan un tiempo agradable con una comida familiar. ¿En qué día de la semana ocurriría esta escena?

Vocabulario Útil

Estudie estas palabras antes de leer el ensayo.

Verbos

adquirir (ie)   *to acquire*
heredar   *to inherit*
relacionarse con   *to be related to (but not in the sense of kinship)*
sugerir (ie)   *to suggest*
tratar de   *to deal with, to try to*

Sustantivos

la empresa   *enterprise, business*
la estructura   *structure*
el, la heredero, -a   *heir, heiress*
el hogar   *home, hearth*
el matrimonio   *married couple*
la nuera   *daughter-in-law*
los padrinos   *godparents*
el, la pariente   *relative*
la perspectiva   *prospect*
la preocupación   *concern, worry*
el promedio   *average*
la propiedad   *property*
el, la propietario, -a   *property owner*
el rasgo   *trait, characteristic*
el sentido   *sense*
el valor   *value*
el yerno   *son-in-law*

Otras palabras y expresiones

contra   *against*
familiar   *adj family; n family member*
menor   *smaller, lesser, younger (with people)*

Trabajen en parejas, o como indique su profesor(a), para hacer y contestar estas preguntas usando el vocabulario de la lista para descubrir algo sobre sus compañeros de clase.

1. ¿Tienes hermanos? ¿Cuántos? ¿Son mayores o menores? ¿Qué edad tienen?
2. ¿Tus padres sugieren que tomes ciertas clases? ¿Tratan de convencerte a escoger cierta especialización?
3. ¿Tus padres se preocupan por el hecho de que hayas salido de tu casa familiar? ¿Cómo respondes a sus preocupaciones?
4. ¿Piensas que tu casa familiar seguirá siendo tu hogar, aun después de casarte?
5. ¿Tu familia celebra los días de fiesta en forma familiar? ¿Cómo celebran algunos días de fiesta?
6. ¿Qué valores personales has heredado de tu familia o de algún pariente? ¿Hay algunos rasgos comunes en tu familia? ¿Cuáles has adquirido?
7. ¿Tienes padrinos? ¿Tienes cuñados? ¿Hay un yerno o una nuera en tu familia? Si hay uno(a), ¿se consideran parte de la familia?

Enfoque

Una de las características más interesantes de cualquier cultura es la estructura de la familia y su papel en la sociedad. Se podría decir que la familia representa los valores de la sociedad en menor escala. En el mundo hispánico los lazos familiares muestran rasgos importantes para la comprensión de la cultura. La preocupación por la familia se extiende a casi todas las esferas de la vida y en muchos casos es el sentimiento fundamental del individuo.

 El ensayo que sigue describe algunos aspectos de la familia en el mundo hispánico, especialmente aquéllos que son diferentes de los rasgos típicos de la familia de los Estados Unidos. Claro está, estos rasgos son semejantes a los de las familias hispánicas que viven en los Estados Unidos.

cualquier *any*
papel *(m) role*
en menor escala *on a small scale*
lazos *ties*

esferas *spheres*

Anticipación

Antes de comenzar la lectura, haga una lista de los rasgos típicos de la familia de los Estados Unidos. Prepárese para presentarle su lista de ideas a la clase.

I. Los lazos familiares

1 En el poema épico *Cantar de Mío Cid*,[1] del
siglo XII, considerado como la primera obra
de la literatura española, el Cid, además de
guerrero valiente, es también padre de   guerrero valiente *brave warrior*
5 familia. Gran parte del poema trata de cómo
el Cid venga una ofensa cometida contra sus   venga *avenges*
hijas. En la literatura española siempre ha
existido mucha preocupación por el honor del
individuo. Este honor está relacionado con los
10 miembros de la familia; por ejemplo, la
manera más común de atacar verbalmente a
alguien es por medio de una ofensa a un   por medio de *by means of*
familiar. La peor ofensa que se le puede hacer
a una persona es insultar a su madre.
15   En la época moderna, se puede observar
lo mismo en ciertos fenómenos lingüísticos.
Los insultos más graves tienden a implicar a   graves *serious*
los miembros de la familia del insultado. En el
poema *Martín Fierro*, del siglo XIX, un gaucho   gaucho *cowboy (Arg.)*
20 trata de insultar a otro ofreciéndole un vaso
de aguardiente: aguardiente *liquor*

«Diciendo: ‹Beba, cuñao,›
‹Por su hermana; contesté,
Que por la mía no hay cuidao.›»[2]

---

[1] *Cantar de Mío Cid* National epic of Spain, written about 1140 to glorify the deeds of the Spaniards
in the Reconquest of the peninsula from the Moors. *El Cid* lived from about 1030 to 1099.

[2] *Martín Fierro* Narrative poem by the Argentinean José Hernández, written in 1872. The poem is a
classic study of the gaucho in his struggle against the move of civilization into the pampas. The
quote says: "Drink, brother-in-law." "It must be because of your sister, 'cause I'm not worried about
mine." To call a stranger *cuñado* implies some kind of intimacy with his sister. The ultimate insult of
this type is *«Yo soy tu padre»*

25   Si se examina la sociedad
contemporánea se puede ver cómo el
sentimiento familiar ejerce una gran
influencia en casi todas las instituciones
sociales.

Comprensión

A. Responda a las siguientes preguntas según el texto.

1. ¿Qué es el *Cantar de Mío Cid* y qué tiene que ver con la familia en el mundo hispánico?
2. ¿Cuál es una manera común de ofender a una persona?
3. ¿Quiénes son y dónde viven los gauchos?

B. Responda a las siguientes preguntas con su opinión personal.

1. ¿Cómo es su familia?
2. ¿Cuántos miembros hay en total?
3. ¿Es Ud. el (la) menor o el (la) mayor de sus hermanos?
4. ¿Conoce a sus tíos? ¿a sus primos?
5. ¿Dónde viven sus parientes? ¿Los ve frecuentemente? Explique.

II. La familia y la política

1 En la política, muchas veces los lazos
familiares determinan las alianzas con más
fuerza que la ideología o el partido. Aún más   partido *political party*
importante es la práctica del nepotismo en
5 las burocracias. Esta práctica, que se prohíbe
generalmente en los Estados Unidos por ser
ineficaz e injusta, es más común (y menos   ineficaz *inefficient*
censurada) en el mundo hispánico. Además,   injusta *unfair*
las prohibiciones tienen poco efecto porque
10 nadie puede negar que la lealtad y las   negar *to deny*
obligaciones hacia la familia son más   lealtad *loyalty*
importantes que otras consideraciones.

En el campo, los grandes propietarios
han seguido tradicionalmente otra práctica
15 que influye en las relaciones familiares —el
mayorazgo. Esta práctica le da al hijo mayor
toda la propiedad de la familia en vez de
dividirla entre todos los hijos. El hijo mayor
tiene la obligación de mantener y de cuidar a
20 los otros hijos si ellos así lo desean. La casa
familiar es considerada como el hogar de los
hijos, los yernos y las nueras, durante toda la
vida. En las haciendas muy tradicionales es
común encontrar juntos a varios matrimonios
25 y varias generaciones. Esta organización
social también se encontraba en el sur de los
Estados Unidos antes del siglo XX.

Cuando oímos hoy que hay una gran
necesidad de reforma agraria en El Salvador,
30 observamos cómo la práctica del mayorazgo
ha creado una concentración de la tierra en
manos de unas pocas familias.

Ha habido muchos casos históricos y   segundones *(m) second sons*
literarios de segundones resentidos por falta   resentidos *resentful*
35 de perspectivas, a no ser la de casarse con la   a no ser *except*
hija de otra familia sin herederos varones.   varones *male*

Comprensión

A. Complete las oraciones según el texto.

1. Las alianzas políticas frecuentemente se basan más en ——————— que en ———————.
2. Bajo el sistema del mayorazgo, el hijo mayor hereda ———————.
3. Sus obligaciones incluyen ———————.
4. Un resultado negativo del mayorazgo ha sido ———————.

B. Responda a las siguientes preguntas con su opinión personal.

1. ¿Le parece bueno o malo el sistema del mayorazgo? Explique.
2. ¿Vota Ud. igual que sus padres? ¿Por qué sí o por qué no?
3. ¿Acepta Ud. el nepotismo? ¿En qué tipos de empleo? ¿Por qué?

III. La familia y la sociedad

1   Un gran número de acontecimientos sociales
son de tipo familiar. En los días de fiesta y los
domingos las familias frecuentemente se
reúnen en la casa de algún pariente, o bien
5   en un restaurante de tipo familiar. Estas
fiestas se caracterizan por la presencia de los
niños y los abuelos.

  Atrae la atención del norteamericano la
presencia de los niños en casi todas las
10   fiestas[3] y el hecho de que los niños se ven en
la calle con sus padres hasta las once o doce
de la noche. Están acostumbrados a participar
con los adultos en las bodas, los bautismos y
las fiestas públicas como los desfiles.
15   Igualmente, en las fiestas de cumpleaños o
del día del santo de un niño se encuentran
todos los padres, y aun los abuelos, de los
amiguitos del niño. Así que desde muy
pequeños, participan en la vida social de la
20   familia. Así aprenden continuamente cómo
comportarse en sociedad. Están
acostumbrados a tratar con personas de
diferentes edades —abuelos, padres y
hermanos mayores—, desarrollando así una
25   actitud de respeto que mantienen también
cuando son adultos. En lugares públicos,
como el cine o los bailes, se ven grupos de
personas de diferentes edades. Hay menos
tendencia a agruparse según la edad, como en

o bien or perhaps

bodas weddings

comportarse to behave

agruparse to gather

---

[3] The cocktail party (*el cóctel*) purely for adults is a fairly recent phenomenon in urban areas. Children are not likely to attend these.

30 la sociedad norteamericana. Por eso, también
es menos molesto llevar a la mamá o al   molesto *bothersome*
hermano menor cuando dos jóvenes van al
cine.[4]

No es raro encontrar a los abuelos, a los
35 padres y a los hijos junto con algún tío o tal
vez un primo viviendo en la misma casa. Los
sociólogos han observado varias ventajas en   ventajas *advantages*
esta situación. Una de ellas es que los niños
tienen más personas que los cuiden, y por eso
40 no necesitan tanta atención individual.
También tienen más de un modelo y si, por   por desgracia *unfortunately*
desgracia, pierden a uno de los padres, hay
otros adultos presentes. Con tantas personas
en casa no es necesario pagarle a nadie de   de afuera *from outside*
45 afuera para cuidar a los niños —la palabra
baby-sitter no tiene equivalente exacto en
español.[5] Las tareas domésticas se comparten   se comparten *are shared*
y son menos pesadas. Las desventajas de esta   pesadas *troublesome*
convivencia son, para los adultos, una falta
50 completa de vida privada, y para los niños,
una falta de independencia, que se advierte
más tarde en sus acciones y sus
personalidades de adultos.

Una costumbre que muestra la
55 importancia del lazo familiar es la de incluir a
todos los parientes, aún los más lejanos, en lo   lejanos *distant*
que se considera la familia. Si llega un primo
al pueblo desde otro lugar, se le trata como
miembro de la familia local y tiene los
60 derechos y privilegios correspondientes. Los   derechos *rights*
esposos de los hijos, los yernos y las nueras
también son parte de la familia. El yerno
especialmente llega a ser miembro de la
familia de su esposa mientras la nuera

---

[4] The custom of having a chaperone accompany young people on a date is rapidly disappearing. In more traditional rural areas, however, it still is not unusual to see a young couple on a trip to the movies along with a mother or a sibling. Since much social activity occurs in groups the issue of having a chaperone doesn't actually arise very often.

[5] baby-sitter The word *niñera* is sometimes used for this term, but it really means "nursemaid."

65　mantiene lazos con sus dos familias. Sus
hijos, en las familias tradicionales, sienten
frecuentemente el peso de los parientes de
las dos familias de sus dos padres. Este
sentimiento de unidad es bastante fuerte en
70　la familia y muchas veces domina la vida del
individuo.

　　　　Como en toda sociedad católica, los
padrinos asumen serias obligaciones hacia los
niños en caso de la ausencia de los padres. Es
75　verdaderamente un honor ser elegido padrino
y ser considerado como un miembro de la
familia.

elegido *chosen*

Esta familia española asiste a la primera comunión de una de las chicas. ¿Quiénes pueden ser todos estos individuos?

Comprensión

A. Según el texto, ¿cuáles de estas oraciones describen la situación del niño en la sociedad hispánica? Cambie las oraciones incorrectas.

1. Van generalmente a las fiestas de sus padres.
2. Tienen más modelos de conducta.
3. Generalmente viene mucha gente desconocida a cuidarlos.
4. Frecuentemente tienen poca vida privada.
5. Aprenden a ser muy independientes como adultos.

B. Responda a las siguientes preguntas personales.

1. ¿Incluye Ud. a los parientes lejanos en su familia?
2. ¿Cómo son distintas las fiestas de cumpleaños hispánicas de las norte-americanas?
3. Cuando era pequeño(a), ¿asistía Ud. a las fiestas de sus padres? ¿Por qué sí o por qué no?

IV. El significado de la familia

1   En la familia inmediata o «nuclear» (padre,
    madre e hijos), es notable el papel del padre.
    Aunque tradicionalmente el hombre ha
    dominado en el hogar, él siempre ha tenido
5   un contacto constante e íntimo con sus hijos.
    Aunque su «machismo» le impide cocinar o
    lavar la ropa, no por eso deja de cuidar a sus
    niños con dedicación y orgullo. El orgullo por   orgullo *pride*
    los hijos es algo que se destaca en la sociedad   se destaca *stands out*
10 hispánica y que tal vez ha contribuido a
    mantener fuerte el sentido de la familia.

         Este orgullo también contribuye a crear
    uno de los problemas más graves de
    Hispanoamérica: el crecimiento desenfrenado   crecimiento *growth*
15 de la población, que frustra los esfuerzos del   desenfrenado *uncontrolled*
    progreso social. Además de la prohibición   Además de *Besides*
    religiosa de los métodos artificiales de control
    de la natalidad, hay obstáculos sociales y   natalidad *birth*
    personales que hacen difícil que la gente
20 acepte tales procedimientos. El tamaño de la
    familia es prueba de la masculinidad paterna
    y la feminidad materna. También representan
    un tipo de seguro contra la pobreza de
    algunos padres sin otras perspectivas para la
25 vejez. Una encuesta reciente hecha en varias   encuesta *survey*
    ciudades hispanoamericanas con el propósito
    de averiguar las opiniones femeninas sobre el   averiguar *to find out*
    número ideal de hijos produjo el promedio
    general de 3,4 hijos. Los promedios de las
30 diferentes ciudades quedaban entre 2,7 y 4,2.
    Se estima que el promedio efectivo en las
    mismas ciudades es de 3,7 hijos por familia.
    En las regiones rurales, también entran las
    cuestiones económicas: el hijo es mano de   mano de obra *worker*
35 obra. Sin embargo, en varios países

hispánicos se han organizado campañas oficiales dedicadas al control de la natalidad debido a los efectos económicos negativos creados por el gran aumento de la población.

40 En México, por ejemplo, la tasa de natalidad ha bajado de 7 hijos por mujer a 2,5 hijos en el último medio siglo y el Brasil ha tenido una experiencia semejante.

    La familia también es importante para
45 el desarrollo del individuo. La familia existe siempre como un grupo ya constituido, lleno de tradición y significado. El niño adquiere la conciencia de pertenecer a un grupo sin peligro de ser expulsado y sin tener que
50 probar nada más que su lealtad. Claro que la familia no aprueba todo lo que hacen sus miembros; sin embargo, puede tolerarles casi todo. Es decir que, por malo que sea el individuo, siempre está ligado a la familia por
55 lazos de sangre. La familia es un grupo que ofrece protección, consuelo en los fracasos y calor y comprensión contra la soledad. Todo esto da un sentido de seguridad que a veces restringe el desarrollo sicológico y resulta en
60 una tendencia a depender demasiado de la familia. Es frecuente el caso de que alguien, por no querer dejar a la familia, rechace oportunidades de trabajo y no vaya a vivir a otra parte. El concepto de la sociedad móvil
65 no se ha establecido bien en el mundo hispánico.

    Es obvio que la familia ocupa un lugar muy importante tanto en la sociedad como en la vida del individuo. Muchas veces determina
70 la posición del individuo en la sociedad, porque el niño hereda el buen nombre familiar además de los bienes materiales. Además, ejerce una fuerza moral bastante efectiva, puesto que, junto con la buena
75 fama, uno hereda la obligación de mantenerla.

tasa de natalidad	*birth rate*
pertenecer	*to belong*
peligro	*danger*
ser expulsado	*to be expelled*
aprueba	*approve*
por malo que sea	*however bad he may be*
sangre *(f)*	*blood*
consuelo	*consolation*
fracasos	*failures*
restringe	*restricts*
rechace	*rejects*
bienes *(m)*	*goods*
puesto que	*since*

El equivalente sudameri-
cano del «pony ride»
tradicional. ¿Cuál parece
ser la reacción del niño
ante la idea de montar en
la llama?

Comprensión

A. Decida si las siguientes oraciones son verdaderas o falsas, según el texto.
¿Cómo se pueden corregir las que son falsas?

1. El padre hispánico no quiere contacto con sus hijos.
2. El aumento de la población ha sido tradicionalmente un gran problema
en algunos países hispánicos.
3. La familia generalmente apoya a sus miembros individuales.
4. La sociedad hispánica es muy móvil.
5. La familia ejerce una fuerza moral notable.

B. Responda a las siguientes preguntas personales.

1. ¿Piensa Ud. tener una familia grande o pequeña en el futuro?
2. ¿Sabe Ud. qué piensan los amigos de la clase de español sobre el tamaño
de la familia ideal?
3. ¿Cuándo piensa Ud. casarse o cuándo se casó?
4. ¿A Ud. le importa separarse de su familia para buscar trabajo? ¿Por qué?

V. La familia contemporánea

1 Claro que en la sociedad contemporánea la
familia hispánica sufre algunas de las mismas
tensiones que las de las familias
norteamericanas. En las grandes ciudades la
5 familia tiene que enfrentarse a corrientes
sociales continuas que tienden a cambiar el
sistema familiar. Hay muchas familias donde
los dos padres trabajan fuera del hogar, ya
sea por motivos económicos o profesionales.
10 La estructura tradicional —el padre que
trabaja fuera, la madre que trabaja en casa—
va desapareciendo en los centros urbanos. El
tamaño promedio de las familias urbanas está
disminuyendo. El divorcio, permitido en
15 algunos países pero no en otros, crece
también en el mundo hispánico como en los
Estados Unidos. Los artículos siguientes
muestran algunas tendencias recientes en
España que se relacionan con el futuro de
20 esta institución fundamental.

ya sea whether it be

va desapareciendo is disappearing

está disminuyendo is diminishing

Demografía: Estadísticas de Eurostat

1 Es un asunto recurrente pero cada año
adquiere tintes más llamativos. Los europeos tienen cada vez menos hijos y,
en el futuro, la tasa de natalidad caerá
5 todavía más. Si la tendencia es general,
los italianos y los españoles son los que
muestran menos interés en ser padres.
Todos estos datos figuran en la esti-
mación de natalidad que Eurostat, la
10 oficina estadística de la Comisión
Europea, acaba de dar a conocer para el
año pasado.

tintes más llamativos more interesting aspects
cada vez menos less and less

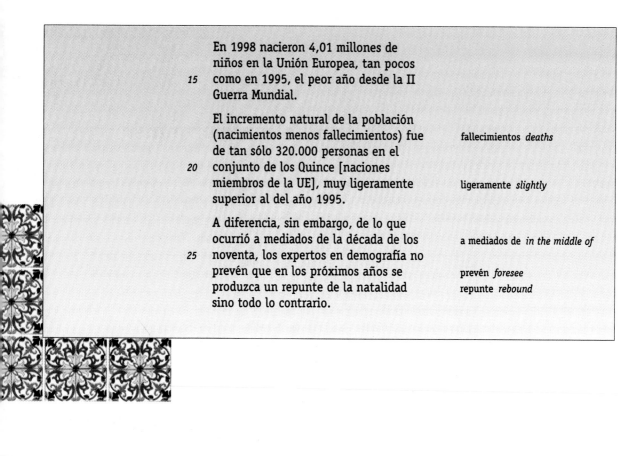

En 1998 nacieron 4,01 millones de niños en la Unión Europea, tan pocos como en 1995, el peor año desde la II Guerra Mundial.

El incremento natural de la población (nacimientos menos fallecimientos) fue de tan sólo 320.000 personas en el conjunto de los Quince [naciones miembros de la UE], muy ligeramente superior al del año 1995.

A diferencia, sin embargo, de lo que ocurrió a mediados de la década de los noventa, los expertos en demografía no prevén que en los próximos años se produzca un repunte de la natalidad sino todo lo contrario.

fallecimientos *deaths*

ligeramente *slightly*

a mediados de *in the middle of*

prevén *foresee*
repunte *rebound*

«Baby boom»

1 La razón es sencilla: en breve saldrán de la etapa de máxima procreación las mujeres que vinieron al mundo durante el llamado *baby boom* de mediados de
5 los sesenta —en aquellos años nacían 50% más de niños que hoy en día— y serán sustituidas por las que nacieron entre 1965 y 1975, mucho menos numerosas que las anteriores.

10 Este relevo hace prever, explica François Bovagnet, analista demográfico de Eurostat, que el incremento natural en la UE declinará hasta ser nulo en torno al 2010.

relevo change

nulo zero

15 Hacia el 2020 será incluso negativo a menos que los gobiernos adopten medidas que estimulen la natalidad.

Cuatro países de la UE se encuentran ya en esa situación de crecimiento natural
20 negativo (Alemania, Italia, Suecia y Grecia).

En Italia en 1998 sólo hubo 9,2 nacimientos por mil habitantes. En España la cifra fue de 9,3 y en Grecia de
25 9,4. Entre los *farolillos amarillos* está también Alemania porque sólo se registraron 9,5 nacimientos por mil habitantes.

cifra number

*farolillos amarillos yellow
(caution) light*

La católica Irlanda sigue siendo la más
30 prolífica, con 14,1 nacimientos por mil habitantes, seguida por Francia y Holanda (12,7 por mil). [El número en los Estados Unidos es 14.4/1000.]

El País Internacional (Madrid)

Embarazos en España

Embarazos *Pregnancies*

1   Las mujeres españolas se están
acostumbrando a retrasar su tiempo
destinado a la procreación, de tal
manera que en 1985 —último año del
5   que se tienen estadísticas— el grupo de
mujeres comprendidas entre 30 y 34
años superó por primera vez en la
historia en índice de fecundidad al
grupo de jóvenes comprendidas entre
10   20 y 24 años. Éste es uno de los datos
contenidos en el estudio [de los años
1975–1985] que acaba de publicar el
Instituto de Demografía.

Margarita Delgado, especialista en
15   demografía y autora del informe,
interpreta este dato «por el hecho de
que la mujer española se ha ido
incorporando cada vez en mayor número
y con más intensidad a los mismos tra-
20   bajos que ejerce el hombre y que, por
eso, ha retrasado voluntariamente la
etapa en la que intenta tener hijos».

«Por otra parte hay que tener en cuenta
que las mujeres que están a punto de
25   acceder a los 35 años han retrasado la
maternidad porque también retrasaron
durante estos diez años estudiados
la edad en la que contrajeron
matrimonio», señala la experta...

El País Internacional (Madrid)

retrasar *delay*

comprendidas *included*
superó *surpassed*
fecundidad *fertility*

datos *pieces of information*

se ha ido incorporando *has
been becoming part*

ejerce *carries out*

etapa *stage*

acceder *to reach*

contrajeron matrimonio *they
got married*
señala *indicates*

1   Es importante recordar que el grupo
básico al que pertenece el individuo hispánico
es su familia. Ésta inspira una lealtad más
fuerte que cualquier otra. Para la mayoría de
5   la gente, la familia está antes que el empleo,
el partido político o la comodidad personal.
El ensayista mexicano Octavio Paz dice
lo siguiente: «La familia es una realidad muy

comodidad *comfort*
ensayista *essayist*

10 poderosa. Es el hogar en el sentido original
de la palabra: centro y reunión de los vivos y
los muertos, a un tiempo altar, cama donde se
hace el amor, fogón donde se cocina, ceniza
que entierra a los antepasados... La familia ha
15 dado a los mexicanos sus creencias, valores y
conceptos sobre la vida y la muerte, lo bueno
y lo malo, lo masculino y lo femenino, lo
bonito y lo feo, lo que se debe hacer y
lo indebido.»[6]

hogar *hearth*

a un tiempo *at once*
fogón *fire*
ceniza *ashes*

lo indebido *that which should
not be done*

---

[6] Octavio Paz (1914–1998), *El ogro filantrópico* (Mexico: Joaquín Mortiz, 1979), p. 23. Paz, winner of the 1990 Nobel Prize for literature, is one of the best-known essayists in Mexico. His book *El laberinto de la soledad* (trans. *The Labryinth of Solitude*, Grove Press, N.Y., 1961) contains some interesting insights into the Mexican character, most of which also apply to the Hispanic character. The book cited here contains an update of many of the points made in the earlier book.

Comprensión

A. Responda según el texto.

1. ¿Qué tensiones sufre la familia contemporánea?
2. ¿Dónde son más comunes estas tensiones?
3. ¿Dónde está disminuyendo el tamaño promedio de las familias?
4. ¿Por qué no se espera un aumento en la tasa de natalidad europea en el futuro?
5. ¿Cuáles son los tres países europeos de menos nacimientos por mil mujeres?
6. ¿Cómo se sabe que las mujeres españolas retrasan el tiempo para la procreación?

B. Responda a las siguientes preguntas personales.

1. ¿Cuántas personas viven en su casa?
2. ¿Ha vivido Ud. alguna vez con muchos parientes?
3. ¿Cree que sería una ventaja o una desventaja vivir con los parientes? Explique.
4. En su opinión, ¿cuál es la edad ideal para comenzar a tener hijos?

Videomundo: Fiestas y festivales
(2:25:20–2:28:20)

El día de Reyes en Valencia. Mire el segmento y conteste estas preguntas sobre la fiesta en Valencia.

1. ¿Cuándo celebran el día de Reyes en España? ¿Cómo se relacionan los Reyes Magos con la Navidad?
2. ¿Por dónde pasa y dónde termina el desfile de Reyes? ¿Parece que los niños salen de noche para ver el desfile?
3. Además de las carrozas de los Reyes Magos, ¿qué otros elementos participan en el desfile?
4. ¿Dónde reciben los niños los regalos de Navidad?
5. ¿Cuándo y para qué se reúne toda la familia?

Práctica

I. Ejercicios de vocabulario

A. Complete según los modelos.

Modelo → justo *injusto*
         probable *improbable*

1. eficaz   _____   5. posible   _____
2. _____   innecesario   6. _____   infrecuente
3. ofensivo   _____   7. cómodo   _____
4. _____   inútil   8. _____   impersonal

Modelo → gracia *desgracia*

1. conocido   _____   4. _____   desligar
2. _____   desventaja   5. aparecer   _____
3. acostumbrado   _____   6. _____   descuidar

Modelo → costumbre *acostumbrarse*

1. grupo   _____   3. socio   _____
2. _____   apoderarse   4. asombro   _____

B. Defina las siguientes palabras en español.

1. el padre   3. el primo   5. la hermana
2. el tío   4. la madrina   6. la abuela

II. Puntos de contraste cultural

1. ¿Qué diferencias se pueden observar entre la familia del mundo hispánico y la de los Estados Unidos?

2. ¿Cuáles son las diferencias en la actitud familiar hacia los niños?

3. ¿Cree Ud. que es bueno incluir a los niños en las fiestas de adultos?

4. ¿Cómo ha cambiado el concepto estadounidense de la familia en las últimas décadas? ¿Qué opina de estos cambios?

III. Debate

Organice dos equipos para que ataquen o apoyen esta resolución.

Es irresponsable tener más de tres hijos cuando hay un exceso de población.

IV. El arte de escribir: la carta

Todos tienen que escribir una carta de vez en cuando. A veces es una carta formal, por ejemplo, una carta comercial. Otras veces, es una carta familiar. Como preparación hay que pensar en lo que se quiere escribir o preguntar —tal vez apuntarlo para no olvidar nada. Aquí hay unas frases útiles.

Para comenzar:

6 de octubre de 1997
Querida mamá: *Dear Mom,*
Queridos padres: *Dear Mom and Dad*

Y para terminar:

Reciba(n) un abrazo (beso) de su,   *Receive a hug (kiss) from your,*
Les manda muchos besos su,   *Many kisses from your,*

Ahora escríbale Ud. una carta a un miembro de su familia contándole algunas cosas de su vida y preguntándole sobre la suya.

V. Ejercicios de composición dirigida

A. Complete las oraciones utilizando las palabras entre paréntesis.

1. Se podría decir que la familia... (sociedad, valores, escala, representa, menor)

2. Los insultos más graves... (familia, insultado, suelen, implicar, miembros)

3. La casa familiar... (considerada, hogar, siempre, casados, después, hijos, es)

4. El niño se acostumbra... (bodas, participar, adultos, con, ocasiones, otras, como, bautismos, fiestas)

5. La familia existe... (grupo, significado, tradición, lleno, hecho, siempre, como)

B. Complete las frases desde un punto de vista personal.

1. El nepotismo es malo porque...
2. El mayorazgo no se debe practicar porque...
3. Para que aprendan a tratar con los adultos, es importante que los niños...
4. Las familias grandes ofrecen estas ventajas...
5. La movilidad de la sociedad norteamericana tiene el efecto de...

VI. Situación

Imagínese Ud. que es propietario(a) de una empresa mediana de 100 emplea-dos. Su hijo de veinticinco años trabaja para Ud. desde hace tres años, pero ahora es obvio que él hace un trabajo pésimo y ya Ud. le ha hablado sobre el asunto cinco o seis veces. Ahora tiene que decidirse. ¿Qué le va a decir Ud.?

UNIDAD 5

El hombre y la mujer en la sociedad hispánica

Esta mujer compra y vende acciones en la bolsa de Caracas, Venezuela. ¿Qué otras profesiones se han abierto recientemente a las mujeres?

Vocabulario útil

Estudie estas palabras antes de leer el ensayo.

Verbos

asistir *to attend*
desaparecer *to disappear*
encabezar *to head, run*
evitar *to avoid*
favorecer *to favor*
mejorar *to improve*
referirse a (ie) *to refer to*
resolver (ue) *to resolve*

Sustantivos

el apellido *surname*
el derecho *right*
el, la esposo, -a *spouse*
la igualdad *equality*

Adjetivos

consciente *conscious*
largo, -a *long*
único, -a *only, unique*
vestido, -a *dressed*

Otras palabras y expresiones

a pesar de *in spite of*
bastante *adv* *quite, very*
ha habido *there has (have) been*
la mayor parte *the greater part, the majority*
por un lado *on the one hand*
toda una serie *a whole series*

Trabajen en parejas, o como indique su profesor(a), para hacer y contestar estas preguntas usando el vocabulario de la lista para descubrir algo sobre sus compañeros de clase.

1. ¿Crees que debes hacer algo para mejorar las relaciones entre los hombres y las mujeres o crees que los problemas desaparecerán solos?
2. ¿Asistes a partidos de deportes entre equipos de mujeres? ¿Favoreces la igualdad absoluta entre los programas de deportes de hombres y mujeres?
3. ¿Conoces a alguien que tenga un apellido con guión? ¿Cómo sería tu nombre si usaras guión? ¿Quién debe tener el derecho de decidir qué apellido vas a usar?
4. ¿Es la mayor parte de la literatura que lees la escrita por hombres y mujeres o tratas de evitar la de uno u otro?
5. ¿Prefieres salir (al cine o a bailar, etcétera) con una persona o con grupos de amigos? ¿Por qué?
6. ¿Hay mujeres que encabezan departamentos en tu universidad? ¿Cuáles son?

Enfoque

Como en todo el mundo occidental, en la sociedad hispánica existe una larga tradición de orientación masculina. Durante la mayor parte de la historia de la civilización hispánica, el hombre ha dominado en casi todas las esferas de la vida. Aunque ha habido progreso hacia la igualdad en las ciudades, la situación ha cambiado menos fuera de los centros urbanos. En los países hispánicos ha existido y existe una división clara entre los derechos, privilegios y obligaciones de cada sexo. Esta unidad describe esta tradición masculina y algunas de sus manifestaciones.

occidental *western*

hacia *toward*

fuera de *outside of*

Anticipación

Antes de comenzar la lectura, haga Ud. una lista de las situaciones sociales donde existe la discriminación sexual y prepárese para presentarle su lista a la clase.

I. *Los nombres hispánicos*

El sistema de apellidos refleja la influencia
masculina. Los hijos llevan los apellidos del
padre y de la madre, pero el del padre va
primero. El hijo de Juan Gómez Rodríguez y

5 de María López Gutiérrez será Francisco Gómez
López, o Gómez y López.[1] Los apellidos de las
abuelas, Rodríguez y Gutiérrez, se pierden. Si
Francisco se casara con Teresa Vargas Aguilar,   se casara con *married*
su hijo sería Mario Gómez Vargas. Es sólo el

10 apellido del lado masculino el que se
conserva, así que si un matrimonio sólo tiene
hijas el nombre desaparecerá después de dos
generaciones. Las familias muy conscientes de
su linaje a veces continúan usando los   linaje *(m)* lineage

15 apellidos por más tiempo, pero eventualmente
el resultado es el mismo.

    Hay algunos casos en que el hijo ha
escogido otro procedimiento. El famoso pintor   escogido *chosen*
español Diego Velázquez (1599–1660), hijo de   procedimiento *procedure*

20 Juan Rodríguez de Silva y de Jerónima
Velázquez, debería haberse llamado Diego   debería haberse llamado *should*
Rodríguez de Silva y Velázquez. Pero por ser   *have been called*
su padre portugués y su madre de una familia
aristocrática sevillana, el pintor prefirió usar

25 su apellido materno.
    Otro caso semejante es también el de
un pintor: Pablo Diego José Francisco de
Paula Juan Nepomuceno María de los
Remedios Cipriano de la Santísima Trinidad

---

[1] *Gómez y López* The use of *y* between the father's and mother's name is optional. The case with *de*
is more complicated: it is used to designate a married name of a woman, for example, María López
Gutiérrez de Gómez, where López Gutiérrez is her maiden name. In older names it was also used
simply to mean "from" and later was frequently incorporated into the name permanently. All these
usages tend to be variable.

30 Ruiz Blasco Picasso López, hijo de José Ruiz
Blasco y de María Picasso López. También él
escogió su apellido materno y se hizo famoso   se hizo *became*
con el nombre de Pablo Picasso (1881–1973).
Se ve aquí también un ejemplo de la
35 costumbre de dar toda una serie de nombres
cristianos a los hijos a veces, por lo general
para honrar a varios parientes. Claro que se
escogen uno o dos de los nombres para el uso
diario y los otros sólo aparecen en la partida   diario *daily*
40 de nacimiento.   partida *certificate*

Los padres podrán escoger el orden de los apellidos de los hijos

Madre sólo hay una, aunque las leyes se
han ocupado de condenar su linaje a las   condenar *condemn*
sombras. En un intento por desterrar la   sombras *shadows*
«injusticia histórica» de que los hijos   intento *attempt*
45 hereden en primer lugar el apellido del   desterrar *get rid of*
padre, cuatro proposiciones de ley...
que persiguen colocar en igualdad de   persiguen *try*
condiciones a la madre y el padre en la   colocar en igualdad de condi-
perpetuación de la estirpe...   ciones *make equal*
                                                   estirpe *ancestry*

El País Internacional (Madrid)

Apellido materno

50 El Congreso español ha aprobado la ley
que faculta a los progenitores para   faculta *empowers*
decidir el orden de los apellidos "de   progenitores *parents*
común acuerdo", lo que permitirá que
los niños lleven el materno en primer
55 lugar. Si no hay acuerdo, se antepondrá   se antepondrá *will be placed*
siempre el apellido del padre. Los   *first*
españoles ya podían cambiar el orden
de los apellidos, pero tras cumplir los   tras *after*
18 años.

El País Internacional (Madrid)

Comprensión

A. Decida si las siguientes oraciones son verdaderas o falsas. Corrija las falsas.

1. El hijo de Juan García y Elena Pérez se llama José García Pérez.
2. Si él se casara con María Tejada, su hija sería Teresa Tejada Pérez.
3. Los pintores Picasso y Velázquez prefirieron el apellido de su madre.
4. No es legal poner el apellido de la madre antes del apellido del padre en España.

B. Responda a las siguientes preguntas personales.

1. ¿Lleva Ud. el apellido de su madre?
2. ¿Cómo usamos a veces el apellido materno en inglés?
3. ¿Cómo sería su nombre si usara el sistema español?
4. ¿Cree que debe ser permitido el uso de cualquier apellido —el de la madre o el del padre? ¿Quién debe hacer la decisión?
5. ¿Resuelve algo el uso de los dos apellidos con guión *(hyphen)*?

II. La sociedad patriarcal

1   Sin embargo, casos como el de Velázquez o el
de Picasso son excepcionales; el sistema
decididamente favorece la línea paterna.
Tradicionalmente las mujeres estaban
5   limitadas a las tareas domésticas, o si
trabajaban, limitadas a los trabajos más
sencillos. Aunque esta situación está
cambiando, la mujer hispánica todavía está
generalmente en una posición social inferior.

10   Sin duda esto se debe en parte a los factores   se debe *is due*
económicos, pero también contribuye el
machismo, que crea criterios sociales muy
distintos entre el hombre y la mujer. El
machismo es un fenómeno sociosicológico
15   que se define como una preocupación
exagerada por la masculinidad —abarca lo   abarca *it includes*
físico, lo sexual, lo social y aun lo político. Es
un problema cuando se convierte en un
anhelo de comprobar la masculinidad porque   anhelo *urge*
20   entonces puede conducir a acciones   comprobar *to prove*
antisociales y hasta patológicas.

       Las distinciones entre el hombre y la
mujer se ven en las relaciones sexuales.
Tradicionalmente la actividad sexual del
25   hombre era cosa aceptada mientras que para
la mujer toda relación que no fuera con el
marido quedaba estrictamente prohibida.

       Claro que esta situación está cambiando
en el mundo hispánico como en el resto del
30   mundo. En el caso de jóvenes que mantienen   mantienen *maintain*
relaciones sexuales fuera del matrimonio, sin
embargo, las mujeres son criticadas más
severamente que los hombres.

       A pesar de esta relativa falta de libertad
35   personal y profesional ha habido casos de
mujeres que se han destacado personalmente   se han destacado *have excelled*
en la literatura, la enseñanza y la política,   enseñanza *education*
superando los obstáculos que encontraron en   superando *overcoming*
su camino.

Comprensión

A. Elija la respuesta que mejor complete las siguientes frases según la lectura.

1. El machismo es característico de...
   a. los hombres.
   b. las mujeres.
   c. los dos sexos.

2. La actividad sexual del hombre era una cosa...
   a. aceptada.
   b. inexistente.
   c. criticada.

3. Las mujeres hispánicas sufrían de una relativa falta de...
   a. hombres.
   b. enfermedades.
   c. libertad.

B. Responda a las siguientes preguntas personales.

1. ¿Cree que hay hoy en los Estados Unidos empleos vedados a las mujeres?

2. ¿Cree que siempre será así?

III. Las mujeres en la literatura hispánica

Sor Juana Inés de la Cruz (1651–1695)—
Durante la época colonial en Hispanoamérica
la literatura pocas veces alcanzó el nivel de la
de España. La única figura de importancia fue
5 una mujer, Juana Inés de Asbaje y Ramírez de
Santillana, más conocida por su nombre
eclesiástico, Sor Juana Inés de la Cruz. Sor
Juana nació en Nueva España[2] en 1651, época
en que las muchachas tenían la elección de   **elección** *choice*
10 casarse o entrar al convento.

    Sor Juana era una niña muy inteligente,
que había aprendido a leer a los tres años, y
durante su juventud tuvo gran fama
intelectual y social en la corte del Virrey.[3] En
15 un ensayo famoso confiesa que trató de   **ensayo** *essay*
convencer a su madre de que debía asistir a la
universidad vestida de hombre porque no
admitían a las mujeres. La madre no accedió y   **no accedió** *did not give in*
Sor Juana tuvo que aprender todo por sí sola.   **por sí sola** *on her own*
20 A los dieciséis años decidió renunciar a la
sociedad y entrar en un convento. Su única
explicación fue que no tenía interés en el
matrimonio y quería dedicarse al estudio y a
la literatura. La vida religiosa tenía cierta
25 atracción porque le ofrecía sosiego y tiempo   **sosiego** *tranquility*
para las tareas intelectuales.[4] Durante casi

---

[2] *Nueva España* New Spain, the name given the colony that included the known parts of North and Central America. The center was Mexico City

[3] *Virrey* Viceroy. In colonial adminstration the viceroy was the king's representative in the colony. He possessed most of the powers of a monarch and was ultimately responsible only to the king.

[4] *tareas intelectuales* In that period convent life was relatively easy; the discipline was not too strict nor the demands too great. For many, convents served as places of meditation on religion and life.

treinta años Sor Juana escribió poesía,
considerada entre la más bella y original que
se ha creado en la lengua española. Su obra
30 muestra las tensiones internas de una mujer,
por un lado sinceramente católica y por otro
consciente de las nuevas ideas científicas.

Muchos de sus versos son simbólicos y
se refieren a los problemas que causaba su
35 curiosidad intelectual frente a la sociedad   frente a *faced with*
cerrada de su época.

Hombres necios que acusáis   necios *foolish*
a la mujer sin razón,   que acusáis *who accuse*
sin ver que sois la ocasión   sin razón *wrongly*
40 de lo mismo que culpáis;   ocasión *cause*
                                                    culpáis *you criticize*
Queréis, con presunción necia   presunción *conceit*
hallar a la que buscáis,   hallar *to find*
para pretendida, Thais,   pretendida *lover*
y en la posesión, Lucrecia.[5]

45 ¿Pues para qué os espantáis   espantáis *fear*
de la culpa que tenéis?
Queredlas cual las hacéis   Queredlas *Love them*
o hacedlas cual las buscáis.   cual *as*
                                                    hacedlas *make them*
Sor Juana vertió en sus muchas poesías   vertió *poured*
50 algún tormento interior y lo supo hacer
dentro de una sociedad que desaprobaba la   desaprobaba *disapproved*
libertad intelectual, sobre todo de parte de   de parte de *on the part of*
una mujer. Así que la vida y obra de Sor
Juana hacen de esta poetisa la primera
55 feminista del continente.

---

[5] *Thais... Lucrecia* Two women of classical mythology; the first a famous Greek courtesan, the second a Roman model of virtue. The poem criticizes men who seek a sexual relationship with women but want to marry a virgin.

Gabriela Mistral (1889–1957)— Entre
los diez escritores hispánicos[6] que han
recibido el Premio Nobel de Literatura se
encuentra una mujer chilena, Gabriela Mistral
60 (nombre literario de Lucila Godoy Alcayaga).
Poeta de lirismo intenso, Gabriela Mistral   lirismo *lyricism*
también alcanzó fama internacional por su
actividad en la educación. En 1922 José
Vasconcelos[7] la invitó a México para cooperar
65 en la reforma educacional que llevaba a cabo   llevaba a cabo *he was carrying*
bajo el nuevo gobierno revolucionario.   *out*
Muchas de sus ideas todavía forman parte del
sistema de enseñanza de México.

Cuando sirvió como representante de
70 Chile en las Naciones Unidas fue miembro del
Comité sobre los Asuntos de las Mujeres y una
de los fundadoras de UNICEF. Su poesía refleja
sus sentimientos maternales y el consuelo   consuelo mutuo *mutual comfort*
mutuo que frecuentemente representan las
75 madres y los niños, como vemos en esta
canción de cuna: canción de cuna *lullaby*

Apegado[8] a mí
Velloncito de mi carne,   velloncito *little tuft*
que en mi entraña yo tejí,   carne *flesh*
80 velloncito friolento   entraña *womb*
¡duérmete apegado a mí!   tejí *I wove*
    friolento *shivering*

La perdiz duerme en el trébol   perdiz *partridge*
escuchándole latir: trébol *clover*
    latir *heartbeat*

---

[6] *diez escritores* The Nobel Prize for literature has gone to ten Hispanic writers: José Echegaray (Spain, 1832–1916) in 1904; Jacinto Benavente (Spain, 1866–1954) in 1922; Gabriela Mistral (Chile, 1889–1957) in 1945; Juan Ramón Jiménez (Spain, 1881–1958) in 1956; Miguel Ángel Asturias (Guatemala, 1899–1974) in 1967; Pablo Neruda (Chile, 1904–1973) in 1971; Vicente Aleixandre (Spain, 1898–1984) in 1977; Gabriel García Márquez (Colombia, 1928–) in 1982; Camilo José Cela (Spain, 1916–) in 1989; Octavio Paz (Mexico, 1914–1998) in 1990.

[7] *José Vasconcelos* One of the best known of the intellectuals who reformed the government of Mexico after the revolution of 1910. Vasconcelos became minister of education and was instrumental in the creation of a system of rural schools staffed by volunteer teachers from the cities. Mistral was by profession a teacher in a rural school.

[8] *apegado* This word combines the meanings of "close," "devoted," and "attached." The last meaning is both literal and figurative here.

no te turben mis alientos,
85 ¡duérmete apegado a mí!

Hierbecita temblorosa
asombrada de vivir,
no te sueltes de mi pecho:
¡duérmete apegado a mí!

90 Yo que todo lo he perdido
ahora tiemblo de dormir.
No resbales de mi brazo:
¡duérmete apegado a mí!

Ternura

turben	*disturb*
alientos	*breathing*
Hierbecita	*Little blade of grass*
asombrada	*surprised*
no te sueltes	*don't let go*
tiemblo de dormir	*I'm afraid to sleep*
No resbales	*Don't slide down*

Se puede ver que han existido varias
95 mujeres entre las grandes figuras literarias del
mundo hispánico. En la actualidad podríamos
mencionar a las destacadas novelistas
españolas Ana María Matute y Carmen
Laforet,[9] y a la poeta Carmen Conde
100 (1907–1995), que fue elegida en 1979 como
primer miembro femenino de la Real
Academia Española de la Lengua.[10] En 1998
Matute fue elegida a ocupar el sillón K de la
Real Academia, vacante desde la muerte de
105 Conde en 1995. Es de notar que, de todos los
que han recibido el Premio Nadal, que se da a
la mejor novela española de cada año, más
del cuarenta por ciento son mujeres.

En Hispanoamérica también las mujeres
110 participan en el «boom» en la popularidad de
la novela como vemos en este artículo.

---

[9] *Ana María Matute y Carmen Laforet* Matute (b. 1926) is the author of several prize-winning novels and many short stories. She is perhaps best known for her portrayal of children. Laforet (b. 1921) has also written numerous works including her most famous novel *Nada* (1944) for which she won the *Premio Nadal* at the age of 23. The *Premio Nadal* is the equivalent in Spain of the Pulitzer Prize in U.S. letters. Matute won the *Premio Nadal* in 1947 at the age of 21.

[10] *Real Academia Española de la Lengua* The Royal Academy is the official organization in Spain charged with maintaining the purity of the language. Election to one of the 36 lifetime seats, or *sillones*, is a very high honor.

El «boom» de las escritoras mágicas

Desde la aparición en 1985 de La casa de los espíritus, *de Isabel Allende, asistimos a un fenómeno editorial que*
115 *merece atención. La narrativa de esta prolífica escritora chilena nacida en 1942 (De amor y de sombra, Eva Luna, Cuentos de Eva Luna, El plan infinito, Paula) se consume masivamente en*
120 *Europa y los Estados Unidos, y atendiendo a esta repercusión, el cine se carga de furia sudamericana para llevar a la imagen los escenarios y personajes de sus novelas.*

editorial *publishing*
merece *deserves*
nacida *born*

atendiendo *mindful of*
repercusión *impression*
se carga *is charged*
imagen *(f) film*
escenarios *scenes*

125 *...Isabel Allende escribe libros que se convierten en best sellers multinacionales. El hilo de mujeres y generaciones que forman Nivea, Clara, Blanca y Alba, hilvana la historia de* La
130 casa de los espíritus. *Ellas son el sostén y la contracara del patriarca Esteban Trueba, y las responsables de los fantasmas. A partir de allí, el realismo mágico, con todo su esplendor de*
135 *tiranos, clarividencias y pasiones míticas, se viste de mujer.*

hilvana *stitches together*
sostén *(m) support*
contracara *opposite*

fantasmas *(m) ghosts*

clarividencias *farsightedness*
míticas *mythical*

Laura Esquivel,... inicia una meteórica carrera internacional con la novela Como agua para chocolate *(«Novela de*
140 *entregas mensuales, con recetas, amores y remedios caseros», explica el subtítulo),... Traducida al inglés, los lectores de Estados Unidos compran 280.000 ejemplares durante su*
145 *lanzamiento, que acompaña el estreno de la película del mismo nombre dirigida por Alfonso Arau, su marido.*

entregas mensuales *monthly installments*
recetas *recipes*
remedios caseros *home remedies*
ejemplares *(m) copies*
lanzamiento *introduction*
estreno *opening*

La vieja dupla que componen la sensualidad de los alimentos y la pasión
150 *amorosa se renueva aquí con las recetas que encabezan cada uno de los doce*

dupla *duality*

se renueva *is renewed*
encabezan *head*

capítulos con las escenas inolvidables
que Tita y Pedro protagonizan mientras
se cuecen a fuego lento alimentos y
155   pasiones.

Otro notable acierto de esta narrativa
femenina es que, a diferencia de la del
boom, protagonizada hegemónicamente
por hombres, en los cuentos y novelas de
160   estas escritoras la mujer es dueña de la
escena. Por primera vez es ella la que
reclama por la represión de su
sexualidad, por vejámenes y
postergaciones, y los hace reivindicando
165   los espacios olvidados por la aventura
masculina: la maternidad, la cocina, la
ternura.

La Prensa (Buenos Aires)

protagonizan *star in*
se cuecen a fuego lento *are cooked over a low fire*

acierto *success*

protagonizada *headed up*
hegemónicamente *proprietarily*
dueña *owner*

reclama *protests*
vejámenes *(m) vexation*
postergaciones *delays*
reivindicando *recovering*

ternura *tenderness*

Sor Juana Inés de la Cruz es conocida como la primera feminista del Nuevo Mundo. ¿Qué aspectos de su carácter se destacan en este retrato?

Comprensión

A. Responda según el texto.

1. ¿Por qué no asistió Sor Juana a la universidad?
2. Además de poesía, ¿qué otras actividades ejerció Gabriela Mistral?
3. ¿Dónde vende muchos libros Isabel Allende?
4. ¿Qué cosas se cuecen a fuego lento en *Como agua para chocolate*?
5. ¿Quiénes son las dos mujeres que fueron elegidas a la Real Academia Española de la Lengua?

En septiembre de 1948, Gabriela Mistral visitó México como invitada del presidente Miguel Alemán.

B. Responda a las siguientes preguntas personales.

1. ¿Lee Ud. mucha poesía? ¿Por qué sí o por qué no?

2. ¿Qué lee la mayoría del tiempo (fuera de los textos universitarios)?

3. ¿Ha leído Ud. una obra de las autoras mencionadas en el artículo de *La Prensa*? ¿Ha visto una de las películas que salieron en inglés: *The House of the Spirits* o *Like Water for Chocolate*?

IV. Las mujeres en la política

Si la literatura representa una carrera
bastante abierta a las mujeres, ¿qué se puede
decir de la política? Aunque Gabriela Mistral
tuvo algo de participación en la política, todo
5 fue dentro de la educación. A través de la
historia, dos reinas han dirigido a España,   dirigido *governed*
aunque la más importante fue Isabel I la
Católica, quien tuvo la visión de proveer   proveer *to supply*
fondos para la expedición de Cristóbal Colón.   fondos *funds*
10 Isabel I también consiguió mejorar el
tratamiento de los indios en las colonias,
insistiendo en que eran seres humanos y que
no debían ser esclavos. La otra reina, Isabel
II, ocupó el trono brevemente en el siglo XIX.
15   La nueva constitución de España,
adoptada en 1978, mantiene la tradición de
preferencia del hombre sobre la mujer como
heredero del trono. La esposa del rey es la   heredero *heir*
reina, pero no tiene ningún poder oficial. Si
20 muere el rey, el trono lo ocupa el
primogénito.   primogénito *first-born son*
    Con todo lo dicho sobre la dominación
masculina, es interesante que los únicos
ejemplos de presidentes femeninos[11] en el
25 hemisferio occidental hayan ocurrido en los
países hispánicos. En 1974 Isabel Perón subió
a la presidencia de la República Argentina
después de la muerte de su esposo, el
presidente Juan Perón (1895–1974). Éste

---

[11] *presidentes femeninos* The entry of women into previously all-male positions has created widely variable usage with regard to gender. A female president may be designated as *el presidente* or *la presidente*. «La presidenta» is reserved, where it is used at all, for the wife of the president. In Argentina *la presidente Señora Isabel Perón* was considered most proper.

30 había sido elegido presidente en 1946 y
durante los seis primeros años de su
mandato, su segunda esposa, Eva («Evita»)   mandato *term*
Duarte lo ayudó a mantener su popularidad.
Evita murió en 1952 y Perón fue derrocado en   derrocado *overthrown*
35 1955. Después de dieciocho años de exilio   exilio *exile*
regresó triunfante a la Argentina e insistió en
que su tercera esposa, Isabel, fuera candidata
para vicepresidente. Al enfermarse Perón
poco después de las elecciones, nombró a su
40 esposa como presidente interino. Isabel ocupó   interino *interim*
el puesto hasta 1976 cuando una junta
militar la depuso.   depuso *deposed*

Esta junta, que se dedicó a eliminar la
oposición por métodos secretos e ilegales, se
45 encontró con una protesta vigorosa de «Las
Madres de la Plaza de Mayo». Estas mujeres
que habían visto a sus hijos desaparecer sin
explicación alguna decidieron unirse en sus
demandas de justicia. Siguen su protesta
50 hasta hoy para conseguir el encarcelamiento
de los culpables. Una de las madres, Graciela
Fernández Meijide entró en la política y ha   ha subido *has risen*
subido a un puesto alto en el Congreso   puesto alto *high position*
nacional, recibiendo 3 millones de votos
55 cuando fue elegida a la Cámara de Diputados   Cámara de Diputados *Chamber*
en 1997.   *of Deputies*

Otros casos más recientes incluyen el de
Violeta Barrios de Chamorro, quien encabezó
la oposición a los revolucionarios sandinistas
60 (quienes ocuparon el poder durante 10 años)
y ganó las elecciones de 1990. En 1999
Mireya Moscoso fue elegida presidente de
Panamá, exactamente cuando se proyectaba   se proyectaba *it was planned*
devolver el control del canal a Panamá. En
65 México, Amalia García Medina asumió en
1999 la presidencia de uno de los tres
partidos políticos y en el mismo año Rosario
Robles fue elegida alcalde de la Ciudad de
México. En Honduras, Nora Gunera de Melgar
70 fue candidata para la presidencia tal como lo
fue Noemi Sanín en Colombia. Irene Saez,
venezolana que ganó el concurso de «Miss   concurso *contest, competition*

Universo», volvió a su país y formó un
partido llamado IRENE, que dice que significa
75 Integración, Renovación y Nueva Esperanza.
Su partido ha tenido una influencia
importante.

Así se ve que, aunque la sociedad
hispánica ha favorecido siempre al hombre,
80 también existen casos de mujeres ilustres.   ilustres *famous*
Actualmente, la mujer hispánica es cada vez
más consciente de que su situación social ha
de cambiar. Aun la misma constitución
española, que mantiene el dominio masculino
85 en la monarquía, afirma en el artículo núm.
14 que: «Los españoles son iguales ante la   ante *before*
ley, sin que pueda prevalecer discriminación   prevalecer *to prevail*
alguna por razones de nacimiento, raza, sexo,
religión, opinión o cualquier otra
90 circunstancia personal o social».

Comprensión

A. Complete las siguientes oraciones según el texto.

1. La reina más importante de España ——————.
2. Isabel Perón fue la primera presidente ——————.
3. Ella ocupó el puesto hasta 1976 cuando ——————.
4. Las Madres de la Plaza de Mayo sufrieron ——————.
5. Dos presidentes femeninas de Centroamérica en tiempos recientes son
   —————— y ——————.

B. Complete las siguientes oraciones para expresar sus propias ideas.

1. Los Estados Unidos tendrá una mujer presidente ——————.
2. Yo no tendría inconveniente en tener una mujer como presidente porque
   ——————.
3. Para eliminar la discriminación debemos ——————.
4. No ha habido muchas mujeres en puestos políticos altos en los EE.UU.
   porque ——————.

Eva Duarte de Perón llegó a tener una popularidad enorme durante la presidencia de su esposo Juan Perón, pero nunca tuvo un cargo oficial. ¿Qué otra mujer sí llegó a ser presidente de la Argentina?

Videomundo: *La mujer hispánica* (2:31:16-2:42:02)

A. El papel de la mujer. Mire el segmento y prepare un resumen sobre lo que dicen las mujeres.

   1. Según Larissa Ruize, ¿qué trabajos tienen las mujeres en la República Dominicana? ¿Qué trabajos no consiguen? ¿Qué es el machismo?

   2. ¿Qué experiencia ha tenido Amalia Barreda con la discriminación? ¿Cómo consiguió su primer trabajo?

B. Las Madres de la Plaza de Mayo. Mire el segmento y prepare un resumen de lo que dicen Juana y Mercedes.

   1. ¿Por qué entraron en la Asociación de las Madres de la Plaza de Mayo?

   2. ¿A quién perdió cada una?

   3. ¿Hasta cuándo piensan seguir su lucha?

Práctica

I. Ejercicios de vocabulario

A. Complete las oraciones formando sustantivos.

Modelo → (curioso) Juan no tiene mucha *curiosidad.*

1. (masculino) El machismo es una obsesión con la _____.
2. (humano) La _____ nunca es perfecta.
3. (actual) En la _____ la situación de las mujeres está mejorando mucho.
4. (personal) Su _____ es muy atractiva.

B. Indique los sinónimos.

1. elegir   **a.** trabajos
2. natalidad   **b.** distinguido
3. únicamente   **c.** sólo
4. tareas   **d.** nacimiento
5. famoso   **e.** retener
6. conservar   **f.** ilustre
7. destacado   **g.** escoger

C. Indique las palabras con significado opuesto.

1. primero   **a.** cerrado
2. prohibir   **b.** último
3. nacer   **c.** comenzar
4. terminar   **d.** morir
5. abierto   **e.** permitir

II. Puntos de contraste cultural

1. ¿Son las mujeres en el mundo hispánico más o menos libres que en los Estados Unidos? ¿Cómo se explica que ha habido presidentes femeninos en Hispanoamérica y no en los Estados Unidos?
2. ¿Qué diferencia hay entre la situación de la mujer urbana y la mujer campesina? ¿Por qué existen estas diferencias?
3. ¿Cuáles son las diferencias en la posición social de la mujer en Hispanoamérica y en los Estados Unidos?

III. Debate

Organice dos equipos para que ataquen o apoyen esta resolución.
   Las mujeres no deben participar en combate en caso de guerra.

IV. *El arte de escribir: descripción de las personas*

La descripción implica el uso de adjetivos que añaden detalles, color y vida al texto. Por ejemplo:

Tiene los ojos negros.

Cobra más interés así:
Tiene los ojos muy negros y muy dulces.

También:
Tengo un hermano mayor que se llama Juan.

Tiene más interés si se añade:
Siempre hemos sido buenos amigos.

Ahora trate Ud. de añadir algo original a este párrafo que lo haga más interesante o detallado.

María y Carlos son mis amigos. Ella es abogada y él es ingeniero. A los dos les gusta practicar deportes. Especialmente les gusta jugar al tenis.

Ahora, escriba Ud. una descripción de un miembro de su familia o de un amigo que Ud. conoce bien. Trate de incluir detalles interesantes e importantes.

V. *Ejercicios de composición dirigida*

A. Escriba este párrafo, corrigiendo las oraciones falsas según la lectura.

En el mundo hispánico la mujer tiene una posición superior a la del hombre. El sistema de apellidos requiere que los hijos lleven sólo el apellido del padre. No ha habido casos de mujeres ilustres. Sor Juana era una poeta destacada. Gabriela Mistral escribió novelas y participó en la reforma del sistema de educación de la Argentina. Isabel Allende escribió en el siglo XIX. En 1974 Isabel Perón fue elegida presidente del Perú. Mireya Moscoso fue elegida presidente del Panamá en 1999.

B. Complete las oraciones con las palabras entre paréntesis.

1. Como en todo el mundo occidental ha existido y existe...
   (derechos, entre, clara, privilegios, sexo, división, obligaciones, cada)
2. Generalmente, las mujeres están...
   (domésticas, trabajan, si, limitadas, tareas, trabajos, sencillos, más)
3. A pesar de esta falta de libertad, existen casos de mujeres que...
   (destacado, personalmente, han, literatura, se, enseñanza, política, hasta)
4. La poesía de Gabriela Mistral refleja...
   (maternales, mutuo, sentimientos, niños, madres, consuelo, representan)

Enfoque

Es importante notar que las costumbres populares siempre existen en una matriz de otras costumbres y creencias. A veces es difícil o aun imposible entender una costumbre sin considerarla
en relación con otras y con las condiciones
económicas y sociales en que existe. Es generalmente imposible saber cómo funcionaría una
costumbre aislada trasladada a otra sociedad. Por
ejemplo, pensar en cómo sería una corrida de
toros en los Estados Unidos no lleva a ninguna
conclusión de interés.

matriz *(f) matrix*

aislada *isolated*

Anticipación

Antes de comenzar a leer, explique Ud. sus actitudes hacia el trabajo en comparación con la actividad social, y explique su reacción personal frente a la
muerte como fenómeno general.

I. El horario y la vida social

Las costumbres tienen distintos orígenes.
Como ya se ha dicho, la siesta, muy común
en el mundo hispánico, viene de los romanos.
Dividían las horas de luz en doce, trabajaban
5 durante las seis primeras y usaban las otras
seis para las diversiones. En los países
mediterráneos, el clima no favorece el trabajo
en las primeras horas después del mediodía.
Aunque hay aire acondicionado hoy día, la
10 costumbre perdura en la forma de un
descanso al mediodía de 2 o 3 horas. Después
de la siesta se vuelve al trabajo hasta el fin
de la jornada a las siete u ocho. Algunos han
tratado de cambiar este sistema con un
15 horario que va de 8:00 a 3:00 sin descanso,
pero el cambio es difícil.

    La organización física de las ciudades
hispánicas favorece esta costumbre. En las
ciudades mucha gente vive cerca de su
20 trabajo, lo cual hace posible que vayan a casa
al mediodía. Los niños vienen de la escuela y
la siesta es un período familiar.

    Esta situación resulta en que la comida
principal para la mayoría de la gente se come
25 al mediodía, o mejor dicho, a las 2:00 P.M.,
que se considera todavía el mediodía. Otro
resultado es que la cena se come después de
las 9:00 y es una comida ligera. Esto explica
por qué la gente está en la calle hasta muy
30 tarde.

    Otra costumbre procede de la
personalidad gregaria de la gente hispánica:
la popularidad del café al aire libre. Es un
lugar donde va la gente a reunirse y
35 encontrarse con los amigos y los vecinos.

perdura *lasts*

descanso *break*

jornada *work day*

mayoría *majority*

ligera *light*

gregaria *talkative*

reunirse *get together*

Otra vez la organización de la ciudad facilita esta preferencia porque está generalmente organizada en vecindades que contienen tanto residencias como tiendas y

40 cafeterías de todos tipos. El resultado de esta organización es que una persona pasa mucho tiempo con los vecinos al ir de compras o al café al aire libre, y por eso tiene varias oportunidades de interacción social.

45 Se ve la diferencia en este caso de los cafés al aire libre en los Estados Unidos que suelen estar en centros comerciales lejos de cualquier residencia. Los clientes, la gente que pasa y los que trabajan en el café

50 generalmente no se conocen. En algunas ciudades la tradición del bar de la vecindad ocupa un lugar semejante, pero va desapareciendo. Es posible que el hecho de que las familias norteamericanas se quedan

55 en casa solas (porque las diversiones comerciales están allí) contribuya a la pérdida del sentido de comunidad.

Las costumbres descritas están muy arraigadas en la cultura hispánica. Otras

60 tradiciones son más bien creencias que costumbres. Un ejemplo de una creencia es la actitud que tiene la gente hacia la muerte. Es un tema que existe através del tiempo y en todas las culturas y sirve como buen punto de

65 contraste. Como en los otros casos hay varias costumbres y prácticas que resultan de esta creencia.

tanto... como *both . . . and*

suelen estar *are usually*

vecindad *neighborhood*

arraigadas *deeply seated*

Dos edificios notables del centro de Madrid, España. El de la izquierda es el Edificio Metrópolis de 1905. ¿Qué efecto tendrá sobre la gente vivir entre edificios como estos en vez de rascacielos modernos?

Comprensión

A. Decida cuáles de estas oraciones son verdaderas y cuáles son falsas según la información del texto. Corrija las falsas.

1. La costumbre de la siesta viene de los romanos.
2. En el mundo hispánico el trabajo termina al mediodía.
3. La organización física de la ciudad norteamericana favorece la costumbre de la siesta.
4. La cena y *dinner* son la misma cosa en las dos culturas.
5. Los cafés al aire libre son iguales en el mundo hispánico que en los Estados Unidos.

B. Responda según su propia opinión o experiencia.

1. ¿A qué hora tiene Ud. su comida principal? ¿Por qué?
2. ¿Cree Ud. que sería mejor vivir cerca de su trabajo, prefiere vivir en otro lugar o no le importa?
3. ¿Hay cafés al aire libre en su barrio? ¿Va Ud. a los cafés con frecuencia? ¿Por qué sí o por qué no?
4. ¿Qué aspectos de comunidad tiene la universidad?

II. Las actitudes hispánicas hacia la muerte

Sin duda alguna, el anglosajón que visita un
país hispánico se sorprende ante la
importancia que se le da a la muerte. En vez
de ser una cosa escondida, la muerte es una
5 preocupación constante del pueblo hispánico.
La gente hispánica parece vivir pensando en
la muerte: en los familiares y amigos difuntos   difuntos *deceased*
(¡que en paz descansen!),[1] en los entierros,
en los asesinatos, accidentes, enfermedades y   asesinatos *murders*
10 todas las tragedias del mundo moderno.
     Hay fenómenos lingüísticos que
muestran esta preocupación por la muerte. Un
«muerto de hambre», una «mosca muerta»,   mosca *fly*
«de mala muerte», son términos muy comunes
15 para referirse a un pobre, a un hipócrita o a
una cosa sin valor, respectivamente. La   sin valor *worthless*
última, «de mala muerte», interesa por su
sentido figurativo. Refleja una actitud hacia la
muerte que también se expresa en el dicho: dicho *saying*
20 «Dime cómo mueres y te diré quién eres»,
hecho famoso en un ensayo del mexicano
Octavio Paz.[2] Otros refranes son «Buena   refranes *(m)* *proverbs*
muerte es buena suerte» y «En la muerte se
ve, cada uno quién fue». Todas estas frases
25 implican que de alguna manera la muerte
define la vida y que una muerte mala implica
un vida mala o sin valor.
     La actitud hispánica hacia la muerte se
originó en la Edad Media. Durante la época   Edad Media *Middle Ages*

---

[1] *¡Que en paz descansen!* May they rest in peace! This expression is typically used whenever mention
is made of a dead person, especially a relative or friend. Others are: *Dios lo guarde.* God keep him.
Que descanse con Dios. May he rest with God.

[2] The proverb means: "Tell me how you die, and I'll tell you what you're worth."

30 medieval la muerte constituía el paso decisivo
hacia la vida eterna; era el principio de la
vida verdadera, que sería gloriosa si uno
había vivido bien en la tierra. A esta visión
consoladora de la muerte se unía otra: la de

35 *La danza de la muerte,* un largo poema
medieval. Se presentaba a la muerte como
igualadora de todas las distinciones sociales y   igualadora *equalizer*
económicas de la tierra. Esta idea se expresa
así en los refranes: «La muerte a nadie

40 perdona» y «No hay tal pompa que la muerte   pompa *splendor*
no rompa».   rompa *break* (romper)
    Tal vez la expresión española más
conocida de esta actitud esté en los versos de
un poeta del siglo XV, Jorge Manrique,[3] que

45 dice en sus *Coplas:*

    Nuestras vidas son los ríos
    que van a dar en la mar,   van a dar *end up*
    que es el morir;

50   allí van los señoríos   señoríos *dominions*
    derechos a se acabar   derechos *straight*
    y consumir;
    allí los ríos caudales,   caudales *rushing*
    allí los otros, medianos   medianos *medium size*

55   y más chicos;   chicos *small*
    allegados, son iguales   allegados *having arrived*
    los que viven por sus manos
    y los ricos.

Sigue el poema con una lista de los aspectos

60 transitorios del mundo: la belleza física, la   transitorios *temporary*
fuerza juvenil, la riqueza, el poder político,
etcétera.
    Estos ejemplos revelan que la actitud
medieval presentaba la muerte como algo casi

65 deseable: «al morir, descansamos» dice
Manrique. En la época moderna la vida asume
más importancia, pero aún existen rastros de
la idea medieval que son suficientes para

---

[3] *Jorge Manrique* (1440–1478) A famous medieval Spanish poet. His *Coplas a la muerte de su padre*
contain a cogent expression of the medieval attitude toward life and death.

mantener cierta atracción hacia la muerte, o
70 al menos disminuir el miedo que se le tiene.
Claramente lo expresa un dicho: «Nacer es
empezar a morir, y morir es empezar a vivir».

En la sociedad hispánica moderna la
muerte fascina, intriga y, aun más, desafía al
75 hombre. Los riesgos implícitos en la corrida
de toros son un ejemplo de esta atracción. El
hombre y el toro luchan a muerte, y el hecho
de que el toro muere más frecuentemente no
cambia el simbolismo. Muchos toreros han
80 muerto en la corrida a través de los años.
Aún muere de vez en cuando un participante
(español o turista) en las fiestas de San
Fermín en Pamplona, España, cuando corren
delante de los toros que se llevan a la plaza
85 de toros. Estas fiestas se popularizaron en los
Estados Unidos tras la publicación de la obra
The Sun Also Rises de Ernest Hemingway y
hoy van muchos norteamericanos a participar
en este desafío a la muerte.

desafío *challenge*

90 Octavio Paz sugiere que la propensión
del mexicano hacia la pelea violenta con
navajas o pistolas durante las fiestas y el uso
excesivo de las bebidas alcohólicas reflejan
esta misma actitud. Aunque Paz habla del
95 mexicano, su idea es válida para toda
Hispanoamérica: «*Para el habitante de Nueva
York, París o Londres, la muerte es la palabra
que jamás se pronuncia porque quema los
labios. El mexicano, en cambio, la frecuenta,
100 la burla, la acaricia, duerme con ella, la
festeja, es uno de sus juguetes favoritos y su
amor más permanente.*» Paz dice que la
muerte no le da miedo al mexicano porque
«la vida le ha curado de espantos».[4] Los
105 estudios sicológicos revelan la presencia de la
muerte con más frecuencia en los sueños de
la gente hispánica.

---

[4] «*la vida le ha curado de espantos*» "life has cured him of shocks"; that is, he has suffered every possible misfortune in life so death cannot be anything worse.

Comprensión

A. Escoja la frase más apropiada para completar la oración.

1. Un muerto de hambre se refiere a...
    a. un hipócrita.
    b. un hambre feroz.
    c. una persona pobre.

2. El dicho «Dime cómo mueres y te diré quién eres» sugiere...
    a. que los pobres mueren temprano.
    b. que no eres nadie cuando estás muerto.
    c. que la muerte define y da valor a la vida.

3. El poema de Manrique dice que después de morir el trabajador...
    a. y el rey son iguales.
    b. vive por sus manos.
    c. es un rico.

4. Octavio Paz dice que en muchos lugares la palabra muerte...
    a. no se entiende.
    b. nunca se dice.
    c. no tiene significado.

B. Responda a las siguientes preguntas personales.

1. ¿Ha visto Ud. una corrida de toros? ¿Tiene interés en ver una?

2. ¿Cree que es importante el riesgo mortal en la vida? ¿Ha saltado Ud. con un «bungee» o en un paracaídas? ¿Practica los deportes extremos?

III. Las actitudes indígenas hacia la muerte

Los indígenas americanos también tenían sus propias ideas acerca de la muerte, y después de la conquista, éstas pasaron a formar parte de la cultura hispanoamericana de algunos
5 países.

El Obispo Diego de Landa, que investigó la cultura maya en el siglo XVI, nos dice que los mayas sentían gran tristeza ante la muerte. Enterraban a la gente común bajo el
10 piso de su casa, la cual abandonaban después.   piso *floor*
A los nobles —los sacerdotes— los enterraban con más cuidado, colocando las cenizas en el centro de las pirámides. Algunas   cenizas *ashes*
tribus tenían la costumbre de hervir el   hervir *to boil*
15 cadáver hasta poder separar la carne de los huesos, los cuales usaban para reconstruir la cara del muerto con resina. Guardaban estas   resina *resin*
figuras en una especie de álbum familiar de   especie *(f) kind*
los antepasados. Los mayas, al igual que otros   antepasados *ancestors*
20 grupos, practicaban sacrificios humanos.

Los incas del Perú tenían un concepto de la muerte muy semejante al europeo. Creían que después de la existencia terrenal   terrenal *earthly*
había otra vida eterna. Si uno había vivido
25 bien, terminaba en el cielo, que ofrecía todos los placeres, y si no, iba al infierno, que era   placeres *(m) pleasures*
un lugar muy frío.   infierno *hell*

Quizás los aztecas hayan tenido el concepto más interesante. Dice Eduardo
30 Matos Moctezuma, conocido arqueólogo   conocido *well-known*
mexicano, que: «*el hombre prehispánico concebía la muerte como un proceso más de*   concebía *conceived of*
un ciclo constante, expresado en sus leyendas y mitos. La leyenda de los Soles nos habla de

35 *esos ciclos que son otros tantos eslabones de*   eslabones *links*
ese ir y devenir, de la lucha entre la noche y el   devenir *becoming*
día,... Es lo que lleva a alimentar al sol para
que éste no detenga su marcha y el por qué de
la sangre como elemento vital, generador de
40 *movimiento. Es la muerte como germen de la*   germen *(m) seed*
vida.» Concebían la existencia como un
círculo: el nacimiento y la muerte eran sólo
dos puntos en ese círculo. Creían que la
humanidad había sido creada varias veces
45 antes y que siempre había sufrido un
cataclismo terrible. Lo que determinaba el   cataclismo *catastrophe*
lugar del alma no era la conducta en la vida,
sino el tipo de muerte y la ocupación que en
vida había practicado la persona: los
50 guerreros muertos en batalla o sobre la piedra   guerreros *warriors*
de sacrificio iban al paraíso oriental, que era
la casa del sol, donde vivían en jardines
llenos de flores. Después de cuatro años
volvían a la tierra en forma de colibríes.   colibríes *(m) hummingbirds*
55   Las mujeres que morían en el parto iban   parto *childbirth*
al paraíso occidental, la casa del maíz. Al
bajar a la tierra, lo hacían de noche como
fantasmas. Esta tradición, junto con algunas
historias españolas del mismo tipo, han sido
60 conservadas en la leyenda de «la llorona»,   llorona *crying or moaning*
una mujer que camina por la tierra de noche   *woman*
amenazando a las mujeres y a los niños.   amenazando *threatening*
        El infierno de los aztecas quedaba al
norte y presentaba nueve pruebas para las   pruebas *tests*
65 almas antes de que éstas pudieran llegar al
descanso final: ríos caudalosos, vientos   caudalosos *raging*
helados, fieras que comían los corazones, etc.   fieras *beasts*
Para ayudar al muerto en estas pruebas era
costumbre enterrar varios instrumentos y
70 armas con el cadáver.
        Aunque todas las civilizaciones
indígenas conocían el sacrificio humano,
ninguna lo practicaba tanto como los aztecas.
Los sacrificios servían, principalmente, como
75 alimento para los dioses, que demandaban la
vida contenida en la sangre y el corazón
humanos.

Buen ejemplo era el culto azteca de
Huitzilopochtli, su dios protector identificado
80   con el sol y que todos los días tenía que
luchar contra las estrellas y contra su   estrellas *stars*
hermana la luna para darle otro día de vida al
hombre. Los aztecas se consideraban elegidos
del sol y por eso se dedicaban a la guerra
85   ritual —llamada guerra florida— no para   florida *select, elitist*
conquistar nuevos territorios, sino para
conseguir prisioneros para el sacrificio. Según
los cronistas, se hacían más de 20.000
sacrificios por año. El público estaba obligado
90   a asistir a estos ritos bajo pena de castigos   pena *penalty*
severos, lo que hace pensar que la muerte   castigos *punishment*
constituía una presencia constante en la vida
diaria de los aztecas, como lo era también en
la vida española. Al mezclarse estas dos   Al mezclarse *On mixing*
95   culturas, la muerte siguió ocupando un lugar
central en los cultos de la vida.

Comprensión

A. Complete según el texto.

1. Los mayas enterraban a la gente común _____.

2. Los incas tenían un concepto de la muerte _____.

3. Según los aztecas, las mujeres que morían en el parto iban a
_____.

4. Las civilizaciones indígenas que practicaban el sacrificio humano incluían
_____.

B. Responda a las siguientes preguntas personales.

1. ¿Piensa Ud. que después de la muerte el alma sigue viviendo?

2. Si crees en la vida después de la muerte, ¿cómo crees que llega allí la gente?

IV. Prácticas funerarias

Esta atención que se le da a la muerte resulta en una serie de prácticas y costumbres que reflejan las creencias religiosas y las tradiciones populares.

5 Una de las más conocidas es el velorio, una vigilia para honrar al difunto y consolar a sus familiares. Frecuentemente se sirven comidas y bebidas y para la mayoría de los asistentes constituye una ocasión social. Se 10 hace comúnmente en casa y con el ataúd presente. Para muchos es un acto muy importante.

Otra costumbre importante es la de publicar un anuncio en el periódico, a veces 15 en la primera plana. Estos anuncios o «esquelas de defunción» llevan el nombre del difunto y de los miembros de su familia. También se ven anuncios publicados por amigos, socios o empleados del muerto. 20 Tienen la misma función que los obituarios en los Estados Unidos con la diferencia de que aquéllos son mucho más evidentes que éstos.

La costumbre de vestirse de luto 25 también es muy común en la sociedad hispánica. La viuda guarda luto relativamente severo durante uno, dos o más años y toda la familia tiene la obligación de llevar una vida restringida, sin fiestas ni diversiones, durante 30 cierto tiempo.

Una creencia muy común es que las almas que no pueden entrar en el paraíso están condenadas a vagar como fantasmas por la tierra de noche. Cuando una persona muere 35 a manos de un asesino y no recibe la extremaunción, o sea los ritos finales, su

velorio wake
vigilia vigil

anuncio advertisement
plana page
esquela de defunción death notice

socios partners

viuda widow

restringida restricted

vagar to wander

extremaunción last rites

alma vuelve a la tierra para vengarse del
responsable. Estas almas «en pena» son la   «en pena» *in agony*
fuente de muchos cuentos y leyendas que se
40 utilizan para inspirarles miedo a los niños
malcriados.   malcriados *misbehaving*

    Otra costumbre relacionada con la
muerte es la de celebrar el «Día de los
Muertos», el dos de noviembre.[5] Durante ese
45 día se recuerda a los muertos o a la muerte
como fenómeno. En algunos sitios, como en
México, se hacen dulces y panes en forma de
calaveras y esqueletos, y en los pueblos   calaveras *skulls*
pequeños hispánicos la gente pasa el día en   esqueletos *skeletons*
50 el cementerio, donde limpian alrededor de los
sepulcros y colocan flores frescas en la tumba   sepulcros *graves*
de los familiares. Los sicólogos
contemporáneos sugieren que la tendencia
norteamericana a clasificar la muerte como
55 un tabú para los niños crea efectos negativos
en el adulto, ya que éste no aprende a vivir
con la muerte y no sabe enfrentarla cuando   enfrentarla *to face it*
se presenta. Este problema no existe para el
niño hispánico.

60   Un fenómeno interesante en el mundo
hispánico es la preocupación por los restos   restos *remains*
mortales. En los casos de personas ilustres se
pueden crear verdaderas polémicas sobre su
destino. Tal es el caso de Cristóbal Colón. Hoy
65 día existen dos tumbas que guardan los restos
de Colón, una en la catedral de Sevilla y la
otra en Santo Domingo. Colón murió en
España, pero su familia hizo trasladar el
cadáver a Santo Domingo, la primera colonia
70 del Nuevo Mundo.[6] En la confusión de la
época de independencia los restos fueron

---

[5] *Día de los Muertos* Also called *Día de los Difuntos*, known in English as All Souls' Day. This religious holiday is a more important event in the Hispanic world than in the United States.

[6] *Santo Domingo* An island in the Caribbean where the first Spanish-American government was located. It is now divided between two countries—the Dominican Republic and Haiti (formerly a French colony). The capital city of the Dominican Republic is *Santo Domingo*.

trasladados otras veces y las autoridades
terminaron perdiéndolos. Todavía no se sabe
de seguro en qué tumba están

75 verdaderamente los restos de Colón.

Otro caso interesante es el de Evita
Perón, esposa del presidente Juan Perón de la
Argentina. Por la popularidad de Evita, el
gobierno que depuso a Perón mandó enterrar

80 el ataúd con los restos de su esposa en Italia.
Cuando Perón regresó a la Argentina, después
de dieciocho años de exilio, le prometió al
pueblo la devolución de los restos de la
querida Evita. Cuando el gobierno vaciló en

85 permitirlo, un grupo de «peronistas» robó el
cadáver de otra figura pública y demandó la
devolución de los restos de Evita a la
Argentina, a cambio de los restos del otro
político. Constituyeron unos «restos en

90 rehenes». El gobierno consintió y todos los
restos se colocaron en su lugar apopiado.

Pero la historia de los restos de los
esposos Perón no termina con eso. En 1987,
trece años después de su muerte, unos

95 ladrones forzaron la cripta de Juan Perón y le
cortaron las manos al cadáver. Hasta hoy las
manos no se han encontrado y muchos de los
que investigaban el robo han sufrido una
muerte violenta. En 1995 los restos de un

100 primo de Juan Perón fueron robados de un
cementerio provincial.

Un novelista argentino contemporáneo,
Tomás Eloy Martínez, ha sugerido que,
mientras que los mexicanos se ríen de la

105 muerte y la desafían, los argentinos tienen
una obsesión con los restos mortales. Su
novela, *Santa Evita*, sigue los movimientos de
los restos de Evita Perón entre 1953 cuando
murió y 1974 cuando fueron devueltos a la

110 cripta familiar en Buenos Aires. La historia se
ha convertido ya en leyenda. El cadáver pasó
mucho tiempo en Italia, enterrado en secreto
para evitar el robo por los antiperonistas.

depuso *deposed*

devolución *return*

a cambio de *in exchange for*
en rehenes *held hostage*

ladrones *thieves*
forzaron *broke into*

devueltos *returned*

antiperonistas *opponents of the
Peronista party*

Algunos intérpretes de la cultura
115 argentina creen que el interés de los
argentinos por los cadáveres famosos es parte
de una tendencia a la nostalgia que domina el
país. Se debe tal vez a la tierra solitaria de la
pampa que encontraron los muchos
120 inmigrantes europeos cuando llegaron al país
en el siglo XIX.

En resumen, vemos que la muerte es
cosa natural para los hispanos cuando dicen:
«Para el último viaje, no es menester
125 equipaje». Y cuando dicen: «Cuando viene la
Chata, ¿qué hacer sino estirar la pata?» o «Al
morir no hay huir», indican que la muerte es
inevitable.

pampa *vast plains of Argentina*

menester *necessary*
equipaje (*m*) *luggage*
Chata *popular name for death*
estirar la pata *(slang) to die*
no hay huir *there's no running*
away

Esta exposición de arte-
sanía mexicana fue espe-
cialmente diseñada para
el Día de los Muertos.
¿Qué actitud refleja?

Comprensión

A. Decida si las siguientes oraciones son verdaderas o falsas según el texto.

1. Una esquela de defunción es un anuncio de muerte.
2. El Día de los Muertos se celebra en diciembre.
3. La muerte en el mundo hispánico se considera una cosa natural.
4. La tumba de Colón se encuentra sólo en Sevilla.
5. Evita Perón fue una figura popularísima en la Argentina.
6. Los pies de Juan Perón desaparecieron de su cripta.

B. Responda a las siguientes preguntas personales.

1. ¿Ha asistido Ud. a un velorio? ¿a un entierro?
2. ¿Cuál fue su reacción?
3. ¿Cree que es importante la ubicación de los restos mortales de los seres humanos?

Videomundo: fiestas y festivales (2:28:22–2:31:15)

Las fiestas de San Fermín en Pamplona. Mire este segmento y conteste las preguntas sobre esta fiesta conocida en todo el mundo. Antes de comenzar, busque Pamplona en el mapa de España.

1. ¿Cuánto tiempo duran las fiestas de San Fermín?
2. ¿Cuáles son algunas actividades que se hacen durante las fiestas?
3. ¿Qué es el encierro? ¿Quiénes participan? ¿Dónde termina?
4. ¿Qué pasa después del encierro? ¿Por qué crees que la gente se expone al peligro del encierro?
5. ¿Cómo es el traje típico de estas fiestas?

Práctica

I. Ejercicios de vocabulario

A. Indique los sinónimos.

1. muerto
2. funeral
3. de mala muerte
4. belleza
5. esquela
6. sepulcro
7. espantar

a. asustar
b. sin valor
c. hermosura
d. tumba
e. difunto
f. nota
g. entierro

Enfoque

Una de las mayores preocupaciones políticas y sociales de los gobiernos de Hispanoamérica ha sido el desarrollo económico. Aunque sus suelos son ricos en materia prima, mucha gente vive en la pobreza, lo que hace difícil cualquier tentativa de mejorar su nivel de vida. Este problema tiene sus raíces en la historia económica de cada región.

materia prima *raw materials*

Anticipación

¿Cuánto sabe Ud. sobre los problemas económicos de Hispanoamérica? Antes de comenzar a leer, haga una lista de los puntos que probablemente aparecerán en la lectura con unos compañeros de clase.

I. Los antecedentes históricos

Uno de los motivos básicos de los viajes de
Cristóbal Colón fue el económico. El interés
en el comercio hizo que se buscara una nueva
ruta a las tierras del Oriente. Antes de darse   ruta *route*
5 cuenta del descubrimiento de un «nuevo
mundo» los Reyes Católicos, Fernando e
Isabel,[1] lo llamaron «las Indias».[2]

    Lo primero que atrajo la atención de los
agentes de los monarcas fue la gran riqueza
10 mineral que representaban el oro, la plata y
las piedras preciosas que usaban los
indígenas. Casi inmediatamente se comenzó a
desarrollar una gran industria minera. En la
ciudad de Potosí, en lo que hoy es Bolivia, se
15 descubrió en 1545 una verdadera montaña de
oro y plata. Todavía hoy se dice en español
que algo de gran valor «vale un potosí». En
un siglo, Potosí llegó a ser la ciudad más
grande del hemisferio, con más de 150.000
20 habitantes.

    En la agricultura, los reyes de España
estimularon el cultivo de varios productos no   cultivo *cultivation*
conocidos o escasos en Europa, como la caña   caña *cane*
de azúcar, el tabaco, el cáñamo y el lino.   cáñamo *hemp*
25 También hicieron llevar a América semillas de   lino *flax*
casi todas las plantas que existían en España.   semillas *seeds*

    La presencia de los indios proveyó a los   proveyó... obra *provided the*
colonos de mano de obra en cantidad   *colonists with manual labor*

---

[1] *los Reyes Católicos, Fernando e Isabel* The marriage of Fernando of Aragón and Isabel of Castile in 1469 unified Spain as a single nation. Fernando and Isabel were king and queen of Spain in 1492 when America was discovered and were responsible for the creation of colonial policy.

[2] *las Indias* The official name of the new world colonies. It was given because they were originally thought to be the East Indies, for which Columbus was searching.

suficiente. Los indios tenían una tradición ya
30 establecida de entregar gran parte de sus
productos a sus jefes, así que fue fácil para
ellos sustituir un amo por otro.   amo *master*

A pesar de todo esto, el desarrollo se
vio obstaculizado por las teorías económicas   obstaculizado *hindered*
35 de esa época. El monarca español veía las
colonias como posesión personal y prohibía el
comercio con otros países. También se
pensaba que la riqueza nacional consistía en
la acumulación más que en la venta de
40 productos. Esta idea favorecía los minerales
preciosos, pero desfavorecía la agricultura y   desfavorecía *slighted*
los productos manufacturados.

Además de esas teorías, era la práctica
premiar a los que servían bien a la monarquía   premiar *to reward*
45 con grandes parcelas de tierra. Este sistema,
llamado «la encomienda»,[3] también exigía
que los indios trabajaran para el
encomendero, quien vivía cómodamente de
sus ingresos. Resultó en una clase social de
50 «criollos»,[4] que poseían casi toda la tierra a
fines de la época colonial.

Cuando ganaron la independencia de   ganaron *they gained*
España en el primer cuarto del siglo XIX, casi
todas las naciones nuevas dependían de los
55 minerales o de un cultivo o un producto   cultivo *crop*
único. Los gobiernos necesitaban
urgentemente dinero y mercados para sus
productos. Los productos que exportaban
servían para pagar la importación de artículos
60 manufacturados, y como resultado no hubo
nunca mucho intercambio económico con los
países vecinos. Llegó cada país a tener dos
economías: una internacional en que

---

[3] *encomienda* The feudal system of granting land and its inhabitants to a loyal and faithful colonist.
The latter received a tax from the natives who lived on and tilled the land and in return was obli-
gated to protect and defend his serfs. Although the people were not technically slaves, the result
was practically the same. The holder of the land grant was called the *encomendero*.

[4] *criollos* Creoles: in colonial Spanish America, people of pure European descent born and raised in
the colonies.

participaban principalmente los ricos, y otra
65   interna de intercambio de mercancías   mercancías *merchandise*
elementales. A los propietarios ricos, que
dependían del extranjero, no les interesaba el
desarrollo interno del país, ni lo facilitaban
con la construcción de caminos ni de sistemas
70   bancarios.   bancarios *banking*

Comprensión

A. ¿Son ciertas o falsas estas oraciones? Corrija las falsas.

  1. Un motivo básico del viaje de Colón fue el hambre.
  2. Potosí era una montaña de minerales preciosos.
  3. «La encomienda» era el sistema de mandar productos agrícolas a España.
  4. El monarca español estimulaba el comercio entre las varias colonias.
  5. A los propietarios ricos no les interesaba el desarrollo de la economía internacional.

B. Responda a las siguientes preguntas personales.

  1. ¿Quiere Ud. ser dueño(a) de una casa algún día? ¿de una hacienda?
  2. ¿Cree Ud. que es accesible un estado económico mejor que el de sus padres? ¿Por qué sí o por qué no?
  3. ¿Le importa mucho la seguridad económica? Explique.
  4. ¿Hasta qué punto tienen efecto en su futuro las teorías económicas del gobierno de hoy?

II. Soluciones modernas

El siglo XX en Hispanoamérica se ha
caracterizado por la idea del desarrollo
económico. Hay tres necesidades primarias
que se consideran importantes para efectuar
5 el desarrollo y la modernización económica
que tanto necesitan todos los países
hispanoamericanos.

    La primera necesidad es la de estimular
la industrialización interna para reducir la
10 dependencia de la importación de artículos
manufacturados. El problema es que esto
exige la inversión de grandes cantidades de
capital extranjero para construir fábricas y
crear una infraestructura de caminos,
15 ferrocarriles, bancos, electricidad, etcétera.
Esto aumenta la deuda externa.

    Otro elemento necesario en muchos de
los países era una campaña de «reforma
agraria».[5] Esto significa la redistribución de la
20 tierra con el propósito de disminuir el poder
de la oligarquía tradicional y de eliminar o
reducir la concentración de tierra en las
manos de las pocas familias antiguas. Esto se
ha hecho en algunos países con cierto éxito,
25 como en el Perú, y en otros no es muy
necesario, como en la Argentina donde hay
realmente bastante tierra. Pero el caso de El
Salvador, el país más pequeño y el de
población más densa, muestra el problema
30 claramente.

ferrocarriles *railroads*

---

[5] *reforma agraria* The general term used to mean some kind of redistribution of land into smaller
parcels owned by a larger number of people.

Las siguientes estadísticas revelan el problema: unas seis familias ricas poseían más tierra que 133.000 familias pobres; unas dos mil propiedades abarcaban casi 40% de la 35 tierra; unas trescientas familias rurales no poseían tierra alguna. Se calcula que la cantidad mínima de tierra necesaria para sostener a una familia es de nueve hectáreas. Para una población de casi 5 millones de 40 habitantes se requerirían dos países del tamaño de El Salvador. No sorprende que haya inestabilidad política con tales condiciones. Es otro ejemplo del peso de la historia colonial, la cual creó esta imposible 45 situación económica.

La tercera necesidad era la de crear alianzas o uniones aduaneras[6] entre los varios países para estimular el intercambio regional. Desafortunadamente la tradición de 50 competencia por los mismos mercados crea frecuentemente un ambiente de desconfianza entre los países.

competencia *competition*
desconfianza *mistrust*

Así que los pasos necesarios eran muy difíciles de efectuar debido a los obstáculos 55 históricos y sociopolíticos. Sin embargo en las dos últimas décadas del siglo, vemos que estos pasos siguen siendo indispensables para la modernización de las economías.

Otra necesidad, según los economistas 60 de la nueva escuela neoliberal, es la de reducir la presencia del gobierno en los mercados. Esto incluye la voluntad política de privatizar los varios monopolios públicos y la capacidad de tomar una posición firme contra 65 la inflación y la devaluación de la moneda. Combatir la inflación no significa subir los sueldos y pensiones para igualarlos a la tasa

privatizar *to privatize, sell to private interests*
monopolios públicos *government-owned monopolies*
moneda *currency*
igualarlos *match them*
tasa *rate*

---

[6] *uniones aduaneras* Customs unions. A common market arrangement. Such an agreement usually means duties are reduced or eliminated for trade among its members.

de inflación como ha sido la práctica en
muchos lugares.

70   Esta posición también incluye el
concepto de la llamada «globalización» de las   llamada *so-called*
economías. Si un país impone demasiados
obstáculos a la inversión, no puede competir
con el resto del mundo. Los críticos del
75 neoliberalismo alegan que esta ideología
causa muchas dificultades y parece aumentar
las desigualdades económicas durante el
proceso de desarrollo. Después de todo es una
posición algo polémica.   polémica *controversial*

Comprensión

A. ¿Son ciertas o falsas las oraciones? Corrija las falsas.

1. Era importante estimular la industrialización interna.
2. La «reforma agraria» significa modernizar las prácticas agrícolas.
3. Un propósito de la distribución de la tierra era reducir el poder de la oligarquía.
4. Hispanoamérica siempre ha demostrado mucha cooperación económica entre los países.

B. Responda a las siguientes preguntas.

1. ¿Cómo es la economía de los Estados Unidos en estos días? ¿Qué problemas existen?
2. ¿Cuáles son algunas medidas económicas deseables para los Estados Unidos?
3. ¿Qué se puede hacer para ayudar a los pobres en los Estados Unidos? ¿Qué medidas prefiere Ud.?

III. La situación actual

Hoy día la población de Latinoamérica y el
Caribe crece a un promedio de 1,6% por año
con un máximo de 3,1% en Nicaragua y un
mínimo de 0,6% en Cuba. Esto signifca
5 progreso en limitar el crecimiento de la
población, pero varios de los países
centroamericanos crecen a una tasa superior
a 2%, la cual excede sus posibilidades para
generar empleo.

10 Además, la migración desde el campo
hacia la ciudad, especialmente las capitales,
resulta en un crecimiento aun mayor en esos
centros urbanos. Por tanto el desempleo
puede llegar al 20% en las ciudades. Los
15 problemas de la pobreza siguen siendo una
preocupación fundamental.

Varios países como México se han
estabilizado bastante en los últimos años. Sus
bolsas producen compras y ventas de acciones   **bolsas** *stock markets*
20 con una estabilidad que no existía hace 20
años. Sin embargo, tal estabilidad puede ser
algo frágil, como en 1994–1995, cuando hubo
una sorprendente devaluación del peso
mexicano que causó una desastrosa caída en
25 la bolsa de ese país. Como resultado de la
estrecha relación entre los países, siguió el   **estrecha relación** *close relation-*
llamado «efecto tequila» o una caída   *ship*
desastrosa en las bolsas de toda la región.
Una garantía de 40 mil millones[7] de dólares
30 del gobierno estadounidense restauró la
confianza, pero cada vez que las acciones

---

[7] *40 mil millones* Forty billion in U.S. terms. *Billón* in Spanish means a million million or what is
called a trillion in the U.S.

pierden su valor en el mercado baja la
confianza tanto de los ciudadanos como de
los inversionistas extranjeros. Esto da lugar a
35 la evasión de capitales, pues los ciudadanos
cambian su dinero por dólares, los cuales
tienen menos probabilidad de devaluación.

    Una de las causas por las que el
gobierno de los Estados Unidos rescató a
40 México de sus problemas económicos era que
los dos países son, con el Canadá, signatarios
del Tratado de Libre Comercio (TLC),[8] el
primer tratado económico efectivo del
hemisferio. El intercambio entre los tres
45 países de Norteamérica ha aumentado mucho
en los años desde la firma del TLC pero
existen muchas dudas en los tres países sobre
su valor a largo plazo.

    En la última década del siglo estas
50 uniones se han convertido en la «bala de
plata» para resolver todos los problemas de la
región, pero existe una larga historia de
tentativas de crear estas uniones. La
Asociación Latinoamericana de Libre Comercio
55 (ALALC) fue formada en 1960 y reemplazada
en 1980 por la Asociación Latinoamericana de
Integración (ALADI). El Pacto Andino (el
Perú, el Ecuador, Bolivia, Colombia y
Venezuela) fue establecido a fines de la
60 década de los 80 pero ha sido difícil ponerse
de acuerdo sobre varios puntos
fundamentales. En 1973 se formó el CARICOM,
Mercado Común del Caribe. El Mercado Común
de Centroamérica (MCCA) se creó en los años
65 60 sin mucho éxito pero se ha reanimado en
los últimos años.

    La Argentina, el Uruguay, el Paraguay y
el Brasil han formado una unión aduanera

valor	*value*
inversionistas	*investors*
evasión	*flight*
rescató	*rescued*
a largo plazo	*long-term*
«bala de plata»	*"silver bullet",* *easy solution*
tentativas	*attempts*
reemplazada	*replaced*
se ha reanimado	*it has been revived*

---

[8] *TLC This treaty, signed by Mexico, the U.S., and Canada, provides for the gradual elimination of trade barriers among the three signatories. It is called NAFTA (North American Free Trade Agreement) in English and it went into effect in January, 1994.*

llamada Mercosur (<u>Mer</u>cado <u>C</u>omún del <u>Sur</u>).
70　La organización ha tenido, hasta ahora, más
éxito que las uniones anteriores. El Mercosur
representa cuatro naciones muy semejantes y
tal vez ofrece más esperanza para el futuro.
Han firmado varios acuerdos con la Unión　　　　acuerdos *accords*
75　Europea (UE)[9] y siguen esforzándose para
eliminar los obstáculos al libre intercambio
entre estos países. También Chile y Bolivia
han ingresado en el grupo como miembros
asociados.
80　　　　En 1994, en la Cumbre Iberoamericana　　　　Cumbre *Summit*
(una reunión de los líderes de los países del
hemisferio y España y Portugal) en Miami los
presidentes votaron por el establecimiento
del Área de Libre Comercio de las Américas, o
85　ALCA. Proyectaron iniciarlo en 2005. Así
pues, son muchas las tentativas para que
aumente el intercambio regional.
　　　　Esta actividad ha estimulado la
discusión sobre la idea de una moneda común
90　como ha establecido la UE con el euro. Podría
ser una unidad monetaria de nueva creación o
bien podría adoptarse el dólar
norteamericano. En cualquier caso serviría
para reducir la volatilidad de la moneda en el
95　hemisferio.
　　　　España, después de la muerte del
dictador Francisco Franco en 1975, ha entrado
en la Unión Europea (en 1986) y ha pasado
por una época de crecimiento acelerado. Al
100　mismo tiempo se ha aprovechado de sus lazos　　　se ha aprovechado *has taken*
culturales con Hispanoamérica para aumentar　　　　　　　　　*advantage*
sus inversiones en la región, comprando
acciones de las compañías básicas que están
en proceso de privatización como las
105　compañías telefónicas, elementos de la banca

---

[9] *UE* The European Union (abbreviated *UE* in Spanish) was formerly called the European
Common Market. It now consists of 15 countries, 11 of which have agreed to a currency union.
They began to use the "euro" for banking purposes in 1999 and will ultimately phase out their na-
tional currencies.

y las compañías energéticas. Su presencia
actual en las economías latinoamericanas es
muy fuerte y sirve de puente entre
Hispanoamérica y la Unión Europea.

110   Es evidente que los países
hispanoamericanos han hecho un progreso
notable últimamente, pero es asimismo
evidente que queda mucho por hacer. Es
posible que los nuevos regímenes

115   democráticos por lo menos hagan cambios
económicos que reflejen la voluntad de la
mayoría de los ciudadanos.

energéticas *energy (adj.)*

Comprensión

A. Responda según el texto.

1. ¿Qué problema causa un aumento de población superior al 2% en un país pobre?
2. ¿Por qué tienen las ciudades más desempleo?
3. ¿Qué fue el «efecto tequila» y qué lo causó? ¿Cómo se resolvió?
4. ¿Qué es el Tratado de Libre Comercio y cuáles son los firmantes?
5. ¿Cuáles son los miembros principales de Mercosur? ¿Cuáles son los miembros asociados?

Los tipos de cambio del peso mexicano. ¿Cuál de las divisas vale más que el dólar americano?

```
GELD WECHSEL
CHANGE DE MONNAIE
MONEY EXCHANGE

                   ACHAT    VENTE
          ★         BUY      SELL
TRAVELLER'S        2.230
US DOLARES         2.230    2.335

FRANCO SUIZO       1.425    1.554
MARCO ALEMAN       1.200    1.297
DOLAR CANAD        1.810    1.902
FRANCO FRANCES       344      385
YEN JAPONES        17.00    19.00
PESETAS            15.15    20.22
LIRA ITALIANA       1.24     1.81
QUETZAL★GUAT★        800    1.000
LIBRA ESTERLINA    3.750    4.072
ONZA TROY         18.100   23.100
CENTENARIO

★AUT. SHCP 10 -E-366-DGSV-II-B-C-530
```

B. Responda a las siguientes preguntas personales.

1. ¿Debe el gobierno de los Estados Unidos ayudar a los países del Tercer Mundo? ¿Por qué sí o por qué no?

2. ¿Qué ventajas y desventajas hay en esa ayuda?

3. ¿Debe los Estados Unidos ayudar económicamente a la CEI (Comunidad de Estados Independientes, antigua Unión Soviética)? ¿Por qué sí o por qué no?

4. ¿Debemos ayudar sólo a los gobiernos amistosos o a todos los que lo necesitan?

IV. *La cultura de la pobreza*

La pobreza en Hispanoamérica tiene una larga tradición, tan larga que, según la opinión de muchos observadores, adquiere aspectos de una cultura o subcultura. Este estilo de vida o cultura pasa de generación en generación y sirve de mecanismo de supervivencia en un mundo hostil. El antropólogo Oscar Lewis[10] ha sugerido que esta cultura no varía de un país a otro; las medidas adoptadas por la gente en situaciones similares muestran una cierta universalidad.

adquiere *acquires*

supervivencia *survival*

El profesor Lewis describe varias características de la pobreza en la capital de México que pueden ser observadas fácilmente en cualquier otro país. La tercera parte de la población es pobre; esta gente tiene una mortalidad más alta y un promedio vital más bajo que los otros dos tercios. Contiene por lo tanto una mayor proporción de jóvenes.

tercera parte *one third*

mortalidad *death rate*
promedio vital *life expectancy*
por lo tanto *therefore*

Por su falta de instrucción los pobres tienden a existir al margen de la sociedad en que viven y no hacen uso de los elementos considerados como índices del progreso: los bancos, los hospitales, las tiendas grandes, los aeropuertos o los museos.

El sector pobre de la población tiene varias características económicas. Una es la escasez de empleo. Por eso hay un gran porcentaje de niños que trabajan para ayudar

escasez *(f) scarcity*

5

10

15

20

25

30

---

[10] *Oscar Lewis* (1914–1970) a North American anthropologist who studied poverty in Mexico extensively. His books *Five Families* and *The Children of Sánchez* are major contributions to the understanding of the culture of poverty.

a la familia. Los que pertenecen a esta
cultura no pueden ahorrar dinero y tienden a
vivir al día o aún de comida a comida,
comprando lo necesario varias veces al día.
35 Viven en el presente. Su actitud hacia el
futuro es fatalista, y tienen poco interés en
planear su vida.

Existe además bastante desconfianza
hacia las instituciones políticas y sociales
40 como la policía, las agencias del gobierno y
aun la iglesia. Al mismo tiempo, hay una
creciente conciencia entre los pobres de su
situación económica, y de la gran diferencia
entre ellos y las clases media y alta. Esta
45 creciente conciencia constituye una
preocupación constante de casi todos los
gobiernos actuales de Hispanoamérica.

pertenecen *belong*
ahorrar *to save*
al día *day by day*

desconfianza *mistrust*

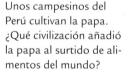

Unos campesinos del
Perú cultivan la papa.
¿Qué civilización añadió
la papa al surtido de alimentos del mundo?

Comprensión

A. Complete según el texto.

1. La pobreza ha existido durante tanto tiempo que ha adquirido _____.

2. El profesor Lewis describió la pobreza _____.
3. En la cultura de la pobreza la actitud hacia el futuro es _____.
4. En esa cultura hay mucha desconfianza _____.

B. Responda a las siguientes preguntas.

1. ¿Hay una cultura de la pobreza en los Estados Unidos?
2. ¿Ahorra Ud. dinero? ¿Piensa que va a ahorrar después de graduarse?
3. ¿Hace Ud. uso de algunas instituciones de la sociedad como los museos, los bancos y los aeropuertos?
4. ¿Compra su familia mucha comida a la vez (*at one time*)? ¿Por qué sí o por qué no?

𝒫ráctica

I. Ejercicios de vocabulario

A. Encuentre en el texto seis pares de palabras que deriven de la misma palabra básica.

Modelo ➔ economía / económico

B. Escriba la forma apropiada de la palabra entre paréntesis.

Modelo ➔ (economía) el desarrollo *económico*

1. (pobre) la cultura de la _____
2. (producir) aumentar la _____ de alimentos
3. (colonia) el gobierno _____
4. (exportar) estimular la _____ de minerales
5. (construir) la _____ de caminos
6. (industria) fomentar la _____ del país
7. (universo) la pobreza muestra cierta _____
8. (crecer) una _____ conciencia de sus condiciones

II. Puntos de contraste cultural

1. ¿Cuáles son algunas de las diferencias entre la organización económica de las colonias hispanoamericanas y las inglesas?

2. ¿Por qué no ha sido muy importante la idea de la reforma agraria en los Estados Unidos?

III. Debate

Organice dos equipos para que ataquen o apoyen esta resolución.

La ayuda financiera que el gobierno da a los pobres tiende a quitarles las ganas de trabajar.

IV. El arte de escribir: narración

La narración generalmente describe alguna serie de acciones. Aunque no siempre, la mayoría de las veces se cuentan en el tiempo pasado. El pretérito y el imperfecto son los tiempos verbales más comunes. El imperfecto generalmente describe el fondo o la situación de la narración, mientras el pretérito normalmente describe lo que pasó.

Para escribir una narración se comienza igual que con los otros tipos de composición —decidiendo qué tema se va a tratar y qué detalles se van a incluir, tal vez haciendo una lista de los detalles. Después, hay que darles algún orden razonable —frecuentemente se usa el orden cronológico.

Generalmente hay tres partes diferentes de la narración: la que describe el fondo o la situación, la serie de acciones específicas y la sección final que narra el resultado de las acciones o una nueva situación.

Ahora, lea esta serie de oraciones y póngalas en un orden lógico.

1. Los europeos querían una ruta marítima al Oriente.
2. Los reyes Católicos estaban en Granada.
3. Las noticias cambiaron el mundo para siempre.
4. Colón salió de Palos de Moguer hacia las Islas Canarias.
5. Después de explorar un poco, volvió a España.
6. Colón les pidió a los Reyes Católicos que le pagaran el viaje.
7. Viajó más de dos meses sin ver tierra.
8. La reina Isabel auspició (*sponsored*) el viaje.
9. Creía que la isla que descubrió en ese viaje estaba cerca del Japón.
10. Era el año 1492.

Ahora, escriba Ud. una composición sobre algo que hizo recientemente. Primero, prepare una lista de los detalles que va a incluir y luego póngalos en orden lógico.

V. Ejercicio de composición dirigida

Dé su opinión personal utilizando las palabras apropiadas de la lista.

1. la idea de la pobreza como una «subcultura»
   (desempleo, gobierno, educación, abandono, desconfianza, conciencia)
2. la pobreza en los Estados Unidos
   (ciudad, campo, empleo, población, crecer, jóvenes, familia, programa, trabajar, público)
3. el salario mínimo
   (joven, empleo, edad, difícil, fácil, trabajo, inflación, explotación, pobreza, nivel)

VI. Las noticias

En esta sección se presentarán artículos periodísticos sobre el tema de la unidad. Lea los siguientes artículos y prepárese para informarle a sus compañeros de clase sobre el significado general y su relación con el tema del capítulo.

Economías de la América Latina y el Caribe durante el siglo XX

En el alba del tercer milenio, la mayoría de las economías de América Latina y el Caribe están encauzadas en procesos de modernización, pero aún son exportadoras de 5 materias primas y están sujetas a ciclos de expansión y recesión causados principalmente por factores externos.

Esos ciclos se manifestaron con rudeza en las mayores crisis que golpearon a la 10 región este siglo: la recesión global de los 30, la crisis de la deuda externa en los 80, la crisis mexicana y el «efecto tequila» de 1994–1995 y por último, los coletazos de la crisis financiera disparada en Asia en 1997.

15 El libro *Progreso, pobreza y exclusión, una historia económica de América Latina en el Siglo XX* publicado... por el Banco Interamericano de Desarrollo y la Unión Europea intenta responder a la pregunta ¿qué 20 han conseguido las economías de América Latina en estos 100 años?... Quizá todo lo que pueda afirmarse... es que el ingreso per cápita creció cinco veces, y sin embargo es hoy más bajo que hace un siglo si se lo 25 compara con el de los países industriales.

Igualmente se levantó una infraestructura moderna y la industria creció hasta alcanzar 25% del producto interno bruto (PIB), pero se redujo a la mitad la 30 proporción del comercio mundial que corresponde a la región... [Algunas otras comparaciones:] En 1900 había 70 millones de habitantes; en el 2000 hay 500 millones.

alba *dawn*

encauzadas en *on the track of*

rudeza *roughly*
golpearon *battered*

coletazos *tail slaps*
disparada *unleashed*

producto interno bruto *gross domestic product*

35 Tres cuartas partes de la población vivía en
zonas rurales; hoy, dos de cada tres viven en
centros urbanos. Tres cuartas partes de la
población era analfabeta; hoy, siete de cada
ocho saben leer y escribir. La esperanza de
vida pasó de 40 a 70 años. En el 2000, el
40 ingreso per cápita es cinco veces más alto que
en 1900, pero representa 13% del equivalente
en Estados Unidos; hace cien años, era 14%...
   Hoy en día la mayoría de los países de
América Latina y el Caribe están inmersos en
45 procesos de reforma de sus economías,
siguiendo el modelo de libre mercado...
   Al mismo tiempo, la llamada «deuda
social», representada en el aumento de la
pobreza y el deterioro de los servicios
50 públicos, se ha transformado en el punto
débil del compromiso político necesario para
perseverar con el proceso de reformas.
   [Dicen que] la inversión más rentable a
largo plazo... es mejorar y expandir la
55 educación, pues cada año de aumento en el
promedio de escolaridad —que actualmente
es de 5,5 años— se refleja en el aumento del
PIB y en la disminución de la pobreza y la
desigualdad.

El Excélsior (Ciudad de México)

Glosas:

analfabeta *illiterate*
esperanza de vida *life expectancy*

perseverar *to persist*
rentable *profitable*

escolaridad *school attendance*

Los más ricos de la región

Los argentinos son, dentro de América latina, los de mayor ingreso promedio por año. Así dice el informe annual [de 1999] presentado... por el Banco Mundial.

5　　En el lugar 26 en el ranking por país, la Argentina figura con un ingreso promedio y teórico por habitante de 8.970 dólares anuales. Lo escoltan, en América latina, Uruguay (6.180 dólares, en el puesto número
10　28), Chile (4.810, puesto 30) y Brasil (4.750, 31).

　　Al ranking de la riqueza lo encabeza Suiza, con... 40.080 dólares, seguido por Noruega, Dinamarca y Japón... En el próspero
15　Estados Unidos sus habitantes perciben en promedio 29.340 dólares.

　　...Pero la cifra promedio que refiere el Banco Mundial deja de lado profundas desigualdades en el reparto del ingreso.
20　　Según el Indec de la Argentina, un 30% de la población vive debajo del nivel de pobreza. Ello significa que reciben mucho menos, por año, que los entre 8.000 y 9.000 dólares de las estadísticas. Son ingresos
25　menores a 495 dólares por mes...

　　Asimismo, bajan del promedio 4 millones de personas entre desocupados y subocupados, 3 millones de trabajadores del mercado informal y 2,5 millones de jubilados
30　con sueldos menores a 300 dólares por mes...

　　En cuanto al ranking mundial, cambian los líderes cuando se computa la capacidad de compra de la población. En esa escala manda Estados Unidos; luego Singapur y Suiza...

Clarín Digital (Buenos Aires)

teórico *theoretical*

escoltan *accompany*

perciben *receive*

cifra *number*

reparto *distribution*

Asimismo *Likewise*

subocupados *underemployed*

jubilados *retired persons*

capacidad de compra *buying power*

VII. Situación

Imagínese Ud. que acaba de heredar 10 millones de dólares que no esperaba heredar. Ahora tiene una serie de decisiones que tomar sobre su futuro. ¿Cuáles son las decisiones más importantes? ¿Qué actos de caridad haría Ud.? ¿Dónde y cómo viviría? ¿Qué haría? ¿Trabajaría o se dedicaría a pasar largas vacaciones? ¿Qué compraría?

UNIDAD 8

Los movimientos revolucionarios del siglo XX

Aquí se ve una huelga organizada por los maestros mexicanos. ¿Qué otros trabajadores van de huelga comúnmente?

Vocabulario útil

Estudie estas palabras antes de leer el ensayo.

Verbos

efectuar   *to effect, to cause to occur*
ejercer   *to exercise*
eliminar   *to eliminate*
fracasar   *to fail*
modificar   *to modify, to change*
pertenecer   *to belong*
reforzar(ue)   *to reinforce*
sacrificar   *to sacrifice*

Sustantivos

el apoyo   *support*
la dictadura   *dictatorship*
el ejército   *army*

el éxito   *success*
  tener éxito   *to succeed*
el fracaso   *failure*
la fuerza   *force*
la huelga   *strike*
  en huelga   *on strike*
la ideología   *ideology, political belief*
el poder   *power*
el, la rebelde   *rebel*
el secuestro   *kidnapping*

Otras palabras y expresiones

algo   *something, somewhat*
autocrático, -a   *autocratic, dictatorial*
poderoso, -a   *powerful*

Trabajen en parejas, o como indique su profesor(a), para hacer y contestar estas preguntas usando el vocabulario de la lista para intentar saber algo sobre sus compañeros de clase.

1. ¿Tienes una ideología política clara ahora? ¿Puedes describirla? ¿Sabes a quién vas a apoyar en las próximas elecciones? ¿Perteneces a algún partido u organización política? ¿Cuál?
2. ¿Has participado en alguna huelga o has sacrificado algo por una causa política? ¿Cuál? ¿Tuviste éxito o fracasaste?
3. ¿Te consideras un(a) rebelde? ¿Por qué sí o por qué no?
4. ¿Crees que está justificado efectuar cambios por la fuerza a veces? ¿Cuándo? ¿O siempre se puede modificar el gobierno y eliminar la injusticia usando métodos pacíficos? ¿Crees que la violencia genera más violencia? Explica tu posición.

Enfoque

Con frecuencia, en la América Latina, un cambio violento de gobierno no es más que un «golpe de estado» en que el cambio sólo afecta a la presidencia. Sin embargo, frecuentemente las

«golpe de estado» *coup d'etat, palace revolt*

condiciones han sido tan insoportables que el pueblo se ha rebelado. La pobreza y la escasez de oportunidades económicas, los gobiernos opresivos y otros factores han favorecido, en ciertas épocas y en ciertos países, la creación de movimientos guerrilleros o revolucionarios. Veamos aquí algunos casos de revoluciones o insurrecciones ocurridos a lo largo del siglo XX.

insoportables *unbearable*
se ha rebelado *has rebelled*

Anticipación

Véase los mapas al principio de este libro. Haga una lista de los países y sus capitales en Centroamérica y Norteamérica. Indique en qué parte del país está situada cada capital. ¿Cómo influye la geografía de un país en su desarrollo político y económico?

I. Revolución y «golpe de estado»

Durante el siglo XX, en casi todos los países
hispanoamericanos se han efectuado más
cambios de gobierno por la fuerza que por vía
democrática. Sin embargo, estos cambios, que
5 raramente tienen las características de
revoluciones, son simples golpes de estado.
Éstos se pueden definir como cambios que
sólo sustituyen un elemento por otro sin que
se modifiquen los verdaderos poderes
10 socioeconómicos. Algunos autores sugieren
que en algunos países el golpe de estado ha
asumido la misma función que tienen las
elecciones parlamentarias en el sistema
europeo. Es decir que cuando un presidente
15 pierde el apoyo del congreso, sus rivales
organizan un golpe en vez de fijar elecciones.
El procedimiento tiene una serie de reglas
tradicionales y generalmente se lleva a cabo
con gran eficacia.[1] Claro que se elimina el
20 elemento popular porque el cambio es de una
fuerza militar a otra, de un grupo económico
poderoso a otro grupo semejante, o de un
partido autocrático a otro de tendencias
iguales. Lo esencial es que las verdaderas
25 bases del poder no cambian, sino sólo los
individuos que lo ejercen.
    Las verdaderas revoluciones implican
cambios mucho más profundos en la
distribución del poder. Ocurren de una clase
30 social a otra, de los propietarios a los

por vía *by way of*

sugieren *suggest*

fijar *set a time for*

---

[1] It has been said that some coups are settled by a phone call between two generals who compare
forces and declare a winner. Although some are violent, many involve little or no actual shooting.

empleados, o de los oficiales a los soldados rasos del mismo ejército. Según la mayoría de los especialistas en política hispanoamericana, ha habido sólo tres

35 revoluciones en el siglo XX: la de México de 1910, la boliviana de 1952 y la cubana de 1959. Esto significa que en los tres casos se efectuó una modificación radical en la organización de los elementos del poder.

40 Ha habido otros movimientos con aspectos revolucionarios como el gobierno de Salvador Allende[2] en Chile, el movimiento peronista en la Argentina[3] o la rebelión militar en el Perú.[4] En los tres casos la base

45 de poder era demasiado limitada para tener éxito a largo plazo. Los sandinistas en Nicaragua tomaron el poder en 1979 con una ideología revolucionaria verdadera, pero las presiones internacionales de los adversarios

50 de la «guerra fría» resultaron en la destrucción de su revolución. Pero el caso es que la mayoría de los movimientos eran golpes de estado.

Todos los países han tenido gobiernos

55 democráticos legalmente elegidos en alguna que otra época. En las dos últimas décadas del siglo XX vimos la lenta desaparición de los gobiernos militares y la llegada de la democracia, de alguna u otra forma, a casi

60 todos los países hispanoamericanos. No es que hayan desaparecido los problemas políticos, muchos debidos a la historia de líderes fuertes.

soldados rasos *common soldiers*

radical *basic*

a largo plazo *in the long term*

---

[2] *Allende* Allende came to power in 1970 by the electoral process but with a somewhat revolutionary platform which was beginning to change the actual power base until he was overthrown by the military in 1973.

[3] *movimiento peronista en la Argentina* Juan Perón became president twice, in 1946 and 1974, with a very specialized power base. The president during the 1990s, Carlos Menem, was a peronista.

[4] *la rebelión militar* General Juan Velasco Alvarado took power in 1968 with a revolutionary program much of which was dismantled after his death in 1975.

En el Perú un presidente debidamente elegido, Alberto Fujimori, llevó a cabo un «autogolpe de estado». Quiere decir que suspendió la constitución y el congreso y comenzó a gobernar autocráticamente. Fujimori, Menem en la Argentina, Cardoso en el Brasil y Chávez en Venezuela, todos ellos han insistido en tomar medidas para que puedan ocupar el puesto durante más de un mandato. En todos los casos los presidentes han convencido a los congresos a otorgarles poderes extraordinarios a fin de gobernar efectivamente. Cuando no les pueden convencer, toman estos poderes a la fuerza como lo hizo Fujimori. En fin, aunque los ciudadanos desean vivir en una democracia, la tradición pone muchos obstáculos a ese paso definitivo.

debidamente *duly*
llevó a cabo *carried out*
medidas *measures*
mandato *term (of office)*
otorgarles *to grant them*

Pancho Villa (a la izquierda) y Emiliano Zapata en un momento de unidad. ¿Cuál es la imagen que tienen hoy día estas figuras de la Revolución Mexicana de 1910?

Comprensión

A. Elija la respuesta que mejor complete las siguientes oraciones.

1. En Hispanoamérica se han efectuado más cambios de gobiernos por...
   a. revoluciones.
   b. elecciones democráticas.
   c. golpes de estado.

2. Una verdadera revolución ocurrió en...
   a. el Ecuador.
   b. México.
   c. el Brasil

3. El golpe de estado sólo cambia... en el poder.
   a. los individuos
   b. las bases
   c. el ejército

4. En Chile, la Argentina y el Perú la base del poder era...
   a. guerrillera
   b. demasiado limitada
   c. las fuerzas armadas

5. Las verdaderas revoluciones implican un cambio en la distribución del...
   a. ejército.
   b. poder.
   c. estado.

B. Responda a las siguientes preguntas.

1. ¿Qué condiciones harían que Ud. se volviera revolucionario(a)?
2. ¿Sabe Ud. lo que dice la Declaración de la Independencia norteamericana sobre la revolución?
3. ¿Dónde hubo un golpe de estado recientemente? ¿Por qué ocurrió? ¿Quién ganó?
4. ¿Cree Ud. que podría haber una situación donde las fuerzas armadas norteamericanas tomaran el poder? Explique.
5. ¿Qué pasaría si lo hicieran?

II. La revolución mexicana de 1910

Después de un largo período de dictadura, un
pequeño ejército formado principalmente por
hombres del norte de México se levantó   se levantó *rose up*
violentamente, produciendo en el año 1910
5   una revolución en el país. La guerra duró
varios años y terminó con una nueva
constitución nacional en 1917. Como ocurre
en muchos movimientos violentos, la
ideología se creó después de la guerra.
10 Pancho Villa y Emiliano Zapata,[5] que
luchaban al frente de ejércitos desorganizados
y populares, se convirtieron en héroes
nacionales. Los soldados respondían al
carisma de los líderes sin saber mucho ni de   carisma (*m*) *charisma*
15 ideologías ni de teorías políticas. También
sentían deseos de vengarse de la opresión que
habían sufrido bajo la dictadura de Porfirio
Díaz.[6] Sin embargo, la lucha produjo una
ideología que favoreció a las clases bajas a
20 expensas de los ricos del régimen anterior.   régimen (*m*) *regime*
     La constitución de 1917, que todavía
rige en México, incluyó varios artículos   rige *rules*
dedicados a la justicia social, especialmente
para los trabajadores urbanos. Permitió por
25 primera vez los sindicatos, y éstos vinieron a
ocupar un puesto de poder en la vida
nacional. Además, se promulgaron leyes para   promulgaron *passed*
reducir el poder de dos grupos importantes

---

[5] *Pancho Villa y Emiliano Zapata* The two most popular revolutionary leaders of the Mexican Revolution of 1910. Neither was really an ideological leader, and both were eventually excluded from the new government. Both men, however, retain an almost mystical image to the present day.

[6] *Porfirio Díaz* President of Mexico from 1872 to 1911. His oppressive regime and his reluctance to relinquish the office formed the basic political motivation for the revolution.

30 del régimen anterior: la Iglesia y las
compañías e individuos extranjeros.
En el primer caso, se estableció un
sistema de enseñanza pública para todo el
pueblo. La educación había estado en manos
de la Iglesia desde los principios de la colonia.
35 En el segundo caso, se declaró que el suelo   suelo *ground, soil*
mexicano, incluso los minerales del subsuelo,   incluso *including*
pertenecía al pueblo. Esto daba al gobierno el
derecho de prohibir la explotación del petróleo
por elementos extranjeros. Bajo el presidente
40 Lázaro Cárdenas (1934–1940) todo el petróleo   petróleo *oil*
fue expropiado; entonces quedó en manos del
gobierno. En vista de los descubrimientos
posteriores, este hecho asumió después
muchísima importancia económica.
45 Muchos han criticado la Revolución por
ayudar principalmente a la clase media y a los
capitalistas nacionales, y por no beneficiar al
pueblo. Entre las únicas verdaderas mejoras
figuran el aumento del alfabetismo y la   alfabetismo *literacy*
50 construcción de un mayor número de
hospitales y de otras obras públicas.
El Partido Revolucionario Institucional
(PRI), una coalición creada en la década de los
20, ha tenido casi un monopolio del poder
55 político durante unos 70 años. Aunque ha
restringido la libertad democrática, también ha   ha restringido *has restricted*
traído una estabilidad política bastante sólida.
Pero últimamente otros partidos han
comenzado a atacar ese poder exclusivo y el
60 PRI, respondiendo a la presión pública, ha
tenido que abrir el proceso electoral. Esta
abertura resultó en la elección de un
presidente de otro partido en 2000. El desafío   desafío *challenge*
será mantener en el futuro la estabilidad
65 política tradicional en México, y a la vez   a la vez *at the same time*
permitir un proceso democrático más abierto.
Aunque no ha sido perfecta la
Revolución, no se puede negar que ha llegado
a crear un orgullo de ser mexicano entre el
70 pueblo de ese país.

Comprensión

A. Responda según el texto.

1. ¿Por qué siguieron los soldados a hombres como Villa y Zapata?
2. ¿Qué documento produjo la revolución de 1910?
3. ¿Qué cambios trajo la Revolución Mexicana al sistema de educación de México?
4. ¿Qué mejoras verdaderas ha logrado la Revolución?
5. ¿Qué es el PRI y qué ha hecho durante 70 años?

B. Responda a las siguientes preguntas.

1. ¿Puede nombrar unos revolucionarios en la historia de los Estados Unidos?
2. ¿Ha visitado México Ud.? ¿Quisiera visitar ese país? ¿Qué parte?
3. ¿Cuáles son los problemas más graves del México contemporáneo?

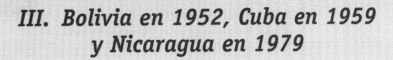

III. *Bolivia en 1952, Cuba en 1959 y Nicaragua en 1979*

A mediados del siglo XX, Bolivia, además de ser el único país del continente sin puerto marítimo, tenía una gran población indígena sin tierra, y dependía de su producto único,
5 el estaño. En 1952 el Movimiento Nacional Revolucionario asumió el poder e inició dos cambios radicales: la reforma agraria y la nacionalización del estaño.

Como en muchos otros casos, la reforma
10 agraria redujo la producción de comestibles porque los campesinos no tenían interés en producir más de lo que consumían. El estaño perdió su importancia y no produjo los ingresos necesarios para comprar la comida
15 que faltaba. Los resultados generales de la Revolución boliviana no han sido muy prometedores.

De todas las revoluciones del siglo XX en Hispanoamérica, después de la de México,
20 la que más atención atrajo en los Estados Unidos ha sido la cubana. El movimiento del «26 de julio»[7] fue encabezado por Fidel Castro y Ernesto «Che» Guevara, quienes entraron victoriosos en La Habana el primero
25 de enero de 1959. La personalidad de Fidel y su imagen pública le atrajeron mucho apoyo popular. La barba, la gorra militar, el rechazo del lujo generalmente asociado con su puesto de presidente, lo identificaron

A mediados de *Around the middle of*
puerto marítimo *seaport*

estaño *tin*

redujo *reduced*

ingresos *income*

apoyo *support*
barba *beard*
gorra *cap*
rechazo *rejection*

---

[7] *26 de julio* This is the date, in 1953, of the first attack by the rebels and so became the name of the movement.

30　—sinceramente o no— con el pueblo que lo
　　había ayudado tanto en su lucha militar.
　　　　　La presencia del «Che» Guevara,
　　argentino de nacimiento, reforzó esta
　　identificación. Guerrillero de profesión, Che
35　aumentó su imagen casi mística cuando fue a
　　Bolivia a morir en la lucha revolucionaria de
　　ese país en 1967.
　　　　　Después de la victoria revolucionaria
　　vino el problema de encontrar un mercado
40　para su producto único: el azúcar.
　　Nacionalizaron las maquinarias　　　　　　　　　maquinarias *machinery*
　　norteamericanas y los Estados Unidos ya no
　　quiso comprar su producto. Castro, al
　　proclamarse leninista, consiguió apoyo de la
45　Unión Soviética durante casi tres décadas
　　frente a un embargo económico impuesto a　　　impuesto *imposed*
　　petición de los Estados Unidos. Desapareció el　　a petición de *at the request of*
　　apoyo cuando desapareció la Unión Soviética
　　y desde entonces Cuba ha sufrido una caída
50　severa en sus condiciones económicas. Parece
　　que toda esta presión resultará en unos
　　cambios básicos en el sistema de gobierno
　　cubano.
　　　　　La larga dictadura de las varias
55　generaciones de la familia Somoza en
　　Nicaragua dio origen a una oposición popular
　　encabezada por el «Frente Sandinista de
　　Liberación Nacional».[8] Cuando llegó al poder
　　en 1979 proclamó una ideología izquierdista.
60　Fidel Castro les prestó apoyo económico y
　　también el apoyo militar que requerían para
　　luchar contra sus enemigos nacionales e
　　internacionales. Esta oposición violenta
　　presionó al gobierno a permitir elecciones y　　presionó *pressured*

---

[8] *Sandinista* The name is derived from Augusto César Sandino (1895–1934) who headed the resistance in Nicaragua to the U.S. occupation (1927–1933) and was thus a national hero.

65   la victoria electoral de Violeta Chamorro puso
     fin a la revolución sandinista. Aunque
     lograron mejoras en el sistema de educación y
     en la salud pública, no pudieron estabilizar la
     economía ni pacificar la oposición. No queda
70   mucha influencia del movimiento sandinista
     en la Nicaragua de hoy.

Comprensión

A. Responda según el texto.

1. ¿Cuál fue el problema que produjo la reforma agraria en Bolivia?
2. ¿Qué hombres famosos se asociaron con la Revolución cubana?
3. ¿Por qué dejó la Unión Soviética de apoyar al gobierno cubano?
4. ¿Qué presión le puso los Estados Unidos a Cuba?
5. ¿A qué familia depusieron los sandinistas?
6. ¿Qué mejoras lograron los sandinistas antes de perder el poder?

B. Responda a las siguientes preguntas.

1. ¿Qué responsabilidad tiene los Estados Unidos hacia los países pobres como Bolivia?
2. ¿Por qué salieron tantos cubanos de su país después de la victoria de Castro?
3. ¿Puede Ud. nombrar algunos héroes revolucionarios de los Estados Unidos? ¿Qué hicieron?
4. ¿Puede Ud. imaginarse las condiciones que podrían conducir a una revolución en los Estados Unidos?

IV. Los guerrilleros

Uno de los héroes del movimiento del 26 de
julio en Cuba fue Ernesto «Che» Guevara
(1928–1967), prototipo del guerrillero
hispanoamericano. Los rebeldes cubanos
5 pasaron varios años en la sierra sirviendo
como símbolo de la oposición a la dictadura
de Fulgencio Batista, el presidente cubano.
«Che» Guevara sirvió en esa época como
maestro material y espiritual en los métodos
10 de la guerra de guerrillas. La base de esta
guerra, tan común en la época
contemporánea, es el ejército popular, secreto
y móvil, que cuenta con el apoyo del pueblo   cuenta con *depends on*
para obtener provisiones. Guevara, en su
15 manual sobre la organización de los
guerrilleros (libro que forma parte de la
lectura básica sobre el asunto), dice acerca de
las posibilidades de éxito: «Donde un
gobierno haya subido al poder por alguna
20 forma de consulta popular, fraudulenta o no,   consulta *consent*
y se mantenga al menos una apariencia de
legalidad constitucional, el brote guerrillero   brote (*m*) *outbreak*
es imposible de producir por no haberse   haberse agotado *having ex-*
agotado las posibilidades de la lucha cívica.»   *hausted*
25 Es decir que la guerrilla no puede funcionar
sin el apoyo del pueblo ni puede funcionar
contra un gobierno que mantenga la
apariencia de libertad.
       Por motivos propagandísticos los grupos
30 guerrilleros por lo general se llaman a sí
mismos «frentes de liberación» o «ejércitos
populares» mientras los gobiernos
amenazados los denominan «terroristas».   denominan *call*
       El caso de España muestra la dificultad
35 que presentan tales grupos. La región vasca   vasca *Basque*

del norte de España tiene una larga historia
de sentimiento separatista. Los vascos tienen
una cultura algo distinta y su lengua es de
origen desconocido.[9] Han luchado contra el
40   domino del gobierno de Madrid por muchos
años, pero últimamente esta lucha ha
resultado en una trágica violencia de tipo
guerrillero. Los vascos rebeldes exigen la
separación completa del país vasco para crear
45   una nación independiente. La nueva
constitución española, adoptada en 1978,
hace posible cierto grado de autonomía para   grado *degree*
las regiones españolas,[10] pero esto no parece
satisfacerles. Sus métodos incluyen ataques
50   de sorpresa contra la policía nacional, bombas
que estallan en lugares públicos, secuestros   estallan *explode*
de personas ilustres y poderosas, y otros   ilustres *famous*
actos de violencia. Su influencia en los
sindicatos vascos es tan grande que los   sindicatos *unions*
55   empresarios se ven obligados a pagarles un
«impuesto revolucionario» a los rebeldes para
evitar que hagan huelga. Así los rebeldes
ganan dinero para sus otras actividades.
Según un informe de *El País,* periódico de
60   Madrid, una carta de los dirigentes etarras a   dirigentes etarras *leaders of ET*
los terroristas dice que «la vida de un
terrorista 'vale cien veces más que la de un   vale *is worth*
hijo de un txakurra' (término despectivo para   despectivo *pejorative*
designar a un policía)... [y] los dirigentes
65   ordenan a los terroristas que sigan colocando   colocando *placing*
bombas en automóviles de policías, pese al   pese al riesgo *despite the risk*
riesgo de que también mueran niños.» El
resultado de estas declaraciones es que, según

---

[9] *origen desconocido* Basque, unlike the other regional languages of Spain, is not a romance language. The region is called *Euzkadi* in Basque. The terrorists use the intials ETA for *Euzkadi ta Askatasuna* or "Euzkadi and freedom."

[10] *las regiones españolas* Spain has fourteen traditional regions: Galicia, Asturias, León, Navarra, Cataluña, Aragón, Castilla la Vieja, Castilla la Nueva, Extremadura, Andalucía, Murcia, Valencia, Canarias (islands in the Atlantic), and Baleares (islands in the Mediterranean of which Mallorca is the largest). The regions had not had official status for some time, but the 1978 constitution allowed those wishing it to acquire some autonomy similar to that enjoyed by the states in the U.S.

un sondeo de 1992, el problema que más les
70 preocupa a los españoles es el terrorismo. El
pueblo vasco ya no apoya a los terroristas que
llevan más de veinte años en su esfuerzo. En
1995 hubo un atentado fracasado contra el
rey Juan Carlos y su familia. El responsable
75 principal era un hombre de más de cincuenta
años de edad, participante en las acciones de
ETA desde su primer asesinato del almirante
Carrero Blanco en 1974.

    Uno de los propósitos de los grupos
80 terroristas es desestabilizar el gobierno y
provocar una reacción excesiva de parte de
las autoridades. Por ejemplo, se ha acusado a
varios miembros del gobierno español de
actos ilegales en la guerra contra el
85 terrorismo vasco. Hubo una organización
secreta llamada GAL (Grupo Antiterrorista de
Liberación) que se dedicó a matar a los
terroristas sin el beneficio de un proceso
judicial. Posiblemente recibió el permiso y el
90 apoyo financiero del gobierno nacional y el
escándalo afectó mucho el esfuerzo oficial
contra el terrorismo.

sondeo *survey*

atentado *attempt*

almirante (*m*) *admiral*

desestabilizar *destabilize*

«Che» Guevara fue uno de los líderes carismáticos del Movimiento del 26 de julio en Cuba. ¿Ha habido o hay ahora líderes carismáticos semejantes en los Estados Unidos? ¿Por qué sí o por qué no?

Comprensión

A. Responda según el texto.

1. ¿Sobre qué fue el manual que escribió Che Guevara?
2. ¿Qué exigen los terroristas vascos? ¿Dónde?
3. ¿Qué es el «impuesto revolucionario» de los vascos?
4. ¿Qué quieren los terroristas provocar de parte del gobierno?

B. Responda a las siguientes preguntas.

1. ¿Ha participado Ud. en una manifestación? ¿A favor o en contra de qué?
2. ¿Cree que valen la pena las manifestaciones?
3. ¿Va a votar Ud. para el próximo presidente?
4. ¿Le gusta participar en la política de la universidad? Explique.
5. ¿Presta mucha atención a la política nacional? ¿Por qué sí o por qué no?

Práctica

I. Ejercicios de vocabulario

A. Indique la palabra que corresponde a la definición.

1. un sistema de pensamiento político	**a.** partido
2. un grupo basado en afinidad de ideologías	**b.** secuestros
3. un partido de rebeldes secretos	**c.** ideología
4. táctica de los guerrilleros	**d.** guerra
5. los soldados como grupo	**e.** dictadura
6. una actividad del ejército	**f.** represión
7. lo opuesto a la guerra	**g.** guerrilleros
8. método de un gobierno tiránico	**h.** paz
9. un gobierno que usa represión	**i.** ejército

B. Complete con la forma apropiada de la palabra entre paréntesis.

Modelo → (fracaso) las revoluciones <u>fracasadas</u>

1. (economía)   las condiciones _____
2. (violencia)   una rebelión _____
3. (espíritu)   el héroe _____
4. (constitución)   poderes _____
5. (revolución)   las tácticas _____

C. Indique los sinónimos.

1. cambios	**a.** líder
2. jefe	**b.** rebeldes
3. guerrilleros	**c.** modificaciones
4. obrero	**d.** disminución
5. baja	**e.** trabajador

II. Puntos de contraste cultural

1. ¿Cuáles son las diferencias en la importancia de la agricultura entre los Estados Unidos e Hispanoamérica?

2. ¿Por qué no ha habido necesidad de una reforma agraria en los Estados Unidos?

3. Han existido grupos de guerrilleros en los centros urbanos de los Estados Unidos, pero nunca en el medio rural. ¿Por qué es distinta la situación en Hispanoamérica?

III. Debate

Organice dos equipos para que ataquen o apoyen esta resolución.

Un país debe ayudar a un movimiento revolucionario en un país vecino si le es ideológicamente conveniente.

IV. El arte de escribir: exposición (primera parte)

La exposición es esencialmente una explicación o una declaración de algo. Frecuentemente es algo abstracto o literario, pero también puede ser cualquier cosa.

En un ensayo el objetivo es hacer que el lector entienda la idea, de modo que por lo general se dirige a su inteligencia y no a sus sentimientos.

Para escribir una exposición es necesario formular una pregunta y responderla en el ensayo. La extensión y la complejidad del ensayo resultarán de la complejidad del tema. Si se hace una pregunta como *¿De qué tratan las obras de Borges?*, se tendría que escribir un libro entero para agotar el tema. Pero, si se pregunta, *¿De qué trata el cuento «Un día de estos» del colombiano García Márquez?*, se podría contestar así:

El ambiente del cuento refleja las guerras fratricidas que caracterizaron las luchas entre liberales y conservadores en Colombia entre 1948 y 1958. El cuento muestra como «La Violencia» (como dicen los colombianos) tuvo un efecto profundo en todo el país, aun en los pueblos más pequeños.

Claro, en cualquier ensayo puede variar la cantidad de puntos que se incluyen.

Ahora, lea estas preguntas posibles y con unos compañeros de clase decida cómo se pueden reformular para hacer una exposición más corta.

1. ¿Qué ideología tenía la Revolución Mexicana?
2. ¿Qué querían los sandinistas?
3. ¿Por qué se estudia en la universidad?
4. ¿Qué es la literatura?
5. ¿Qué hace un presidente?
6. ¿Quién es Fidel Castro?

Ahora, escriba una exposición sobre algo que ha aprendido en otra clase. No se olvide de poner atención al proceso de limitar el tema.

V. Ejercicio de composición dirigida

Dé su opinión personal, utilizando las palabras apropiadas de la lista.

1. las razones de la violencia en la política
   (opresión, frustración, desconfianza, proceso electoral fraudulento, tortura, libertad)
2. la reacción oficial apropiada frente a los secuestros políticos
   (rescate, asilo político, desaliento, preso, éxito, fracaso, ánimo, cooperación)
3. la violencia política en los Estados Unidos
   (asesinar, presidente, seguridad, policía, candidato, carisma, televisión, campaña electoral)
4. la violencia urbana y la inseguridad personal en los Estados Unidos
   (autoridad, respeto, familia, móvil, ataque, escuela, pobreza, miedo, robo, violación sexual, armas disponibles)

VI. Las noticias

Haga Ud. un resumen de estos artículos.

La Constituyente abre la puerta a un mandato de 12 años para Chávez

La Asamblea Nacional Constituyente ha complacido los deseos del presidente venezolano, Hugo Chávez, de poder contar con mayor tiempo para desarrollar su proyecto bolivariano.[11] Así ha consagrado en la nueva Carta Magna la reelección presidencial inmediata y el aumento del mandato actual de cinco a seis años, con lo que se prolonga el período de Gobierno a 12 años [que comienzan en 1999]...

Desde que tomó posesión del cargo... el mandatario ha manifestado su intención de ampliar el mandato presidencial a seis años [en vez de cinco],... con posibilidad de una sola reelección.[12]

Chávez justifica esta medida porque requiere de un plazo mínimo de 10 años para poner en marcha su revolución «democrática, pacífica y bolivariana».

En la primera discusión del proyecto constitucional, considerado como el más voluminoso del mundo por sus 395 artículos, la Asamblea Constituyente, elegida popularmente... también acordó dar mayores

Constituyente *Constitutional*
ha complacido *has complied with*

ha consagrado *has allowed*

mandatario *president*

acordó *agreed*

---

[11] *bolivariano* In the spirit of Simón Bolívar, the «George Washington» of northern South America. Bolívar was originally from Venezuela.

[12] *una sola reelección* The constitutions of most Latin American countries allow a 5 or 6 year term with no re-election. Lately a number of presidents have managed to skirt these restrictions. Since they were all freely elected, this is not generally considered to be an anti-democratic move.

25 poderes a la figura presidencial. Entre éstos destaca su facultad de decidir personalmente los ascensos militares, nombrar al vicepresidente, convocar los referendos y disolver el Parlamento.

ascensos *promotions*
referendos *policy elections*

El País Digital (Madrid)

La ofensiva guerrillera pone a los colombianos en contra del proceso de paz

Los últimos ataques de las Fuerzas Armadas revolucionarias de Colombia (FARC) han puesto en solfa el espíritu negociador del Gobierno y los colombianos. Pero esta quiebra

5 no sólo procede de la última ofensiva rebelde ni de las declaraciones arrogantes de sus comandantes...

...[Se] han lanzado dardos desde varios frentes de la sociedad contra un proceso de

10 diálogo que busca una salida política a una guerra civil de más de 30 años y que ha costado decenas de miles de vidas.

Los datos sobre la confusión que reina ahora en la sociedad colombiana son claros:

15 una encuesta publicada el domingo 11 por el diario *El Espectador* revela que 70% de los colombianos preguntados piensa... que la subversión es puro terrorismo y como tal habría que tratarla. Esto, unido a otro estudio

20 de opinión que refleja que más del 65% de los consultados no cree que el actual proceso de diálogo conduzca a una paz estable, demuestra que aumenta la desconfianza de la sociedad en la actitud del Gobierno...

25 ...Y es que las cifras no son nada alentadoras: la ofensiva, que empezó el jueves 8 cuando la guerrilla acabó con 38 soldados... deja ya casi 400 muertos entre militares, guerrilleros y civiles. Según el

30 Ejército, las FARC aportan el mayor número

han puesto en solfa *has made look ridiculous*

quiebra *break*

Se han lanzado dardos *Darts have been thrown*

decenas de miles *tens of thousands*

encuesta *poll*

la desconfianza de la sociedad *society's mistrust*

alentadoras *encouraging*

de víctimas mortales, unas 300... [Se]
afirmó... que han aumentado en un 60% las
matanzas... El año pasado fueron 10, con 588
víctimas, [la primera mitad de este año]
35 sumaron 85 y los muertos, 847...

matanzas *massacres*

El País Internacional (Madrid)

39.000 colombianos en riesgo de desplazamiento por violencia

Otros 39.000 campesinos colombianos que viven en 115 municipios están en riesgo de abandonar precipitadamente sus parcelas debido a la creciente violencia protagonizada
5 por los paramilitares de extrema derecha y los rebeldes izquierdistas,...

    La guerra colombiana ha provocado el desplazamiento de 1,5 millones de personas en la última década, de acuerdo con la Iglesia
10 católica.

    [Se] afirmó que los paramilitares de las Autodefensas Unidas de Colombia (AUC), que habitualmente operan en zonas rurales del norte y el noroeste del país, han «ampliado
15 su radio de acción hacia (ciudades) como Bogotá»...

    Asimismo, las guerrilleras Fuerzas Armadas Revolucionarias de Colombia (FARC, marxistas) —comprometidas en un esquema
20 de paz con el Gobierno— «mantienen su proyecto de recuperar el departamento de Córdoba y asegurar posiciones en (la estratégica zona bananera de) Urabá»...

    Las FARC y el Ejército de Liberación
25 Nacional (ELN, guevarista[13]) libran una

municipios *townships*
en riesgo *at risk*
precipitadamente *hurriedly*
parcelas *property*
protagonizada *carried out*

desplazamiento *displacement*

comprometidos *engaged*
esquema *scheme*

libran *unleash*

---

[13] *guevarista* Followers of the guerrilla tactics of Che Guevara.

«guerra a muerte» en diversas regiones
colombianas con las AUC, la cual incluye
ataques contra campesinos y otros civiles
ajenos al conflicto pero que cada banda
30 percibe como aliado del rival.

El Nuevo Día Interactivo (San Juan, Puerto Rico)

ajenos *unrelated*
aliado *ally*

Convivir con el miedo en Euskadi

El miedo es una sombra densa en Euskadi. La campaña electoral para las municipales del próximo 13 de junio arranca sin *kale borroka* (violencia callejera), pero con amenazas muy
5 concretas de los violentos contra sus adversarios políticos, como ésta recibida por un concejal socialista: «Nuestro consejo es que se vaya a su pueblo a vivir o le mandaremos en una caja de pino
10 (preferiblemente muerto)». O como la mano que garabatea la palabra «asesino» en el portal de un parlamentario del Partido Popular (PP). O como la sombra del brazo que lanza cuatro botellas inflamables a la casa de
15 un curtido militante...

　　...El 19 de febrero, unos enmascarados lanzaron *cocteles mólotov* contra [la] tienda de confección [de Santi Abascal, concejal del PP]. Unos días después, el pueblo amaneció
20 con cuatro o cinco pintadas —«Santi, vete de Euskadi». Abascal,... recuerda que ETA mató años atrás en Amurrio a un cartero, al hermano del cartero y a un socialista cuyo bar frecuentaba guardias civiles[14]...

El País Internacional (Madrid)

sombra densa	*dark shadow*
las municipales	*the city elections*
concejal	*council member*
consejo	*advice*
garabatea	*scrawls*
«asesino»	*murderer*
portal	*gate*
lanza	*throws*
curtido militante	*experienced militant*
enmascarados	*masked men*
confección	*candy*
pintadas	*painted messages*
cartero	*mail carrier*
cuyo	*whose*
frecuentaba	*patronized*

---

[14] *guardias civiles* The *Guardia Civil* is the Spanish National Police force which was the frequent target of ETA violence.

VII. Situación

Imagínese Ud. que es víctima de un secuestro político. Los guerrilleros le dicen que lo han hecho para conseguir la libertad de unos presos políticos y que lo(la) van a matar si no cooperan las autoridades. ¿Qué les diría Ud. a los guerrilleros en su propia defensa? Si permiten que Ud. haga una llamada a las autoridades, ¿qué les diría Ud.?

UNIDAD 9

La educación en el mundo hispánico

Una clase en la Universidad de Barcelona, España. ¿Hay mucha diferencia entre esta clase y las de la universidad a la cual Ud. asiste?

Vocabulario útil

Estudie estas palabras antes de leer el ensayo.

Verbos

contratar *to contract*
convenir (ie) *to suit*
dar una clase *to teach, to lecture*
diferir (ie) *to differ, to be different*
elegir (i, i) *to choose*
especializarse *to major, to specialize*

Sustantivos

la elección *choice*
la instrucción *instruction, teaching*
la investigación *research*
el, la maestro, -a *teacher*
la manifestación *demonstration*
la matrícula *tuition*

la nota *grade*
el título *degree (education)*

Adjetivos

educativo, -a *educational*
escolar *pertaining to school*
estudiantil *pertaining to students*
explícito, -a *explicit*
gratuito, -a *free*
implícito, -a *implicit*
primario, -a *primary*
privado, -a *private*
secundario, -a *secondary, high school*
superior *higher*

Trabajen en parejas, o como indique su profesor(a), para hacer y contestar estas preguntas usando el vocabulario de la lista para descubrir algo sobre sus compañeros de clase.

1. ¿Qué materias estudias este semestre? ¿En qué te especializas? ¿Por qué lo elegiste?
2. ¿Tienes mucha libertad de elección en las clases que tomas para tu especialización? ¿Qué título tendrás al final?
3. ¿En tu escuela los maestros ponen más atención a la investigación o a la instrucción?
4. ¿Es muy cara la matrícula en tu escuela? ¿Ha subido mucho últimamente? ¿La pagas tú o la pagan tus padres?
5. ¿Crees que tu experiencia educativa en las escuelas primaria y secundaria fue buena? ¿Por qué sí o por qué no? ¿Sacabas buenas notas?
6. ¿Has asistido a alguna escuela privada? ¿Cuál? ¿Crees que se debe crear un sistema de «vales» (*vouchers*) para ayudar a los alumnos que quieran ir a una escuela privada?

Enfoque

La organización y los métodos de enseñanza reflejan los valores, los ideales y la situación socioeconómica de un pueblo. Además de aumentar los conocimientos tecnológicos, el sistema de enseñanza se dedica a transmitir la cultura de una generación a otra.

Esto se hace explícitamente en las clases de historia, de política o de religión; pero el sistema de enseñanza también tiene una influencia implícita en la sociedad a través de los métodos usados en la enseñanza, los cursos ofrecidos o la selección de alumnos.

Este ensayo se dedica a la explicación de las grandes diferencias entre el sistema de enseñanza del mundo hispánico y el del norteamericano.

Anticipación

Trate Ud. de adivinar el significado de las palabras subrayadas dentro del contexto de la educación.

1. Durante la primera época árabe España fue el centro de la enseñanza <u>superior</u> en Europa.
2. La meta final era el <u>ingreso</u> a la universidad.
3. Hasta el siglo XIX la facultad de <u>teología</u> era la más importante, después la facultad de <u>derecho</u> o de jurisprudencia comenzó a <u>prevalecer</u>.
4. Para pasar de un año a otro el alumno tenía que <u>aprobar</u> los exámenes finales.

I. *Historia de la enseñanza hispánica*

Durante la primera época árabe (siglos
VIII–XIII) España fue el centro de la
enseñanza superior en Europa. La tradición
griega, traída por los moros, se extendió por — se extendió *spread*
5 todo el continente desde Córdoba. La
conocida tolerancia de los moros hacia las
ideas heterodoxas los colocó al frente de los — heterodoxas *heretical*
impulsos renovadores de la época. Sobre esta — los... frente *situated them in*
tradición fueron establecidas las primeras — *the forefront*
10 universidades españolas: las de Salamanca, — impulsos renovadores *impulses*
Palencia y Sevilla en el siglo XIII. Estas — *toward change*
universidades, como también sus
contemporáneas de Oxford, Bolonia (Italia) y
París, tenían una estructura bastante floja — — floja *loose*
15 consistían en un grupo de profesores privados
que se ponían de acuerdo para dar sus clases
en un sitio común. Su categoría oficial venía — categoría *status*
de una carta real y de una autorización del — carta real *royal degree*
Papa. En la Universidad de París el — Papa (*m*) *Pope*
20 profesorado tenía el poder, mientras que en la — profesorado *faculty*
de Bolonia el poder estaba en manos de los
estudiantes. Las universidades españolas, y
las hispanoamericanas, siguieron el modelo
italiano. Las universidades del resto de
25 Europa y de los Estados Unidos prefirieron el
modelo francés. Esto, en parte, explica
algunas diferencias básicas en las actitudes
de los estudiantes aún hoy día. El concepto
principal de Bolonia era que un grupo de
30 estudiantes contrataba a un profesor para que
éste les diera una clase de filosofía, por — les... clase *would teach them a*
ejemplo. En París, los estudiantes tenían que — *class*
pagar la matrícula de las clases que les
recomendaban los profesores. Esta distinción
35 todavía se mantiene hasta cierto punto, pero

con la diferencia de que en la mayoría de los casos es el gobierno o un grupo religioso el que les paga a los profesores.

40 Durante el Renacimiento (siglos XV–XVII) aumentó la importancia de la educación y en esta época se fundaron en España la Universidad de Alcalá de Henares —hoy de Madrid— y la mayoría de las americanas: Santo Domingo en 1538; México 45 y Lima en 1551; Bogotá en 1563; Córdoba, en la Argentina, en 1613; Quito en 1622; Sucre, Bolivia, en 1624; Guatemala en 1676, etcétera. Casi todas estas instituciones fueron fundadas por órdenes religiosas, 50 principalmente por los dominicos y los jesuitas. Como punto de comparación, Harvard fue fundada en 1636, William and Mary en 1693 y Yale en 1701.

Las universidades tradicionales tenían 55 sólo cuatro facultades:[1] Teología, Leyes, Artes y Medicina. La facultad de Artes (hoy Filosofía y Letras) tenía dos funciones: preparación para las otras facultades y preparación de maestros de enseñanza 60 secundaria. La de Teología, dedicada a la formación de sacerdotes, era la más importante hasta el siglo XIX cuando las de Derecho y Medicina comenzaron a prevalecer,   Derecho *law* y las universidades se convirtieron en centros 65 de investigación científica y añadieron otras facultades: las de Ingeniería, Comercio,   Ingeniería *engineering* Farmacia, etcétera.

La enseñanza primaria y secundaria se consideraba una responsabilidad personal y 70 era una actividad religiosa o privada. La manera en que el alumno se preparaba para la

---

[1] *facultades* The word *facultad* means "faculty" only in the specialized sense of the professors of a "school" or "college." The more usual translation for the *Facultad de Medicina* would be the School of Medicine. Faculty in its most common sense in English is *profesorado* (professoriate) or *cuerpo docente* (teaching corps).

universidad quedaba por su cuenta. Hasta el
siglo XIX no existía el concepto de la
educación como bien nacional. Las ideas
75 económicas del siglo XIX comenzaron a darle
valor monetario a un pueblo educado.
Además, los ideales democráticos dieron doble
impulso al desarrollo de sistemas públicos de
enseñanza: 1) la igualdad de oportunidad
80 exigía escuelas pagadas por el gobierno; 2)
para poder ejercer sus nuevas obligaciones
cívicas, el pueblo necesitaba alcanzar cierto
nivel de conocimientos.
   En el siglo XX apareció la idea de
85 asistencia obligatoria aunque por lo general
ésta era más un ideal que una realidad. La
falta de recursos impedía que la enseñanza
llegara a los niños rurales. Hoy día la
asistencia es obligatoria hasta los doce o
90 catorce años en la mayoría de los países
hispanos, y la instrucción también es
gratuita.

bien (m) asset

exigía demanded

alcanzar to reach

asistencia attendance

impedía prevented

Comprensión

A. Responda según el texto.

1. ¿Cuáles fueron las tres primeras universidades de España y cuándo se fundaron?
2. ¿Cuál era la diferencia entre la organización de las universidades de París y Bolonia?
3. ¿Cuándo comenzaron a ser importantes las facultades de Derecho y de Medicina?
4. ¿Qué significa el concepto de la educación como bien nacional?
5. ¿Cuándo apareció la idea de asistencia obligatoria?

B. Responda a las siguientes preguntas personales.

1. ¿Cree Ud. que la universidad debe ser gratuita como la escuela secundaria?
2. ¿Tienen los estudiantes mucho poder en la dirección de su universidad? ¿Cree que deben tenerlo?
3. ¿Cree Ud. que la educación va a tener mucha importancia en su vida futura? ¿Por qué?
4. ¿Cree que la universidad debe proporcionar más o menos materias electivas en su programa? Explique.

II. «Educación» y «enseñanza»

Para entender algo del concepto de la
enseñanza en el mundo hispánico y de cómo
difiere del de los Estados Unidos es necesario
aclarar algunas cuestiones de terminología.   aclarar *to clarify*
5 La palabra «educación» tradicionalmente se
refiere al proceso total de formar a un adulto
de un niño. Incluye, pero no se limita a la
instrucción recibida en la escuela. El niño
también recibe su educación de su familia, de
10 la Iglesia y de sus experiencias. El proceso
académico es la «enseñanza». La palabra
deriva de «enseñar», la tarea del maestro.   tarea *task*
Sólo recientemente se encuentra la palabra
«educación» usada en el sentido del proceso
15 escolar.

    Los niveles de la instrucción académica
son la enseñanza pre-escolar, la enseñanza
primaria o elemental, la enseñanza media o
secundaria y la enseñanza superior o
20 universitaria. Como se verá, estos niveles no
son exactamente iguales a sus equivalentes
en el sistema norteamericano.

    Otros términos pueden confundir al
estudiante norteamericano. La palabra
25 «curso» significa todo un año escolar: por
ejemplo, «el sexto curso de medicina».
«Materia» es una serie de clases dedicadas a   Materia *Course*
un curso. El curso, entonces, consiste en
varias materias que por lo general están
30 prescritas sin que el estudiante tenga   prescritas *prescribed, required*
ninguna elección. El concepto de «requisitos»   requisitos *requirements*
apenas existe, puesto que casi todas las
materias, dentro del curso son obligatorias.
Hay casos en que el alumno puede elegir
35 entre secciones: por ejemplo, el curso de

lenguas modernas ofrece elección entre varias
lenguas, pero en cualquier caso se estudia la
misma serie de materias —gramática, cultura,
literatura, etcétera.

40   El «bachillerato» es más o menos
equivalente al diploma secundario en los
Estados Unidos y no al título universitario.
Éste, por ser más especializado, no tiene
nombre genérico sino que se le llama por el   genérico *general*

45 título profesional: profesor para los graduados
de la Facultad de Filosofía y Letras, médico
para los de Medicina, ingeniero para los de
Ingeniería, abogado o licenciado para los de
Leyes (Derecho)[2], etcétera. Las «facultades»

50 equivalen más o menos a las «escuelas»
profesionales de las universidades
norteamericanas, con la diferencia de que se
hacen responsables de la enseñanza total del
alumno. Esto quiere decir que hay profesores

55 de inglés o de castellano en la Facultad de
Medicina y otros en la Facultad de Ingeniería.
Esto muestra dos contrastes muy importantes
con el sistema norteamericano: la
especialización que, en algunos países,

60 comienza temprano, y la falta de posilbilidad
de elección de las materias por el alumno. Es
posible, por lo general, tomar clases en otras
facultades pero no cuentan para el título.

---

[2] *Leyes (Derecho)* These two terms are used interchangeably to refer to law. *Licenciatura*, properly a law degree, has more and more come to be used to refer to what is the equivalent of a master's degree in the United States.

Una escuela primaria en San Juan, Puerto Rico. ¿Qué opina Ud. del uso de uniformes en la escuela primaria o en la secundaria?

Comprensión

A. Complete según el texto.

1. El proceso total de formar a un individuo se llama _____.
2. Un curso consiste en varias _____.
3. Cuando un individuo termina su enseñanza secundaria, recibe un _____.
4. Al graduarse de la Facultad de Filosofía y Letras, uno recibe el título de _____.
5. En las universidades hispánicas comienza temprano la _____.

B. Responda a las siguientes preguntas personales.

1. ¿Cuántos años va a tardar Ud. en completar su educación superior? ¿Cuatro? ¿Más? ¿Por qué?
2. ¿Cuándo va a graduarse?
3. ¿Cree Ud. que es mejor especializarse temprano o esperar para estar más seguro (a)?
4. ¿Le parecen los estudios de su universidad muy, poco o nada difíciles?

III. La organización de la enseñanza hispánica

Aunque sería imposible describir en detalle todos los sistemas de enseñanza de los países hispánicos, se puede dar una idea general de éstos.

5 Hay jardines de infancia que aceptan alumnos desde los dos o tres años hasta los seis. Este nivel se clasifica generalmente como «educación infantil» pero no es obligatoria y relativamente pocos niños 10 asisten.

La enseñanza primaria abarca desde los seis años hasta los doce. En la mayoría de los países hispánicos es obligatoria y gratuita. Termina con un certificado de sexto grado.

15 La próxima etapa es la de los «colegios» o «liceos».[3] La enseñanza media o secundaria en Hispanoamérica generalmente se divide en dos ciclos que suman cinco o seis años en total. Por lo general el primer ciclo, o ciclo 20 básico, termina en el bachillerato elemental o general y el segundo en el bachillerato. Este segundo ciclo representa una preparación más especializada para una carrera profesional.

En muchos sistemas existen escuelas 25 separadas especializadas para comercio, para maestros y para las fuerzas militares. Estas escuelas comienzan por lo general después de la escuela primaria, o sea a los trece o catorce

jardines (*m*) de infancia *kindergartens*

abarca *covers*

sexto *sixth*
colegios *high schools*
liceos *high schools*

---

[3] «*colegios*» *o* «*liceos*» The European system of names is used both in Spain and Spanish America. Many universities have their own *colegios* to prepare students for entrance. The «*bachillerato*» is difficult to compare to the U.S. system.

años. Esto requiere una decisión
30 relativamente temprana sobre el destino del
alumno.

Las materias de la escuela primaria son
las mismas que en los Estados Unidos:
idiomas, matemáticas elementales, estudios   idiomas (m) *languages*
35 sociales (historia y geografía, tanto nacional
como universal), ciencias naturales, ciudadanía,   ciudadanía *civics*
higiene y estética (arte y música). Hay
generalmente también cursos de desarrollo
moral y social que tienen el propósito de   propósito *purpose*
40 transmitirles valores personales a los niños.

El día escolar en la escuela primaria es
generalmente más corto que en los Estados
Unidos: dura cinco horas en vez de seis. Sin   en vez de *instead of*
embargo, la enseñanza tiende a ser más
45 concentrada durante este tiempo. Algunas
materias como la gimnasia o la práctica de la
música y del arte no se incluyen en el
curriculum general.

La enseñanza media o secundaria
50 generalmente inicia la especialización del
alumno. Después de recibir el certificado de la
escuela primaria, los jóvenes eligen entre
varios campos de estudio: las humanidades,
para los que piensen cursar la carrera de
55 maestro o profesor en la universidad; las
ciencias para la ingeniería o la medicina; la
escuela vocacional, etcétera. Por lo general
tienen que aprobar un examen de ingreso o
de selección antes de ser aceptados en la
60 escuela elegida.

Existe en los países hispánicos un
número relativamente grande de escuelas
secundarias militares que dan el título de
bachiller y también un nombramiento a la
65 categoría de oficial en las fuerzas armadas.
Esto casi nunca se hace al nivel universitario
como en los Estados Unidos.

Al igual que en los Estados Unidos,
existen muchas escuelas privadas y religiosas
70 a todos los niveles, en Hispanoamérica y
España. Éstas tienden a proporcionar una

experiencia educativa más sólida, aunque tienen que ofrecer más o menos el mismo curriculum que las escuelas del gobierno.

75 Como en todas partes, las escuelas privadas y religiosas son costosas y sólo los niños de las familias relativamente **acomodadas** pueden aprovecharse de sus excelentes **instalaciones**.

acomodadas *well-to-do*
instalaciones *facilities*

En muchos países hispánicos los
80 exámenes finales en las escuelas secundarias se dan por materia y el alumno recibe una nota final entre 0 y 10. Generalmente el 6 es la nota mínima de aprobación. Si recibe menos de 6 en cualquier materia, tiene que
85 repetirla, pero puede seguir al próximo nivel en las materias aprobadas. Un 10 se califica de «**sobresaliente**» y un 9 de «**notable**» en muchos casos. En algunos países no se acostumbra mucho dar **exámenes parciales**
90 durante el año —el alumno **se juega todo** en la nota recibida en el examen final. Este examen casi siempre tiene al menos una parte oral, en la que el alumno se presenta ante un **tribunal** de profesores que le hacen
95 preguntas sobre la materia en cuestión. Por lo general el alumno tiene muy poca idea del nivel de sus conocimientos antes de ese momento. No es necesario decir que la época de los exámenes, que dura dos o tres
100 semanas, debido al tiempo requerido para los exámenes orales, inspira cierto miedo en el alumno.

sobresaliente *excellent*
notable *very good*
exámenes parciales (*m*)
   midterm exams
se juega todo *everything rides*
   on

tribunal (*m*) *panel*

En casi todos los países hispánicos el sistema escolar se organiza a nivel nacional.
105 Hay, por lo general, un ministerio de educación que, con sus consejeros profesionales, determina la forma que tendrá el sistema en todos los niveles.

Comprensión

A. Responda según el texto.

1. ¿A qué nivel está el colegio en los sistemas hispánicos?
2. ¿Qué materias no tiene el día típico en la escuela primaria?
3. ¿Cuándo comienza la especialización entre humanidades y ciencias?
4. ¿A qué nivel se ofrecen los estudios militares en los sistemas hispanoamericanos?
5. ¿Qué notas se usan en el sistema hispánico?

B. Responda a las siguientes preguntas.

1. ¿Qué opina Ud. de la práctica de los exámenes orales en el sistema hispánico?
2. ¿Qué piensa Ud. del concepto de dar clases sobre el desarrollo moral y social?
3. ¿Piensa Ud. que el fútbol, el arte y la educación física deben ser parte del curriculum de la universidad?
4. ¿Cree que debemos tener un curriculum nacional uniforme? ¿Por qué?
5. ¿Le gustan sus clases generalmente? Explique.

IV. Las universidades en el mundo hispánico

Desde el establecimiento de la Universidad de Salamanca en el siglo XIII hasta la actualidad, la universidad ha ocupado una posición de importancia en la sociedad hispánica. El título universitario de doctor en medicina o licenciado en derecho es muchas veces un símbolo de prestigio más que una preparación práctica. Así que se encuentran en todas las carreras personas que poseen un título profesional que no tiene mucha relación con su verdadera profesión. Además de esto, las facultades se componen en gran parte y a veces casi exclusivamente de profesionales. Invitar a un médico de la comunidad a dar una clase en la facultad de medicina es uno de los honores más grandes que se le puede hacer.

Esta costumbre tiene la ventaja de proveer instrucción práctica especializada y variada. La desventaja es que el médico o abogado sólo se presenta en la universidad tres o cuatro veces a la semana para dar sus clases y tiene poca oportunidad para el contacto fuera de clase, que forma parte importante de la experiencia educativa.

ventaja *advantage*

---

[4] Most administrators feel that the widespread practice of part-time teaching is undesirable: salaries are kept low, teacher-student contact is minimal, rational curriculum planning is difficult, faculty communication is poor, etc. Typically, universities outside large cities have made progress toward establishing a full-time faculty since they have fewer community resources to draw on. The same prestige factor which induces eminent physicians and attorneys to teach for very little pay makes eliminating the practice difficult. In the humanities, it is not uncommon for a professor to have three or four different schools to go to each day.

La mayoría de las universidades
mantiene cierta autonomía sobre sus asuntos
internos aunque, como en cualquier país,
existen presiones sociales. Por lo general el
30 sistema de universidades se encuentra bajo la
jurisdicción del gobierno nacional, y no bajo
la de los estados o provincias. Aun cuando
hay centros provinciales, están obligados a
seguir el curriculum de la universidad
35 nacional si quieren que sus títulos sean
legalmente válidos. Esta práctica refuerza el
control que ejerce el gobierno federal sobre el
sistema entero. Sólo las universidades
privadas, que casi siempre son religiosas,
40 tienen algo de libertad en el campo de la
experimentación educativa. Esto ha resultado
en la creación y expansión de las
universidades católicas en el mundo
hispánico. Éstas han sido centros de
45 innovación y modernización en muchos de los
países.[5]

En la mayoría de las universidades
hispánicas la matrícula es casi gratuita y por
eso teóricamente accesible a todos. En la
50 práctica, sin embargo, los jóvenes pobres
tienen que trabajar para ganarse la vida.
Además, los exámenes de ingreso muchas
veces requieren preparación especial que sólo
puede ser alcanzada por medio de colegios
55 privados.

presiones (f) *pressures*

refuerza *reinforces*

ingreso *entrance*

alcanzada *gained*

---

[5] Many administrative and curricular reforms are impossible in the traditional universities due to several factors mentioned. The tenure system in which one professor is chosen in each subject for a life term stifles change. The private universities can avoid some of these problems as can new public institutions.

Comprensión

A. Elija la respuesta que mejor complete la oración según el texto.

1. La Universidad de Salamanca fue creada...
   a. en el siglo XX.
   b. antes de Cristo.
   c. en el siglo XIII.

2. Los profesorados hispanos se componen en gran parte de...
   a. profesores.
   b. mujeres.
   c. profesionales.

3. Últimamente las universidades católicas han sido centros de...
   a. desestabilización.
   b. experimentación educativa.
   c. control momentario.

4. Generalmente las universidades son controladas a nivel...
   a. local.
   b. nacional.
   c. católico.

B. Responda a las siguientes preguntas.

1. ¿La universidad a la que Ud. asiste queda bajo el control del gobierno o de una organización nacional, estatal o local? Explique.
2. ¿Qué ventajas y desventajas tiene su sistema?
3. ¿Es fácil o difícil ingresar en su universidad? ¿Por qué?
4. ¿Cuál es el departamento más famoso de su universidad? ¿Por qué?
5. ¿Cuáles son las ventajas y desventajas de una universidad privada?

V. *La vida estudiantil*

Se puede decir que los estudiantes
universitarios forman una clase aparte.
Tienen más contacto que el resto de la
población con las actividades políticas de la
5 nación y del mundo. Están más conscientes
de los problemas y de sus posibles soluciones.
Durante el siglo XX esta conciencia a veces se
ha manifestado en forma de actividades
importantes para la política nacional. En
10 algunas ocasiones el resultado ha sido la
violencia, como ocurrió durante las
manifestaciones de los estudiantes mexicanos
en Tlatelolco en 1968.[6] En Hispanoamérica
los estudiantes universitarios participan
15 activamente en el gobierno de la universidad;
por lo general mucho más que sus colegas
norteamericanos. La primera manifestación
estudiantil del siglo XX fue el movimiento de
la reforma universitaria iniciado en la
20 Universidad de Córdoba, Argentina, en 1918.
Rápidamente se extendió por el continente y
en muchos centros se convirtió en un nuevo
sistema de gobierno universitario con mucho
poder en manos de las juntas estudiantiles.

juntas estudiantiles *student councils*

25   Es importante recordar que el sistema
de exámenes finales, donde el candidato se
presenta a fin de curso y el hecho de que la
asistencia a clases no es obligatoria le dejan
al individuo el tiempo necesario para la
30 política. Aunque la mayoría de los cursos son

se presenta a *presents him/herself*

---

[6] *Tlatelolco* A historical plaza in Mexico City where a student demonstration was stopped by the military. A large number of students died—some people claimed as many as 500—although the government vigorously denied it.

de cuatro o seis años, es bastante común
encontrar estudiantes que llevan el doble de
ese tiempo sencillamente porque no han
querido presentarse a los exámenes.

35   Debido a la división de la universidad   Debido a *Due to*
en facultades especializadas, los centros
hispánicos muchas veces no tienen un solo
«campus» como en los Estados Unidos. Los
estudiantes que asisten a la Facultad de
40   Ingeniería, por ejemplo, no toman clases en
otras facultades. Frecuentemente las
facultades están en varias partes de la ciudad
y por eso la vida estudiantil es distinta.

        La mayoría de los estudiantes viven en
45   casas particulares o en pensiones porque
pocas universidades hispánicas tienen
residencias oficiales para estudiantes. Las
pensiones que se encuentran cerca de la
universidad suelen estar llenas de estudiantes   suelen estar *are usually*
50   y así hay cierto contacto entre ellos. Como en
los Estados Unidos, hay cafeterías en las
facultades donde los estudiantes se reúnen   se reúnen *get together*
durante el día.

        Los estudiantes hispánicos también
55   tienen sus actividades sociales —bailes,
fiestas, grupos dedicados a intereses
especiales. Estas actividades son casi siempre
funciones de los estudiantes de una facultad
porque se identifican más fuertemente con su
60   facultad que con la universidad total. Los
grupos musicales, por ejemplo, llamados
«tunas» o «estudiantinas» siempre
representan una facultad.

        Algunas universidades nuevas y las que
65   se han reconstruido en el siglo XX a veces sí   reconstruido *rebuilt*
tienen su «campus» general, pero la falta de   sí tienen *do have*
residencias y el hecho de que están   hecho *fact*
generalmente ubicadas en un centro urbano,   ubicadas *located*
no apoyan ese sentido típico de muchas
70   universidades norteamericanas de ser el
centro de la vida del estudiante. El sentido
algo apartado del «campus» ubicado en el   algo apartado *somewhat apart*
medio rural o en un pueblo pequeño, como

en muchos casos de universidades
75 norteamericanas, es muy raro en el mundo
hispánico. La universidad no tiene ni quiere
tener una función social en la vida del
estudiante. Después de todo, no fomenta el   *fomenta* foster
concepto de la carrera universitaria como una
80 época definida en que el estudiante deja al   *deja al lado* leaves aside
lado la vida real. Se limita la universidad
hispánica a su función pedagógica.
      El sistema de enseñanza se crea como
reflejo de los valores sociales del país, pero   *reflejo* reflection
85 puede constituir una fuerza que actúa sobre
esos mismos valores para cambiarlos o para
modificarlos. Aunque la organización y la tradición del sistema son conservadoras, el proceso
de educar a los jóvenes es revolucionario y crea
90 las condiciones propias para el cambio.   *propias* appropriate

Comprensión

A. Responda según el texto.

    1. ¿Por qué son una clase aparte los estudiantes universitarios?

    2. ¿Qué ocurrió en la Universidad de Córdoba en 1918?

    3. ¿Por qué es facil tomar mucho tiempo para terminar la carrera en la universidad hispánica?

    4. ¿Por qué no es necesario tener un «campus» en las universidades hispánicas?

    5. ¿Cómo son diferentes las universidades hispánicas y las norteamericanas en cuanto a la función social?

B. Responda a las siguientes preguntas.

    1. ¿Cree Ud. que es bueno tener residencias para estudiantes en las universidades? ¿Por qué?

    2. ¿Dónde y cómo vive Ud. mientras asiste a la universidad?

    3. ¿Por qué vive donde vive?

    4. ¿Está contento(a) o quisiera mudarse?

    5. ¿Cree que es mejor que un(a) estudiante universitario(a) viva en casa con sus padres? Explique.

Práctica

I. Ejercicios de vocabulario

A. Indique la palabra que corresponde a la definición.

1. una sección profesional de la universidad	a. bachillerato
2. los profesores	b. colegio
3. curso de estudios secundarios	c. aprobar
4. el conjunto de materias que llevan al título	d. profesorado
5. la escuela secundaria	e. educación
6. lo que estudian los abogados	f. facultad
7. salir bien en el examen final	g. autonomía
8. grupo de profesores que juzgan el examen	h. curso
9. el control sobre sus propios asuntos	i. derecho
10. proceso de formar un adulto	j. tribunal

B. Dé la forma apropiada de la palabra entre paréntesis.

Modelo → pagamos la (matricularse) *matrícula*

1. el día (escuela) _____
2. la asistencia (obligar) _____
3. la enseñanza (segundo) _____
4. un grupo (estudiante) _____
5. la investigación (ciencia) _____

C. Indique los sinónimos.

1. colocar	a. derecho
2. leyes	b. lugar
3. crecer	c. aumentar
4. enseñanza	d. asentar
5. excelente	e. por separado
6. entrada	f. ingreso
7. aparte	g. instrucción
8. sitio	h. sobresaliente

D. Complete con una palabra relacionada a la palabra entre paréntesis.

Modelo → (especializarse)
¿Cuál es tu *especialización*?
El curso de programación informática es muy *especializado*.

1. (conocer)
   a. Es el _____ profesor de español.
   b. Se dedica a aumentar los _____ tecnológicos.
   c. Yo lo _____ en la escuela secundaria.

2. (autorizar)

    a. Necesita la _____ del profesor.

    b. Es un acto _____ ante la ley.

    c. ¿Quién _____ este movimiento?

3. (educar)

    a. Hay necesidad de reforma _____.

    b. Los padres tienen la responsabilidad de _____ al niño.

    c. Muestra su mala _____.

4. (obligar)

    a. Cumple con sus _____.

    b. Es una clase _____.

    c. Se vio _____ a repetirla.

II. Puntos de contraste cultural

1. ¿Cuáles son algunas implicaciones de la diferencia de modelos universitarios entre el mundo hispánico y el mundo anglosajón?

2. ¿Qué implica el hecho de que se distingue entre educación y enseñanza en la cultura hispánica?

3. ¿Qué diferencias hay en el curriculum secundario de los dos sistemas?

4. ¿Qué significan las diferencias entre la vida estudiantil hispánica y la de los estudiantes norteamericanos?

III. Debate

Organice dos equipos para que ataquen o apoyen esta resolución.

    Las universidades no deben cobrar matrícula, sino que deben ser mantenidas por el estado.

IV. El arte de escribir: exposición (segunda parte)

Este segundo tipo de exposición no es muy diferente al tipo que vimos en la unidad anterior. Es cuestión de explicar su opinión o su visión de algún tema. Frecuentemente se pueden usar las técnicas siguientes: los ejemplos aclaran las ideas, la descripción es más detallada, hay una comparación o un contraste con algo que el lector ya conoce, etcétera.

    Generalmente la exposición es un modo de escribir algo formal. Por eso requiere alguna distancia de la personalidad del autor, y es común el uso de la voz pasiva y de las expresiones impersonales. Es de notar que la exposición no trata de convencer al lector que acepte su opinión, sino claramente explicarla. Sugiere también el uso de un tono neutral y una actitud objetiva de parte del autor.

    Ahora, con unos compañeros de clase, escoja las oraciones que son y las que no son apropiadas para una exposición. En el caso de las que no son apropiadas trate de cambiarlas.

1. ¡Ojalá que creas lo que te voy a decir!

2. Es obvio que se trata de una opinión personal.

3. Siempre he pensado que eso es indudable.

4. No dejes de leer ese libro.
5. ¡Qué película más fenomenal!
6. Muchas personas comparten esta opinión.
7. Es necesario entender el origen de esta idea.
8. Esta pintura es muy divertida en su tema.

Ahora, escriba Ud. una exposición sobre una opinión o una interpretación suya de una obra de arte, una película o una novela.

V. Ejercicio de composición dirigida

Dé su opinión personal, utilizando las palabras apropiadas de la lista.

1. la elección de la carrera a los dieciséis años
   (temprano, arrepentirse, decidirse, joven, maduro, equivocarse, malgastar)
2. la educación vocacional y el estudio de filosofía y letras
   (útil, trabajo, dinero, moralidad, desarrollo, ampliar, mundo)
3. el poder estudiantil contra el poder del profesorado
   (equilibrio, contribución, joven, anciano, exámenes, notas, sistema, democrático)
4. el costo de la educación superior
   (público, privado, impuestos, matrícula, bien social, mejora personal, gratuito, gobierno)

VI. Las noticias

Haga Ud. un resumen de cada uno de estos artículos.

Gabriel vive a 6.000 kilómetros del colegio

El pasado miércoles, 55.467 niños almerienses
iniciaron el curso escolar. Estaban todos
menos uno. Faltaba Gabriel, de siete años,
residente en un cortijo de Félix con sus
5   padres y su hermana de cuatro. Gabriel se ha
convertido en el protagonista involuntario de
un pulso familiar al sistema educativo. Sus
padres rechazan la disciplina, el autoritarismo
y la competitividad que, en su opinión, puede
10 fomentar entre los pequeños. Ellos creen en
la educación basada en la creatividad y
libertad del niño. Por esa razón han
matriculado a Gabriel en un centro
norteamericano para que siga los estudios
15 desde casa, a través de Internet. La Junta de
Andalucía[7] está convencida de que causará un
daño irreversible en el menor y trata de
impedirlo con todos los medios legales.
     A Gabriel le gusta parar balones cuando
20 juega al fútbol, leer a Mortadelo y disfrazarse
de rey Arturo para explorar las montañas que
rodean su casa de Félix, un pueblo almeriense
de 582 habitantes con calles encaladas que
huelen a jazmín. A Gabriel le gusta todo eso y
25 jugar con los Teletubbies de su hermana
Mariana. Pero ahora ya no quiere salir a la
calle y se despierta sobresaltado a media
noche. Y es que este niño de siete años,

Glosas (margen derecho):

almerienses *from the Spanish province of Almería*

cortijo *farm*
Félix *small town near Almería*

pulso familiar *family challenge*
rechazan *reject*

fomentar *promote*

menor *child, minor*
impedirlo *to stop it*
parar balones *to stop balls*
Mortadelo *a Spanish comic*
disfrazarse *dress up as*

encaladas *whitewashed*
huelen a *smell like*

sobresaltado *startled*

---

[7] *Junta de Andalucía* This is the regional government of Andalucía. It is similar in powers and jurisdiction to a U.S. state government.

delgadito y algo pálido, está viviendo el peor
30 verano de su vida: en julio perdió a su
abuelo, en agosto se sometió a una operación
de peritonitis y ahora se encuentra envuelto
en un tremendo lío educativo que le afecta
pero que no comprende.
35   Su madre, Lola, una traductora de
inglés autodidacta, y su padre, Gabriel, dueño
de un pequeño taller de reparación de
televisores en Roquetas de Mar, han decidido
que estudie por Internet en un colegio de
40 Boston (Estados Unidos) que responde a su
ideal de enseñanza. La matrícula del niño en
Clonlara School, a 6.000 kilómetros de
distancia de su casa almeriense, ha
revolucionado a las autoridades educativas,
45 dispuestas a agotar todas las vías legales con
tal de impedir lo que consideran un disparate
pedagógico que perjudicará irremediablemente
al niño.
    Él no dice nada. Mira a los adultos con
50 recelo y se esmera en los trabajos manuales.
El pequeño Gabriel sabe leer, escribir, manejar
el ordenador y pintar al óleo a pesar de no
haber pisado nunca una escuela. Su madre
dice que ha aprendido a su ritmo, sin
55 esforzarse, cuando ha querido y cómo le ha
venido en gana. Ésa es justamente la esencia
de la doctrina del maestro norteamericano
John Holt, fundador del movimiento
Aprender sin escuela, del que Lola y su
60 marido son fervientes defensores.
    ...Gabriel no ha recibido ni una sola
indicación de sus padres sobre lo que debe
aprender, cómo o cuándo hacerlo. La madre se
limita a animarle a correr y a hacer gimnasia
65 por la mañana. Después el pequeño pasa el
resto del día como quiere. El niño desarrolla
su creatividad dibujando, pintando y
esculpiendo pequeñas piedras. Lola nunca
interfiere, ni siquiera impone horarios. «Come
70 y cena cuando lo desea. Ni antes ni después».

---

se sometió *underwent*

lío *fuss*

autodidacta *self-taught*

Roquetas de Mar *nearby coastal town*

dispuestas a agotar *prepared to exhaust*
disparate *folly*
perjudicará *will damage*

recelo *suspicion*
se esmera *concentrates*

haber pisado *having set foot in*

le ha venido en gana *as he felt like it*

esculpiendo *sculpting*

Los representantes locales de la Junta de Andalucía creen que los padres de Gabriel obran de buena fe, pero opinan que están equivocados. «No consentiremos que arruinen
75 la vida de ese niño», aseguran. Y para ello están dispuestos a hablar con la familia y, si no da resultado, recurrir a la policía local para que Gabriel acabe sentado en el pupitre.

obran *are acting*

recurrir *have recourse*

El País Digital (Madrid)

Los sin clase
Varias familias españolas no escolarizan a sus hijos y los educan en sus propias casas

El caso de Gabriel, el niño de Almería que, con siete años, está sin escolarizar porque sus padres han preferido enseñarle con la ayuda de Internet, ha despertado gran preocupación
5 en la comunidad educativa. También ha desvelado la existencia de una red de familias que han optado por este tipo de educación para sus hijos,... Hay divergencias en la interpretación de la ley en estos casos, y las
10 autoridades aseguran que no conocen estas situaciones.

Como Grabriel hay al menos dos decenas más de niños en España en esta situación cuyos padres llevan años organizando
15 congresos para exponer su opción educativa. La situación de estos niños sin clase es muy peculiar: no han pisado ni una sola vez un colegio, pero no están desatendidos.

En la Confederación Española de
20 Asociaciones de Padres de Alumnos (CEAPA)[8], tampoco les consta que exista algún caso así. Su vicepresidenta, Isabel Rodríguez González, mantiene que «el mayor logro de este siglo ha sido la universalización del derecho a la
25 educación. Cuando no era así recibían una educación en sus casas aquellos que podían permitirse tener profesores particulares, y eso marcaba una diferencia de clases. En estos momentos me parecería un retroceso; no sería
30 positivo».

El País Digital (Madrid)

escolarizan *send to school*

desvelado *uncovered*
red *network*

dos decenas *twenty*

no han pisado *haven't set foot in*
están desatendidos *they aren't breaking the law*
tampoco les consta *it's not apparent*
logro *achievement*

particulares *private*

retroceso *setback*

---

[8] CEAPA an organization similar to the PTA in the U.S.

VII. Situación

Imagínese Ud. que puede cambiar de lugar con uno(a) de sus profesores(as). ¿Con cuál cambiaría? ¿Por qué? Ahora, su profesor(a) es «estudiante». ¿Cómo lo(la) va a tratar? ¿Cómo va a tratar a los estudiantes en general? ¿Da Ud. muchos exámenes? ¿Qué les va a decir el primer día de clase?

La ciudad en el mundo hispánico

La mayoría de la gente de Caracas, Venezuela vive en rascacielos como éstos. ¿Prefiere Ud. vivir así o en una casa aparte? ¿Cuáles son las ventajas y desventajas de los dos modos?

Vocabulario útil

Estudie estas palabras antes de leer el ensayo.

Verbos

almorzar (ue)   *to eat lunch*
asociar   *to associate*
atraer   *to attract*
fundar   *to found, to create*
provenir (ie)   *to come from*
reunirse   *to meet, to join with*
rodear   *to surround;* rodeado de
   surrounded by

Sustantivos

el almuerzo   *lunch*
el banco   *bank, bench*
el barrio   *neighborhood, area of a city*
la compra   *purchase;*
hacer compras   *to shop;*
ir de compras   *to go shopping*

el centro   *center; downtown*
la esquina   *corner (outside)*
el lazo   *tie, connection*
el museo   *museum*
el núcleo   *nucleus, center*
el piso   *floor, story (of a building)*
la población   *population*
el recuerdo   *memory*
el sabor   *flavor, taste*
la soledad   *solitude, loneliness*
el tesoro   *treasure*
el, la vecino, -a   *neighbor, resident of*
   a "barrio"

Adjetivos

antiguo, -a   *old, antique*
campestre   *rural*

Trabajen en parejas, o como indique su profesor(a), para hacer y contestar estas preguntas usando el vocabulario de la lista para descubrir algo sobre sus compañeros de clase.

1. ¿Cómo es la ciudad en que tú vives (o en que naciste)? ¿Qué población tiene? ¿Está rodeada de otras ciudades pequeñas o de tierras campestres? ¿Qué sabes de su historia? ¿Sabes cuándo fue fundada? ¿Cuántos pisos tiene el edificio más alto? ¿Es muy antigua?

2. ¿Te gusta ir de compras? ¿Vas frecuentemente de compras en el centro o prefieres hacer compras en tu barrio? ¿Dónde te reúnes con tus amigos? ¿Almuerzas frecuentemente con ellos?

3. ¿Tienes buenos recuerdos de alguna ciudad? ¿Has vivido en un barrio con un nombre propio? ¿Conociste a muchos vecinos de tu barrio? ¿Crees que es mejor que los vecinos se conozcan?

Enfoque

Según los historiadores, las primeras ciudades de la región mediterránea nacieron de la alianza de varias tribus motivadas por necesidades económicas, sociales y religiosas. Las descripciones de la fundación de las grandes ciudades como Atenas y Roma siempre hacen hincapié en el aspecto religioso: se consultaba con los dioses para saber dónde se debía construir la ciudad. Lo primero que se hacía era consagrar el lugar a un dios cívico, lo que creaba lazos permanentes para la gente, que así no podía abandonar la ciudad. El templo, las ceremonias, los sacerdotes, todo se relacionaba con el lugar. Para los pueblos antiguos la ciudad era el centro de su religión y la razón principal de su existencia. Ésta es la tradición en que se formó la sociedad española.

hacen hincapié en emphasize

consagrar to consecrate

Las grandes ciudades indígenas de América tuvieron orígenes semejantes. Tenochtitlán, el centro de la civilización azteca, fue establecido en el lugar indicado por un dios. Los aztecas eran una tribu del norte que había vagado por el valle de México, llamado Anáhuac («cerca del agua»), hasta que recibieron la visión maravillosa de un águila, con una serpiente en la boca, posada sobre un nopal. Allí se pararon y construyeron su ciudad sobre un lago, poniendo las casas sobre largas estacas.

vagado wandered

águila eagle
posada perched
nopal (m) cactus
estacas stakes, sticks

La ciudad ejerció siempre una gran atracción sobre el pueblo como el centro de lo bueno de la vida. Esta atracción aumentó durante el Renacimiento europeo[1] con el nuevo papel comercial que asumieron las grandes ciudades mediterráneas.

En esta lectura vamos a examinar algunas de las grandes ciudades hispánicas y las actitudes de los hispanos hacia la vida urbana.

---

[1] *Renacimiento europeo* The Renaissance (or rebirth of classical culture after the Middle Ages) during the 14th and 15th centuries also marked the rise of the city in Western civilization. Cities were centers of culture and, because of the rise of the banking and export-import systems, they became commercial centers of great economic power.

Anticipación

¿Conoce Ud. una ciudad hispánica? Con un(a) compañero(a) de clase, haga una lista de todas las ciudades hispánicas posibles. ¿Cuáles son algunas características de cualquier ciudad grande? ¿Cuáles son las ventajas y las desventajas de la vida urbana?

I. Las ciudades del mundo hispánico

Desde la dominación romana, la historia de
España ha sido una historia de ciudades. El
concepto romano —y por lo tanto
occidental— de civilización se ve en la raíz
5 de la palabra misma: *civitas,* que se refería a
las asociaciones religiosas y políticas que
formaban las asambleas de familias y tribus.
En otras palabras, la «civilización» es el
resultado de la ciudad. El espacio en el cual
10 se juntaban las asambleas se llamaba *urbs,* de   se juntaban *gathered*
donde proviene la palabra «urbano».

En la península ibérica, los romanos
utilizaron los centros de población ya
existentes, y éstos vinieron a ser los lugares
15 más importantes. Allí se situaron primero las   situaron *situated*
autoridades romanas y después el senado y   senado *senate*
los centros culturales y recreativos.

Las invasiones germánicas no cambiaron
mucho esta situación. Los visigodos se
20 adaptaron a la forma de vida romana, aunque
tenían más interés en la sociedad rural del
feudalismo. La única ciudad importante de la
época visigoda era Toledo, que fue la primera
capital de la península. Esta ciudad simboliza
25 la gloria medieval de España.

Cuando los árabes invadieron España
ocuparon las ciudades que encontraron, pero
establecieron su centro en la ciudad sureña   sureña *southern*
de Córdoba. Gran parte de esta culta y   culta *cultured*
30 brillante ciudad fue destruida durante la
Reconquista por ser símbolo del poder
islámico. Sólo queda la mezquita principal   mezquita *mosque*
como recuerdo de su pasado glorioso. Un poco
más al sur de Córdoba está la ciudad de
35 Granada, donde se encuentra la Alhambra, el

magnífico palacio de los reyes moros. Los
viajeros extranjeros, entre ellos Washington
Irving, se han maravillado ante esta creación
de formas geométricas y abstractas
40 comparable sólo con el Taj Mahal de la India.

    La capital actual, Madrid, sólo comenzó
a ocupar un lugar de importancia en la vida
española en el siglo XVI. Fue Felipe II el que
trasladó la corte de Toledo a la comunidad de
45 Majrit en 1560, a fin de observar la
construcción de su propio monumento, El
Escorial.[2] Felipe quería situar la capital en el
centro para afirmar la unidad nacional,
concepto bastante tenue en aquella época. En
50 poco tiempo Madrid se convirtió en el núcleo
de la vida nacional.

    Hoy día Madrid es una ciudad de 4,1
millones de habitantes que sintetiza la
cultura moderna española. La historia de
55 España se refleja en la Plaza Mayor,[3] que
recuerda los primeros años de la ciudad, en el
Palacio Real y en la Plaza de España, rodeada
de rascacielos modernos. En el Museo del
Prado y en El Escorial se encuentra el tesoro
60 artístico de España: obras no sólo de artistas
españoles sino también de holandeses e
italianos de los siglos XVI y XVII, cuyos países
formaban parte del Imperio español.

    Otra ciudad española que floreció en el
65 siglo XVI fue Sevilla. Ésta simboliza la España
romántica de Carmen, de Don Juan, de los
gitanos. La imagen española más conocida en
el resto del mundo, y que generalmente se
reproduce en los afiches de viajes,

viajeros *travellers*
maravillado *marveled*

tenue *tenuous*

sintetiza *synthesizes*

rascacielos (*m*) *skyscrapers*
tesoro *treasure*

floreció *flourished*

gitanos *gypsies*

afiches (*m*) *posters*

---

[2] *El Escorial* The Moorish name for Madrid was *Majrit*. Felipe II ordered the construction of *El Escorial*, a group of buildings containing a church, a monastery, and a palace, because of a vow made to St. Lawrence (*San Lorenzo*) prior to an important victory over the French in 1557. It is 30 miles northwest of the modern city.

[3] *Plaza Mayor* Virtually all Hispanic cities have a main *plaza* or open space surrounded by government buildings and usually the cathedral. It may be called the *Plaza Mayor* or it may bear the name of some national hero or in Mexico it may be called the *Zócalo*.

70 corresponde a la región de Andalucía en el
sur y a su capital, Sevilla. Esta ciudad, que
perteneció al reino árabe desde 712 hasta
1248, experimentó su verdadero florecimiento
en el siglo XVI, época en que fue el principal
75 puerto fluvial de España. Después del   **puerto fluvial** *river port*
descubrimiento de América, Sevilla se
convirtió en el centro de las grandes casas
comerciales que financiaban las nuevas
expediciones. Atrajo a gente de toda Europa y   **Atrajo** *It attracted*
80 su nombre se llegó a asociar con lo exótico, lo
romántico y lo misterioso.

    Sevilla ha mantenido esa personalidad
hasta hoy. Triana, barrio gitano, el
espectáculo de la Semana Santa[4] la famosa
85 feria[5] traen el recuerdo del pasado romántico.
Velázquez y Murillo nacieron en Sevilla, y la
catedral del siglo XV, uno de los mayores
edificios góticos del mundo, contiene muchos   **góticos** *Gothic*
de los tesoros traídos del Nuevo Mundo.

90   Otra ciudad española importante es
Barcelona, un puerto comercial mediterráneo.
Es el punto de contacto entre España y
Europa y por eso es la ciudad más europea del
país. Su importancia data de la revolución
95 industrial del siglo XIX.

    Barcelona se encuentra en la región de
Cataluña. Esta región simboliza la
independencia e individualismo del carácter
español. A pesar de los esfuerzos del gobierno   **A pesar de** *In spite of*
100 del dictador Franco por imponer el idioma
castellano, el catalán, que es una lengua

---

[4] *la Semana Santa* Holy Week is traditionally one of the more elaborate spectacles in Spain, with religious processions and ceremonies. In Sevilla the passion and fervor of this period are considered to be unequaled anywhere in the world.

[5] *famosa feria* Just as Holy Week is observed with religious fervor, the *feria* or fair of Sevilla which follows it, is characterized by a similar, though secular, intensity. Ten square blocks of colorful private booths, a large carnival and numerous restaurants are constructed and serve as the scene of ten days of constant partying. By day the grounds are filled with men and women on horseback or in horse-drawn carriages, dressed in typical costumes. The origin of the *feria* was a stock show, but it has become the major festival of the year for the *sevillanos*.

distinta, todavía dominaba en las calles de
Barcelona. Los conocidos pintores Miró y Dalí
se consideraban catalanes antes que
105 españoles. Ahora que el gobierno de España
es democrático, el catalán se habla
oficialmente en toda Cataluña.

Barcelona se enorgullece de su
modernidad, mientras que Sevilla pone
110 énfasis en su pasado romántico y Madrid en
sus tradiciones reales e imperiales. Son tres
ciudades que muestran claramente la
diversidad de la España de hoy.

Con la importancia de la ciudad, tanto
115 en la península ibérica como en las culturas
indígenas, era natural que durante la
colonización se pusiera mucho énfasis en los
centros urbanos del Nuevo Mundo. México y
Lima eran las ciudades principales de las
120 colonias, pero Buenos Aires no tardó en
cobrar suma importancia comercial. La
Habana, Caracas, Bogotá y Santiago de Chile
asumieron su verdadera importancia en el
siglo XIX, pero México, Lima y Buenos Aires
125 contienen el pasado colonial.

México fue construida, en un acto
simbólico, encima de Tenochtitlán, la capital
azteca. Al excavar una ruta del tren
subterráneo en los años sesenta los
130 trabajadores encontraron un templo azteca
que hoy se conserva en una parada del metro
—buen símbolo de cómo coexisten lo nuevo y
lo antiguo en México.

México siempre ha sido la ciudad
135 principal del país y tiene áreas identificadas
con cada época de su historia, como las casas
de hidalgos coloniales en la calle Pino Suárez
cerca de la Plaza Mayor, llamada también el
Zócalo, donde se encuentra tanto la Catedral
140 como (desenterrado recientemente) el Templo
Mayor del imperio azteca.

Al oeste del Zócalo se encuentra la
parte más moderna de la ciudad, casas del
siglo XIX y edificios modernos como la Torre

se enorgullece de *takes pride in*

suma *extreme*

metro *subway*

hidalgos *minor nobles*

desenterrado *unearthed*

145 Latinoamericana, que posee un sistema
hidráulico que mantiene la presión del agua
en que flota el rascacielos de 43 pisos para
que no se hunda.[6] Más al oeste hay un
recuerdo de la época del emperador
150 Maximiliano,[7] el Paseo de la Reforma, una
calle ancha con grandes árboles al estilo
europeo. Conduce al Parque de Chapultepec,
un lugar popularísimo con las familias
capitalinas los domingos por la tarde. El
155 Parque también contiene el magnífico Museo
Nacional de Antropología, construido en este
siglo para conservar el pasado indígena de la
nación.

   Al sur está la Ciudad Universitaria con
160 sus pinturas murales dentro de la tradición de
Rivera, Orozco y Siqueiros, lo cual crea una
vista impresionante para los casi 200.000[8]
estudiantes y 26.000 profesores.

   La capital del Perú moderno, Lima,
165 también muestra el pasado lejano pero con
una importante diferencia: los incas
establecían sus centros urbanos en las
montañas y los españoles preferían la costa.
Por eso en 1535 abandonaron Cuzco, en los
170 Andes, que había sido la primera capital.
Lima, entonces, no fue construida sobre las
ruinas de una ciudad indígena. Lima fue
llamada la Ciudad de los Reyes por el

---

[6] *para que no se hunda* The water-filled subsoil of Mexico City has allowed many buildings to sink—
up to fifteen feet in some cases. A $50 million project to prop up the large cathedral was just suc-
cessfully completed. The city has sunk an estimated 24 feet in the 20th century.

[7] *el Emperador Maximiliano* Maximilian of Austria was emperor of Mexico for a short time in the
1860s as a result of a French move to acquire a colony with the help of some misguided Mexican
conservatives who were disenchanted with the liberalism of the government. Maximilian naively
thought the people supported him until he died in front of a firing squad. His beautiful wife,
Carlota, who had urged him to assume the position, went insane. The story is one of the great romantic tragedies of world history.

[8] *200.000 estudiantes* In Spanish, the functions of the period and comma in cardinal numbers are
the reverse of English: e.g., $100.000,00 in Spanish is $100,000.00 in English.

175 conquistador Pizarro. Su nombre actual deriva
de *Rimac,* nombre quechua del río cercano.

       Lo que distingue a Lima hoy es su sabor
colonial. La Plaza de Armas, la más
importante de la ciudad está rodeada de
antiguos edificios e iglesias, y la Plaza de la
180 Inquisición[9] recuerda que Lima fue el centro
de esa institución en la colonia. La iglesia de
Santo Domingo, construida en 1549, contiene
los restos de Santa Rosa de Lima, la primera
religiosa canonizada del Nuevo Mundo. Esta
185 mujer, Isabel de Flores y de Oliva, pasó la vida
ayudando a los pobres y es considerada la
creadora del servicio social en el Perú.

       La capital de la República Argentina,
Buenos Aires, fue fundada en 1536 con el
190 nombre de Puerto de Nuestra Señora de los
Buenos Aires —la santa patrona de los
marineros sevillanos— y fue destruida poco
después por los indios. Aunque fue fundada
por segunda vez, la ciudad no tuvo gran
195 importancia hasta el siglo XVIII, porque
España no permitió que los productos salieran
sino por Lima hasta fines de ese siglo. Cuando
el puerto de Buenos Aires se abrió al
comercio, su posición geográfica le aseguró
200 un crecimiento continuo. Además, la ciudad
fomentó la inmigración de europeos, que
continuó durante un siglo y medio y que dio
a Buenos Aires el carácter único de ser la
ciudad más europea de América. Ingleses,
205 alemanes, italianos, franceses y otros
europeos vinieron en grandes números y se
establecieron en diferentes barrios donde
mantienen hasta hoy muchas costumbres
étnicas y también su lengua nativa. Las
210 lenguas europeas, especialmente el italiano,

quechua *language of the Incas*
cercano *nearby*

creadora *creator*

marineros *sailors*

sino por *except through*

crecimiento *growth*

---

[9] *Inquisición* The Holy Inquisition was a major instrument of the Catholic Church in the Counter-Reformation. Its function was to seek out heretics, and it was frequently marked by violence.

han influido mucho en el español que se
habla en Buenos Aires.

215 La ciudad actual es uno de los grandes
centros comerciales de todo el continente. Es
muy industrializada y tiene las dársenas más   dársenas *docks, wharves*
grandes de Hispanoamérica. Muchos de los
edificios son relativamente nuevos porque el
crecimiento rápido en el siglo XIX trajo la
destrucción de los edificios viejos a fin de   a fin de *in order to*
220 ampliar las calles para el automóvil que   ampliar *to widen*
comenzaba a llenar la ciudad. En 1913 se
inauguró el servicio de subterráneos, uno de
los primeros del mundo. La Avenida 9 de
Julio con sus 480 pies de ancho es la mayor   480 pies (*m*) de ancho *480-foot*
225 del mundo.   *width*
Buenos Aires es el ejemplo perfecto de
la ciudad que sintetiza la nación y la domina
con su poder económico y su energía
perpetua.

Comprensión

A. Responda según el texto.

1. ¿Cuáles son las características principales de Sevillla y Barcelona?
2. ¿Quién estableció Madrid y por qué?
3. ¿Qué tienen en común Granada y Córdoba?
4. ¿Por qué se construyó la Ciudad de México sobre las ruinas de Tenochtitlán?
5. ¿Cómo y por qué fue distinta la fundación de Lima?
6. ¿Cuándo asumió Buenos Aires su puesto de importancia?

B. Responda a las siguientes preguntas.

1. ¿Piensa viajar por el mundo hispánico? ¿Adónde quisiera ir primero? ¿Por qué?
2. ¿Cuál de las ciudades descritas le parece más interesante? ¿Por qué?
3. ¿Le gusta más viajar principalmente por centros urbanos o prefiere el campo y los pueblos pequeños? Explique.
4. ¿Qué elementos de la ciudad atraen al turista? Explique.

En la Feria de Sevilla en el sur de España la gente frecuentemente se viste para montar a caballo. ¿Tenemos en los Estados Unidos alguna fiesta donde la gente se viste con ropa especial?

II. El aspecto físico de la ciudad hispánica

Hay ciertos aspectos físicos casi universales
en la ciudad hispánica típica. En primer lugar,
las grandes ciudades son más antiguas que las
ciudades norteamericanas y retienen por lo
5 tanto un sabor más antiguo. Aun las del
Nuevo Mundo fueron fundadas en el siglo
XVI. Tienden a tener calles estrechas con los   estrechas *narrow*
edificios muy juntos a la calle. Claro que
existen secciones nuevas con calles anchas
10 construidas para el automóvil, pero esto es
más típico de las afueras que del centro de la   afueras *outskirts*
ciudad. Por lo general, ha habido menos
tendencia a derribar los edificios antiguos que   derribar *to tear down*
en los Estados Unidos: se reforman por dentro   se reforman *they are remodelled*
15 y por fuera mantienen su apariencia original.
    Otro aspecto notable de muchas
ciudades hispánicas es la falta de simetría de
las calles: corren en todas direcciones sin
preocuparse por los ángulos rectos, lo cual   ángulos rectos *right angles*
20 crea cruces de una complicación formidable   cruces (m) *intersections*
donde se cruzan seis u ocho calles en un   cruzan *cross*
mismo punto. Tanto en España como en
América continúan el plan europeo de usar
círculos para el tránsito de estos cruces. Los
25 círculos frecuentemente contienen
monumentos, fuentes, estatuas u otros   estatuas *statues*
elementos decorativos.
    En general, las ciudades han crecido
alrededor de una plaza central donde se   alrededor de *around*
30 encuentran la catedral, la casa de gobierno,
los bancos, los negocios grandes y los
mayores hoteles. Se han añadido otras plazas
menores en un patrón al azar, que forman los   patrón al azar *random pattern*

³⁵ centros de los barrios residenciales de la ciudad.

Lo más típico es encontrar alrededor de las plazas menores una iglesia, varias tiendas pequeñas, un café al aire libre, el quiosco de diarios y revistas y otras necesidades de la ⁴⁰ vida de los vecinos. Cada habitante de la ciudad vive a poca distancia de una de estas plazas y es allí donde hace sus compras diarias.

café al aire libre *sidewalk cafe*
quiosco... revistas *newsstand*

La gente en su gran mayoría vive en ⁴⁵ grandes edificios de apartamentos — frecuentemente «condominios», lo que produce una concentración de población relativamente alta. De esta manera las ciudades no se desarrollan como las ciudades ⁵⁰ norteamericanas de igual población. Esta concentración resulta en ciertas ventajas y ciertas desventajas. Las distancias son cortas, el transporte público es muy eficaz y muy usado y es menor la necesidad de un ⁵⁵ automóvil particular. En cambio, el amontonamiento de gente en todas partes, el tráfico abrumador y el ruido callejero pueden ser desagradables. Sin embargo, los habitantes se acostumbran a los aspectos ⁶⁰ negativos y gozan de una vida activa e intensa.

amontonamiento *crowding*
abrumador *overwhelming*
ruido callejero *street noise*

Comprensión

A. Complete según el texto.

1. Tres cosas que se encuentran con frecuencia en los círculos de tráfico son _____.

2. Por lo general, un edificio que se suele ver en la plaza central es _____.

3. Las ventajas de concentrar la población en relativamente poco espacio son _____.

4. Las desventajas son _____.

5. Los habitantes de las ciudades típicamente gozan de una vida _____.

B. Responda a las siguientes preguntas personales.

1. ¿Piensa Ud. vivir en una ciudad después de terminar los estudios? ¿Por qué?

2. ¿Prefiere vivir en una casa o en un apartamento? ¿Por qué?

3. ¿Qué elementos de las ciudades le atraen más?

4. ¿Le gusta la ciudad en que está su universidad? Explique.

5. ¿Utiliza Ud. el transporte público? ¿Por qué sí o por qué no? ¿Hay un sistema bueno donde Ud. vive?

III. La vida urbana

Como se ha dicho anteriormente, la vida
diaria del habitante de una ciudad hispánica
se concentra en el barrio. Es aquí donde es
conocido y donde conoce a sus vecinos.
5 Cuando hace buen tiempo tiene una fuerte
tendencia a salir a la calle en busca de
contacto humano.

    Prefiere hacer sus compras en las
pequeñas tiendas especializadas del barrio.
10 Estas tiendas son comúnmente negocios   negocios *stores*
familiares que pertenecen a una familia local.
Ir de compras, que generalmente se hace a
pie, se convierte en una ocasión social. A la
persona hispánica —gregaria por
15 naturaleza— no le atrae mucho la
anonimidad de los grandes supermercados ni
los grandes almacenes, aunque sí existen   almacenes *department stores*
éstos en todas las ciudades. Los dueños de las
panaderías, carnicerías, pescaderías, fruterías,
20 lecherías, papelerías, tabaquerías, ferreterías,   papelerías *stationery stores*
farmacias, etcétera, consideran parte de su   ferreterías *hardware stores*
servicio el conocer los gustos de sus clientes
regulares y también a las familias de éstos. Es
muy importante charlar un rato con la
25 persona que ha llegado a comprar algo,
especialmente si ha ocurrido un cambio en el
gobierno o la política del momento.

    Generalmente, las personas que tienen
que trabajar fuera del barrio vuelven a casa a   fuera *outside*
30 almorzar. Puesto que es todavía común en
varios países observar la siesta del mediodía,
todo se cierra por unas tres horas después de
la 1:00. Los niños vuelven de la escuela y es
en este período que las familias tienen su
35 comida principal del día.

Lo más importante de este estilo de vida es el sentido de comunidad que se mantiene frente a la gran masa impersonal de las grandes ciudades modernas. En las calles
40 del barrio, o en la plaza, o reunida con los amigos en el café de la esquina, la persona no sufre una crisis de identidad. Aun cuando hace las tareas diarias —ir de compras, ir al trabajo, etcétera— se siente rodeada de
45 vecinos que saben que uno existe y que se preocupan por su bienestar.

bienestar (*m*) *welfare*

La Plaza de Armas de Lima es un ejemplo muy elegante de la arquitectura colonial que caracteriza las ciudades americanas antiguas como Lima y México. ¿Qué será ese edificio a la izquierda de la foto?

En la Plaza de Mayo, Buenos Aires, se puede ver la Casa Rosada, la residencia oficial del presidente de la Argentina. Su diseño está basado en el de la Casa Blanca de Washington, D.C. ¿Por qué usarían la Casa Blanca como modelo?

Comprensión

A. Decida si las siguientes frases son verdaderas o falsas.

1. En la ciudad hispánica los vecinos raramente se conocen.
2. A la persona hispana le gustan las tiendas pequeñas.
3. Para la mayoría de los hispanos la comida más importante se come un poco después del mediodía.
4. En el mundo hispánico la vida social en el barrio no tiene importancia.

B. Responda a las siguientes preguntas personales.

1. ¿Conoce Ud. a muchos de sus vecinos? Explique.
2. Cuando Ud. va de compras, ¿prefiere las tiendas pequeñas o los almacenes grandes? ¿Por qué?
3. ¿Va Ud. de compras frecuentemente? Explique.
4. ¿Qué cosas le gusta comprar? ¿Qué no le gusta comprar? ¿Por qué?

IV. El significado de la ciudad en el mundo hispánico

Un artículo en el periódico *El Mundo* de San Juan, Puerto Rico, dice así: «La más grande empresa de creación de ciudades llevada a cabo por un pueblo, una nación o un imperio
5 en toda la historia, fue la desarrollada por España en América a partir de 1492, que llenó un continente de ciudades...» dice Fernando Terán, catedrático de Urbanismo... Las estadísticas indican que hasta
10 recientemente la tasa de crecimiento de las ciudades llega al doble de la de la población total. Fuera de los problemas obvios, como la incapacidad de los centros urbanos de asimilar a tantas personas, el desempleo, la
15 pobreza y el descontento social resultantes, existen otros factores negativos. El éxodo de gente del campo es cada vez más grave: España, antes predominantemente rural, sólo cuenta hoy con una fuerza agrícola del 20%
20 de los trabajadores. Esta gran migración también efectúa cambios profundos en algunas de las antiguas instituciones de la cultura: la familia, la Iglesia y la moral tradicional pierden algo de su importancia
25 cuando las personas cortan sus raíces rurales para mudarse a los centros urbanos.
    Debido a la experiencia de los setenta y cinco primeros años del siglo XX, los expertos en cuestiones de población predecían
30 números espantosos para el fin del siglo. Esperaban contar, por ejemplo, unos 30 millones de habitantes en la Ciudad de México. Ocurre, sin embargo, que en la

empresa *enterprise*
llevada a cabo *carried out*
imperio *empire*
desarrollada *developed*
a partir de *starting in*

estadísticas *statistics*
tasa *rate*

asimilar *to assimilate*
resultantes *resulting*

cortan *cut*
mudarse *to move*

mayoría de los países ha bajado la tasa de
35 crecimiento de la población en general y por
eso tampoco crecen tan rápidamente las
ciudades. Según las estadísticas oficiales, por
ejemplo, México, entre 1987 y 1992, recibió
404.000 residentes nuevos, mientras perdió
40 586.000 habitantes. Desafortunadamente, los
residentes más cómodos económicamente son
los que se pueden mudar mientras que los
pobres no tienen tal oportunidad. El dilema
es obvio. Si el gobierno mejora las
45 condiciones de los servicios sociales,
viviendas, trabajos, etcétera, atraerá a más
gente. Además quedaría sólo un 20% de la
población del continente para producir los
comestibles necesarios para el otro 80%, lo
50 que sería difícil aun con los métodos más
mecanizados de agricultura.

    En el siglo XIX un argentino, Domingo
Faustino Sarmiento,[10] formuló una
interpretación de la sociedad
55 hispanoamericana a través del conflicto entre
«la civilización y la barbarie». Con la   barbarie (f) *barbarism*
«civilización», Sarmiento identifica la ciudad
de Buenos Aires y con la «barbarie» la pampa
argentina. Este concepto sirvió como base del
60 pensamiento hispanoamericano durante todo
un siglo. La actitud hispánica hacia la ciudad
como centro de la civilización todavía existe
como valor básico de la vida, y como lo dijo
hace más de un siglo Sarmiento: «...
65 veremos... la campaña sobre las ciudades, y   campaña *countryside*
dominadas éstas en su espíritu, gobierno,

---

[10] *Domingo Faustino Sarmiento* (1811–1888) Sarmiento was one of Spanish America's greatest essayists. He felt that the future of Argentina lay in allowing the cities, with their higher level of culture and civilization, to dominate the provincial areas. His long essay (of 1845) on a brutal gaucho named Juan Facundo Quiroga showed how the rural element was backward and primitive. Juan Manuel de Roas was the dictator, from the provinces, who exemplified the harm done when the gaucho achieved political dominance.

civilización, formarse al fin el gobierno
central unitario, despótico, del estanciero
Juan Manuel de Rosas, que clava en la culta
70 Buenos Aires el cuchillo del gaucho y
destruye la obra de los siglos, la civilización,
las leyes y la libertad».

estanciero *rancher*
clava *buries*
cuchillo *knife*

Una tienda especializada en Montevideo, Uruguay. ¿Qué problema tiene el dueño al principio y al fin de cada día?

Comprensión

A. Responda según el texto.

1. ¿Qué porcentaje de los trabajadores españoles constituye la fuerza agrícola?
2. ¿Qué instituciones tradicionales sienten el efecto de la migración hacia la ciudad?
3. ¿Por qué tienen que cambiar los expertos sus predicciones sobre la población de las grandes ciudades hispanoamericanas?
4. ¿Qué significaba «civilización y barbarie» para Sarmiento?

B. Responda a las siguientes preguntas personales.

1. ¿Cree Ud. que la vida urbana es mejor que la vida del campo? ¿Por qué? ¿Cuáles son algunas ventajas y desventajas?
2. ¿Preferiría criar a sus hijos fuera de la ciudad? ¿Por qué?
3. ¿Nació Ud. en una ciudad o en el campo?
4. En su opinión, ¿cuáles serían las condiciones ideales de vida?

Videomundo: México colonial (1:39:30–1:42:00)

Mire el segmento y responda a las siguientes preguntas.

1. ¿Quiénes construyeron las ciudades coloniales de México? ¿En qué aspectos se ve la influencia de los constructores?
2. ¿Cómo se llaman algunas de las ciudades coloniales de México?
3. ¿Cuáles son algunas actividades que ocurren en el Zócalo?
4. ¿Dónde se encuentra la influencia indígena en estos pueblos?

Práctica

I. Ejercicios de vocabulario

A. Complete con una palabra relacionada a la palabra entre paréntesis.

1. (urbano)
   a. El proceso de _____ es constante.
   b. Los centros _____ atraen a la gente.
   c. La población del mundo se _____ cada vez más.

2. (unir)
   a. La ciudad _____ la oportunidad y la dificultad.
   b. La gente de la ciudad está más _____.
   c. Los Estados _____ es un país norteamericano.

3. (centro)
   a. En las ciudades hispánicas siempre hay una plaza _____.
   b. La actitud etno- _____ es común.
   c. La ciudad es el _____ de los servicios.

4. (imperio)
   a. La política _____ existe siempre.
   b. La capital de la España _____ fue Madrid.
   c. El _____ hace difícil las relaciones entre países.

5. (descubrir)

    a. Colón fue el _____ del Nuevo Mundo.

    b. Sus _____ sorprendieron a los europeos.

    c. Las islas del Caribe fueron _____ en 1492.

B. Indique los sinónimos.

1. comercio		**a.** oeste
2. caminante		**b.** indicar
3. monarca		**c.** negocios
4. nativo		**d.** indígena
5. sacerdote		**e.** peatón
6. señalar		**f.** cura
7. occidente		**g.** rey

II. Puntos de contraste cultural

1. La tradición anglosajona es de comunidades pequeñas y rurales. La mediterránea es bastante distinta. Hoy día, ¿cuáles son las diferencias entre una y otra tradición?

2. ¿Cree Ud. que lo más valioso de una sociedad está en los centros urbanos o en el campo? ¿Existe una actitud antiurbana en los Estados Unidos?

3. ¿Qué diferencias existen entre los problemas de urbanización en Hispanoamérica y en los Estados Unidos?

4. ¿Qué diferencias hay entre la orientación de la vida urbana en las dos regiones?

III. Debate

Organice dos equipos para que ataquen o apoyen esta resolución.

A causa de la contaminación y el crimen es mejor criar a los niños en el medio rural en vez del urbano.

IV. El arte de escribir: repaso

De aquí en adelante esta sección sugerirá algunos temas de composición para que Ud. utilice todas las estrategias que ha aprendido. También repasaremos los puntos más importantes de las unidades anteriores.

Escriba Ud. una composición que resuma lo que dice el texto sobre dos de las ciudades principales. No se olvide de enumerar lo que dice el texto y poner la lista en orden lógico. Luego decida cuáles de los detalles va a incluir y cuáles no son necesarios.

V. Las noticias

Indique Ud. los puntos principales de estos artículos.

Aire más puro y menos ruido

Tal como ocurre con todas las grandes
concentraciones urbanas, Buenos Aires y casi
todo el resto de la región metropolitana
padecen numerosos inconvenientes que son   padecen *suffer from*
5   propios de su extensión, magnitud edilicia y   edilicia *municipal*
superpoblación...

      El aire es el fluido indispensable para la
subsistencia de los seres vivos. No obstante
esa condición esencial, es agredido y   agredido *assaulted*
10   degradado por diversos factores de
contaminación, ya fueren naturales o   ya fueren *be they*
producidos por el hombre. Se puede decir que
la mayor parte de quienes residen de manera
permanente o transitoria en la región
15   metropolitana no tienen la más mínima idea
acerca de las condiciones del aire que
respiran, siendo que en la zona céntrica de la
ciudad de Buenos Aires los índices de
contaminación atmosférica suelen sobrepasar
20   los niveles aceptables...

      En cambio... el ruido, definido por los
expertos en esa materia como el sonido
inarticulado y confuso más o menos fuerte e   inarticulado *incomprehensible*
indeseado que perturba y afecta el sentido de
25   la audición, no aporta ningún beneficio. Por
el contrario, su insidiosa y machacona   machacona *bothersome*
incidencia —Buenos Aires es una de las
ciudades más ruidosas del mundo— acarrea   acarrea *it causes*
infinidad de perjuicios para la salud física y   perjuicios *damage*
30   mental de quienes tienen que soportarlo.

La Nación Online (Buenos Aires)

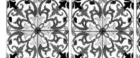

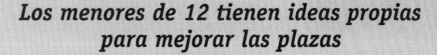

Los menores de 12 tienen ideas propias para mejorar las plazas

Los chicos quieren plazas. Pero atención, que cuando dicen plazas se refieren a lugares lindos, cuidados, con flores, limpios y, sobre todo, con muchos árboles. Porque tienen
35 miedo de que los pájaros se vayan y porque no quieren que la atmósfera se contamine.

Sus aspiraciones no se terminan ahí: están preocupados por la conservación del medio ambiente y por la seguridad en las
40 plazas. Quieren ver a los guardianes de los que les hablaron sus abuelos.

«Pensamos que los espacios verdes en la ciudad contribuyen a limpiar el aire. Por eso son importantes, pues cuidan nuestra salud y
45 la de nuestro planeta, amigo», dijeron María Florencia Lista y Coni Rodríguez, de nueve años... Los chicos del 4° grado... proponen colaborar con el reciclado de basura, como latas, papel, plástico y vidrio. Además, dicen
50 que ellos pondrían «más cuidadores y tachos de basura», sugirieron.

latas *tin cans*
cuidadores *caretakers*
tachos de basura *trash cans*

«A mí me gustaría... que las plazas fueran más grandes y de mejor calidad. Yo las volvería más seguras y limpias... »
55 Otro defensor de los espacios verdes, Juan Francisco Pellet Lastra, de 10 años, está preocupado porque cada vez hay más departamentos y autos. «Los parques son necesarios, sobre todo en la Capital Federal,
60 donde hay miles de edificios», señaló.

señaló *he noted*
montón *a lot*

Juan tiene un montón de ideas más: que los chicos administren quioscos en las plazas para que con la recaudación se puedan comprar juegos nuevos, que personas
65 jubiladas trabajen como guardianes y que aíslen a los perros en todas las plazas.

recaudación *receipts*

jubiladas *retired*
aíslen *keep separate*

La Nación Online (Buenos Aires)

Madrid me ahoga
El aire de Madrid es uno de los más sucios de Europa

La OMS [Organización Mundial de Salud]... reveló que Madrid, junto con Atenas y Belgrado, son las ciudades más contaminadas de Europa.

5   No obstante, la calidad del aire madrileño ha mejorado en los últimos 20 años, debido a la entrada en vigor de las directivas comunitarias sobre emisiones, la renovación del parque de vehículos y la
10 sustitución de antiguas calefacciones de carbón.

    El coste de la contaminación en España es de 199.000 millones de pesetas al año... Para esa evaluación tuvieron en cuenta los
15 costes de reparación de estructuras y del patrimonio artístico (como en el caso del Acueducto de Segovia), la incapacidad laboral producida por enfermedades respiratorias, cutáneas, oculares; las emisiones de
20 monóxido de carbono por kilómetro cuadrado; la pérdida de ecosistemas; la renta per capita y la densidad de población. En Madrid, el tráfico rodado es el responsable del 59 por ciento de los efectos de la contaminación... El
25 informe de la OMS y las cifras reflejan la necesidad de adoptar medidas...

Cambio 16 (Madrid)

entrada en vigor *taking effect*
comunitarias *of the [European] community*
parque (*m*) *equipment base*
calefacciones de carbón *coal-fired heaters*

Acueducto de Segovia *Roman aqueduct in Segovia*
incapacidad laboral *worker disability*
cutáneas *of the skin*
renta per capita *per capita income*
rodado *vehicular*
cifras *numbers*

VI. Situación

Imagínese que Ud. es un(a) gran arquitecto(a) que ha recibido una comisión de planear una ciudad nueva para 100.000 habitantes. ¿Cómo sería su ciudad? ¿Cómo viviría la gente? ¿En casas? ¿apartamentos? ¿condominios? Para Ud., ¿qué aspectos serían más importantes en el plan? ¿Las diversiones? ¿los centros comerciales? ¿el transporte? ¿las viviendas?

UNIDAD 11

Los Estados Unidos y lo hispánico

Se ve la presencia de las grandes instituciones bancarias estadounidenses por casi todo el mundo. ¿Por qué querría establecer Bank of America una sucursal en la Ciudad de Panamá?

Vocabulario útil

Estudie estas palabras antes de leer el ensayo.

Verbos

amenazar *to threaten*
caracterizar *to characterize*
compartir *to share*
conseguir (i) *to acquire, to get*
enfrentarse (a) *to confront, to face*
firmar *to sign*
imponer *to impose, to force on*
lograr *to manage, to achieve, to get*
proclamar *to proclaim, to announce*
quejarse *to complain*
reconocer *to recognize*
rechazar *to reject, to refuse*

Sustantivos

el acuerdo *accord, agreement;*
 ponerse de acuerdo *to reach an*
 agreement

la amenaza *threat*
la amistad *friendship*
el, la ciudadano, -a *citizen*
la enemistad *enmity*
el peligro *danger*
la pérdida *loss*
el, la político, -a *politician;*
la política *policy, politics*
el tratado *treaty*

Adjetivos

aliado, -a *allied, ally*
mutuo, -a *mutual*
político, -a *political*

Trabajen en parejas, o como indique su profesor(a), para hacer y contestar estas preguntas usando el vocabulario de la lista para descubrir algo sobre sus compañeros de clase.

1. ¿Cómo caracterizas el problema más serio que tienes que enfrentar este año? ¿Vas a lograr superarlo? ¿Quieres o rechazas la ayuda de tus padres con este problema? ¿Por qué?
2. ¿Te has puesto de acuerdo con algún(a) amigo(a) sobre algo importante recientemente? ¿Qué fue? ¿Cómo lograron ponerse de acuerdo? ¿Pudieron salvar su amistad? ¿Firmaron un papel?
3. ¿Te quejas mucho a tus amigos? ¿Lo reconoces cuando te quejas demasiado? ¿Tus amigos te lo dicen a veces?
4. ¿En qué crees que consiste la mayor amenaza a la paz mundial hoy? ¿Es el peligro de afuera del país mayor que el de adentro? ¿Por qué? ¿Cuál es la mayor causa de enemistad entre países?

Enfoque

Al examinar la historia de las relaciones entre los Estados Unidos y los países hispánicos lo que más sorprende es la larga tradición de desconfianza y de sospechas mutuas que la han caracterizado. Tal vez sea por las grandes desigualdades económicas, o por las profundas diferencias culturales y religiosas, pero lo cierto es que no se encuentran muchas ocasiones que revelen verdadera amistad o alianza política. En el caso de España sería posible atribuir esto a la falta de intereses comunes y al hecho de que la mayor parte del territorio de los Estados Unidos perteneció en una época al imperio español. Después de todo, España era un país colonizador que se identificaba con Europa, pero ése no era el caso de los países hispanoamericanos. Todos comparten varias tradiciones: el pasado colonial, las guerras de independencia, la proximidad geográfica y el americanismo que ésta produce, un liberalismo fundamental nacido en el siglo XVIII. Sin embargo, lejos de verificar la teoría de Herbert Bolton[1] sobre «el destino común de las naciones americanas», la realidad ha sido otra. El análisis de la historia de las relaciones interamericanas resulta relativamente pesimista.

Esta unidad repasa la historia de esas relaciones y busca algunas causas importantes.

desconfianza *distrust*
sospechas *suspicions*

Anticipación

¿Qué sabe Ud. de las relaciones interamericanas? ¿Sabe cuándo ocurrió la guerra entre México y los Estados Unidos? ¿Entre España y los Estados Unidos? ¿Cómo fue que los Estados Unidos lograron tener control sobre el canal de Panamá? ¿Qué otras cosas ha estudiado sobre este tema? Con un(a) compañero(a) de clase, haga una lista. Prepárese para presentarle su lista a la clase.

---

[1] *Herbert Bolton* One of the best-known historians of the Southwestern United States.

I. Los Estados Unidos, España y la independencia americana

Los primeros contactos importantes entre los
Estados Unidos y España ocurrieron en el
siglo XVIII. Debido a una larga historia de
conflictos entre España e Inglaterra, los

5 españoles apoyaban el movimiento de
independencia en las colonias inglesas. Esta
posición se basaba más en el deseo de ver la
pérdida de las colonias que en los principios
filosóficos. El imperio español compartía una

10 larga frontera con las colonias inglesas y
francesas (aproximadamente a lo largo del río
Misisipí). Sin duda, España pensaba que sería
más fácil defender esta frontera contra la
nueva nación pequeña —los Estados

15 Unidos— que contra Inglaterra.

    Sea cual fuere el motivo, la realidad es
que los españoles, aliados con los franceses,
comenzaron a incomodar a los ingleses en
Europa, especialmente en Gibraltar, la colonia

20 inglesa estratégicamente situada en la
península para controlar la entrada al mar
Mediterráneo. El ataque español comprometió
la marina inglesa en Europa en el momento
más grave de la guerra en América. No se

25 sabe si esto cambió el resultado de la lucha
pero, indudablemente acortó la guerra y
facilitó la victoria de las trece colonias.

    Poco después comenzó el largo proceso
de pérdidas coloniales para España. Cedió el

30 territorio del río Misisipí (conocido como
Luisiana) a Francia, y poco después, se vio
obligada a vender la región que ahora es el
estado de Florida. Además, inspirados por el
ejemplo norteamericano, los criollos

apoyaban supported

a lo largo along

*Sea... fuere Whatever might
have been*
incomodar to harass

*comprometió committed,
engaged*
marina navy

acortó (it) shortened

35 hispanoamericanos también lograron
separarse de la madre patria. Ya para 1830 el
imperio español se había reducido a las islas
del Caribe, las Filipinas y algunas colonias
pequeñas en la costa de África. Los Estados
40 Unidos fueron uno de los primeros países en
reconocer la legalidad de las nuevas naciones,
con expresiones de simpatía ideológica y   simpatía *congeniality*
moral. Declararon su apoyo en la famosa
Doctrina Monroe[2] (1823) que proclamaba la
45 soberanía del hemisferio sobre su propio   soberanía *sovereignty, rule*
destino y decía además que los Estados
Unidos no mirarían con indiferencia ninguna
tentativa de imponer un sistema europeo en
el continente.
50   Después de esta época, el problema
básico en las relaciones entre España y los
Estados Unidos hasta 1898 fue el caso de la
isla de Cuba. Aunque Cuba era parte del
imperio, siempre existieron sentimientos de
55 independencia. Los Estados Unidos, al mismo
tiempo, valoraban la isla y no hay duda de   valoraban *valued*
que querían anexarla a la unión
norteamericana. Había más posibilidades que
esto ocurriera si Cuba fuera independiente, y
60 no una colonia española. En 1848, los Estados
Unidos se ofrecieron a comprar el territorio,
alegando como motivo el peligro de que
cayera en manos de otro poder europeo. El
presidente Buchanan ofreció $50.000.000,
65 pero en 1854 se llegó a ofrecer $120.000.000
por la isla. En ese mismo año el gobierno
norteamericano tomó una posición algo
agresiva basada en el peligro que podría
representar Cuba para los Estados Unidos: si
70 la isla cayera en manos de otro poder o si
siguiera importando esclavos africanos —que
eran ya un problema en los Estados Unidos—

---

[2] *Doctrina Monroe* So called because it was expressed by President James Monroe in a message to Congress in 1823.

los Estados Unidos tendrían el derecho de
tomarla por la fuerza. Esta política, que
75 siguió en efecto hasta fines del siglo, sirvió
de base a la invasión de 1898.

En 1895 los Estados Unidos comenzaron
a sentirse suficientemente fuertes como para
apoyar la rebelión iniciada años antes por los   suficientemente fuertes *strong
80 patriotas cubanos bajo la inspiración de José   enough*
Martí. Ya para 1898 el sentimiento a favor de
la guerra era tal entre el pueblo
norteamericano que habría sido difícil
evitarla. Cuando el acorazado *Maine* explotó   acorazado *battleship*
85 en el puerto de La Habana, la causa,
desconocida hasta ahora, fue atribuida a una
mina explosiva colocada por los españoles. En
abril de 1898, el presidente McKinley pidió al
congreso permiso para entrar en la guerra
90 entre Cuba y España.[3] Alegó como
justificación cuatro razones: 1) el deseo
humanitario de poner fin a la matanza, 2) la   matanza *slaughter*
necesidad de proteger a los ciudadanos
norteamericanos residentes en Cuba, 3) la
95 protección del comercio entre Cuba y los
Estados Unidos, 4) la amenaza que significaba
la guerra para los estados situados a poca
distancia de la isla. Es interesante comparar
estas razones con las ofrecidas en el caso más
100 reciente de Grenada. La guerra duró menos de
un año, durante el cual la marina
norteamericana tomó Cuba, Puerto Rico y las
Filipinas. El tratado de paz firmado en París
en diciembre de 1898 cedió las Filipinas,
105 Puerto Rico y la isla de Guam a los Estados
Unidos y dejó a Cuba bajo el control de una
fuerza norteamericana de ocupación. La
guerra marcó el fin del imperio colonial de

---

[3] *guerra entre Cuba y España* Called the Spanish–American War in U.S. history. It began as a strug-
gle by Cuba for independence. José Martí was one of the inspirational leaders of the movement. The
Hearst newspapers were in a circulation war with the Pulitzer papers, and both sent reporters to
Cuba to file sensational stories which had the effect of inflaming public opinion in the United
States. The *Maine* incident was the final factor.

España en América. A causa de ella, surgió en
110 la península un movimiento cultural llamado
la Generación del 98, que buscaba la causa de
la decadencia de España y la manera de volver
a la grandeza anterior.

Puerto Rico sigue como parte de los
115 Estados Unidos. Durante los más de cien años
de esta relación la isla ha sido otro punto de
conflicto. Hoy el pueblo puertorriqueño
demuestra tres actitudes hacia su situación.
El primer grupo quiere la estadidad o sea que
120 la isla se incorpore como el estado 51 de los
Estados Unidos. El segundo grupo prefiere la
situación actual, que data de 1952, de ser un
Estado Libre Asociado bajo el cual tienen
algunos privilegios de ciudadanos regulares,
125 aunque no todos (por ejemplo, tienen
representación, pero sin voto en el Congreso
y no pagan impuestos federales). El tercer
grupo, con menos influencia, prefiere la
independencia. La gran mayoría quiere
130 mantener una relación estrecha con los
Estados Unidos, pero los intelectuales tienen
cierto temor que su cultura se pierda o que se
transforme por estar en contacto constante
con su vecino y socio gigante.
135 En la actualidad las relaciones entre
España y los Estados Unidos se limitan a las
relaciones comerciales y la presencia de
España en la OTAN.[4] El problema de las bases
militares, instaladas para la guerra fría
140 durante la dictadura de Franco, se resolvió
cuando los Estados Unidos cerraron la
mayoría de ellas.

surgió there arose

estadidad statehood

*Estado Libre Asociado Common-
wealth*

estrecha close

socio partner

---

[4] OTAN *Organización del Tratado del Atlántico del Norte*—the North Atlantic Treaty Organization or NATO in English.

Comprensión

A. Responda según el texto.

1. ¿Cómo ayudó España a las trece colonias?
2. ¿Qué territorios españoles pasaron a los Estados Unidos en 1898?
3. ¿Qué es la Doctrina Monroe?
4. ¿Qué quería hacer Buchanan con Cuba?
5. ¿Quién era José Martí?
6. En la actualidad, ¿en qué se basan las relaciones entre España y los Estados Unidos?

B. Responda a las siguientes preguntas personales.

1. ¿Sigue Ud. las noticias internacionales? ¿Dónde consigue la mayoría de su información?
2. ¿Cree que hay medios de comunicación libres de prejuicios? ¿Cuáles son?
3. ¿Cree que las cadenas (*networks*) de televisión presentan las noticias sin prejuicios políticos? Explique.
4. ¿Cuáles son los países con los que los Estados Unidos tienen tradicionalmente las mejores relaciones?

II. Los Estados Unidos y las nuevas naciones americanas

Además del reconocimiento diplomático de
Cuba, los Estados Unidos se ocuparon durante
el siglo XIX de las fronteras con Texas y
California, que todavía restringían la   *restringían restricted*
5   expansión norteamericana, por pertenecer a
México. La Doctrina Monroe fue ampliada
para incluir no sólo una prohibición de la
colonización sino también la de cualquier
intervención diplomática. Esto se hizo porque
10 el presidente Polk temía que los europeos se   *se metieran would meddle*
metieran en el problema de Texas, pero fue el
principio de una política dominadora de los
Estados Unidos hacia México. Los Estados
Unidos ayudaron a los texanos y también a
15 los ciudadanos de California que buscaban la
independencia de México. Al lograr la
independencia, Texas pidió incorporarse a los
Estados Unidos. La petición fue aceptada, y
México —aunque no se hallaba en
20 condiciones de sostener esta lucha—
inmediatamente declaró la guerra contra los
Estados Unidos. Por el Tratado de Guadalupe
Hidalgo (1848),[5] que puso fin a la guerra, los
mexicanos se vieron obligados a aceptar la
25 pérdida de casi la mitad de su territorio
nacional, incluyendo Texas, California, Nuevo
México, gran parte del estado de Arizona y
toda la región al norte de estos estados. Cinco
años más tarde, por el Tratado de Gadsden,

---

[5] *Tratado de Guadalupe Hidalgo* This treaty, signed in 1848, ended the war between the United
States and Mexico. Most of what is now the western United States was ceded by Mexico.

30 los Estados Unidos compraron otra faja de
tierra en el sur del estado de Arizona porque
ofrecía una ruta hacia el océano Pacífico, algo
que el gobierno consideraba necesario para el
desarrollo de California. Como consecuencia,
35 el gobierno mexicano quedó en pésimas
condiciones, lo que preparó la situación para
la primera verdadera prueba de la Doctrina
Monroe.

     Debido al costo de la guerra contra los
40 Estados Unidos, el gobierno mexicano bajo
Benito Juárez se vio obligado a suspender el
pago de los préstamos que le habían hecho
varios gobiernos europeos. Inglaterra, Francia
y España se pusieron de acuerdo sobre la
45 necesidad de intervenir con una fuerza
militar para proteger sus intereses.[6] En
realidad, veían la posibilidad de establecer
una colonia en América. El más interesado era
Napoleón III, que tramó el plan y mandó a
50 Maximiliano a México. A pesar de que la
Doctrina Monroe prohibía tal invasión, los
Estados Unidos, que en ese momento se
hallaban en medio de la Guerra Civil, no
pudieron evitarla y los mexicanos tuvieron
55 que defenderse solos sin la ayuda de los
Estados Unidos.

     Durante la segunda mitad del siglo XIX,
los Estados Unidos siguieron una política de
expansión. Una tentativa de conseguir más
60 territorio de México fracasó cuando el
Congreso rechazó el tratado. El gobierno de la
República Dominicana pidió ser incorporado
al territorio de los Estados Unidos, y éstos
pasaron unos años tratando de conseguir la

faja *strip*

en pésimas condiciones *in a terrible situation*
prueba *test*

se... a *had to*
préstamos *loans*

tramó *conceived*

rechazó *rejected*

---

[6] *para proteger sus intereses* Default on debt payments was mainly an excuse. Napoleón III sent Maximilian, archduke of Austria, to take over and become emperor of Mexico. A large group of Mexican conservatives supported this ill-fated move.

65 isla.[7] Pero la única empresa que tuvo éxito
fue la compra de Alaska de los rusos.

empresa *undertaking, venture*
rusos *Russians*

Otra cuestión que interesaba a los
Estados Unidos en esta época era la
posibilidad de construir un canal en
70 Centroamérica. El mejor lugar para el canal
era el istmo de Panamá, que formaba parte de
Nueva Granada, ahora Colombia. El tratado
con Nueva Granada en 1846 y el Tratado
Clayton-Bulwer con Inglaterra en 1850 tenían
75 como propósito asegurar los derechos de los
Estados Unidos sobre cualquier canal o
ferrocarril que fuera construido en la región.
El tratado con Inglaterra también buscaba
imponer límites al establecimiento de
80 colonias inglesas en la región y comprometía
a los Estados Unidos a garantizar la
neutralidad de un futuro canal. Proclamó,
además, que ningún canal del futuro sería
propiedad de los Estados Unidos.

istmo *isthmus*

propósito *purpose, intent*

85 Así era la situación a fines del siglo XIX.
Hasta ese momento las relaciones entre todos
los países americanos habían demostrado
cierta unidad contra las continuas amenazas
europeas. La Doctrina Monroe no parecía ser
90 un documento imperialista, sino uno que
afirmaba la independencia de todas las
naciones americanas. La última década del
siglo, sin embargo, abrió una nueva época en
las relaciones interamericanas, caracterizada
95 por declaraciones de unidad cada vez más
fuertes y por actos cada vez más agresivos de
parte de los Estados Unidos.

cada... fuertes *stronger and stronger*

---

[7] *la isla* The island of *Hispaniola* consisted of the former Spanish colony, the Dominican Republic, and the former French colony of Haiti. Because Haiti served as a base for French colonial pretensions, and because the island was a strategically important naval base, the United States was continually trying to take it.

Comprensión

A. Complete según el texto.

1. El Tratado de Guadalupe Hidalgo puso fin a _____.
2. Los Estados Unidos ganaron una ruta hacia el océano Pacífico por
   _____.
3. Napoleón III era el líder europeo más interesado en _____.
4. En el siglo XIX los Estados Unidos se interesaban en _____ en
   Panamá.
5. El Tratado Clayton-Bulwer buscaba imponer límites al _____
   en Centroamérica.
6. La Doctrina Monroe parecía afirmar _____.

B. Responda a las siguientes preguntas.

1. ¿Cree Ud. que las relaciones interamericanas merecen más o menos atención del gobierno? Explique.
2. ¿Cree que las relaciones con México son más importantes que las relaciones con los otros países hispanoamericanos? ¿Por qué?
3. ¿Con qué país hispano parecen ser las relaciones mejores hoy día?
   ¿peores? ¿Por qué?
4. ¿Cree Ud. que la economía hispanoamericana va a mejorar en el futuro
   próximo? Explique.

III. El Panamericanismo y «El coloso del norte»

En 1889, a petición de los Estados Unidos, tuvo lugar la primera reunión panamericana en Washington. Hubo otras en 1902 en México, 1906 en Río de Janeiro y en 1910 en
5 Buenos Aires. Aunque el gobierno norteamericano siempre apoyó estas reuniones, sus acciones no contribuyeron a una idea de amistad y alianza. Primero, los Estados Unidos participaron en la guerra
10 contra España, que resultó en la adquisición de Puerto Rico por parte de los norteamericanos y en la ocupación de Cuba por un tiempo no determinado.
       Otro aspecto de la política
15 norteamericana hacia Cuba fue la declaración en 1901 de ciertas prohibiciones contra el gobierno cubano:[8] 1) éste no permitiría fuerzas de otras naciones en la isla, 2) no contraería deudas excesivas, 3) daría a los
20 Estados Unidos el derecho de intervención para proteger la «independencia» del país, 4) vendería a los Estados Unidos la tierra necesaria para construir en la isla una base militar norteamericana (que se llama hoy
25 Guantánamo). En pocas palabras, el gobierno norteamericano pensaba asumir el papel de «protector» del nuevo gobierno cubano.

éste *the latter (the Cuban government)*

no contraería *would not contract, acquire*

---

[8] *prohibiciones contra el gobierno cubano* This is known as the Platt Amendment (to the Army Appropriations Bill of 1901). It was symbolic of U.S. arrogance for many years in Latin America. It was mentioned in the Cuban Missile Crisis of 1962 since that case, too, involved threatened intervention. The 1979 U.S. protest against the presence of Soviet combat troops in Cuba was another invocation of this policy.

Debido a ciertas reclamaciones de parte de países europeos sobre deudas del gobierno dominicano, apareció la amenaza de otra invasión semejante a la que había ocurrido antes en México. Esta vez los Estados Unidos decidieron actuar primero, y en 1905 se apoderaron de la aduana de la isla para distribuir el dinero a los gobiernos europeos.

Los recelos hispanoamericanos aumentaron como resultado de una proclamación del presidente Theodore Roosevelt en 1904 en la que se extendía la Doctrina Monroe para incluir el derecho norteamericano de intervenir en los asuntos de los otros países en caso de una amenaza a su estabilidad y orden internos. Esta idea, llamada el «corolario de Roosevelt a la Doctrina Monroe» es clasificada por la mayoría de los historiadores como la cumbre de la arrogancia norteamericana en las relaciones interamericanas. Roosevelt dijo que no había peligro de intervención en los países que «se portaran bien» y que mostraran su capacidad de gobernarse «de una manera eficaz y decente». En casos de «errores crónicos» los Estados Unidos se verían obligados a actuar como «policía internacional» para restaurar el orden y la civilización en el país.

Haciendo uso de esta doctrina el presidente Taft mandó fuerzas militares a varios países centroamericanos que amenazaban sufrir algún problema interior. Uno de los efectos negativos de esta política era que tendía a favorecer a los dictadores en lugar de los partidos más democráticos.

Taft creó también la «diplomacia del dólar», una tentativa para reemplazar las inversiones europeas en Hispanoamérica con dólares norteamericanos, lo que ayudaría a eliminar la amenaza europea a la soberanía de estos países. Si no pagaban las deudas, los únicos que se quejarían serían los financieros

---

reclamaciones (f) *claims*

semejante *similar*

se apoderaron de *they took over*
aduana *customhouse*

recelos *suspicions*

cumbre (f) *height*

se portaran bien *behaved well*

eficaz *efficient*

restaurar *to restore*

reemplazar las inversiones *replace investments*

norteamericanos, y el gobierno garantizaría
las deudas. Los que se oponían a esta táctica
declaraban que los países pequeños llegarían
a ser casi propiedad de los Estados Unidos. La
75   intervención resulta mucho más fácil cuando
no hay necesidad de ponerse de acuerdo con
otros gobiernos acreedores.

    Otra, y probablemente la más
importante, de las intervenciones de los
80   Estados Unidos fue la construcción del canal
de Panamá. Hacia fines del siglo pasado el
canal asumió gran importancia en la política
estadounidense a causa de la atracción
comercial del Lejano Oriente y de la
85   necesidad militar de proteger las dos costas
de los Estados Unidos. Después de conseguir
de Inglaterra el derecho de construir y dirigir
el canal por su propia cuenta, los Estados
Unidos tuvieron que entrar en un acuerdo
90   con Colombia, por cuyo territorio iba a pasar
el canal. Sin embargo, cuando iba a
concluirse el tratado con Colombia el
congreso de ese país rehusó aceptar los
términos, porque querían aclarar algunos
95   artículos relacionados con los derechos
reservados a su propio gobierno. Mientras se
debatía el problema, estalló una revolución
en la región de Panamá, una provincia de
Colombia, para lograr la independencia. Los
100   colombianos pensaron que los Estados Unidos
habían fomentado la rebelión, ya que después
de tres días, Roosevelt reconoció a la nueva
república de Panamá y comenzaron las
conversaciones sobre un tratado de concesión
105   por el cual los Estados Unidos conseguían el
derecho de construir el canal, de dirigirlo
para siempre y de incorporar la tierra por la
cual pasaba como territorio nacional. El canal
quedó en manos del «coloso del norte» hasta
110   el 31 de diciembre de 1999 cuando fue
entregado a Panamá bajo términos de un
tratado firmado en 1977.

---

llegarían a ser *would become*

acreedores *creditor*

estadounidense *of the United States*
Lejano Oriente *Far East*

por... cuenta *on its own*

rehusó *refused*

estalló *broke out*

Hubo otras intervenciones en la América Central durante la segunda década 115 del siglo y no fue hasta 1936, durante la presidencia de Franklin Roosevelt —quien inició la política del «Buen Vecino»— cuando comenzó a haber cambios notables en las relaciones entre los Estados Unidos e 120 Hispanoamérica. Esta política rechazó varias prácticas del pasado y condujo a algunos tratados: entre ellos, la prohibición de la intervención y de la guerra entre países del continente. Al estallar la guerra en Europa 125 casi todos los países de América se declararon aliados, por lo que durante los años de la Segunda Guerra Mundial hubo paz y amistad entre los Estados Unidos y los países hispanoamericanos.

«Buen Vecino» *"Good Neighbor"*

condujo a *led to*

Al estallar *Upon the outbreak of*

Comprensíon

A. Responda según el texto.

1. ¿Cuándo y dónde tuvieron lugar las cuatro primeras reuniones panamericanas?
2. ¿Por qué los Estados Unidos invadieron la República Dominicana?
3. ¿Qué era la «diplomacia del dólar», y quién la creó?
4. ¿Cuáles fueron algunos motivos para construir el canal de Panamá?
5. ¿Cómo eran las relaciones interamericanas durante la Segunda Guerra mundial?

B. Responda a las siguientes preguntas.

1. ¿Cree Ud. que los Estados Unidos se mostraron arrogantes hacia Hispanoamérica? Explique.
2. ¿Cree Ud. que la política actual hacia Hispanoamérica es buena? ¿Por qué?
3. ¿Cómo podrían los Estados Unidos mejorar las relaciones generales en el mundo?

En el año 2000 Panamá tomó control del canal de Panamá que estaba bajo el control de los Estados Unidos. ¿Qué importancia militar y económica tiene el canal?

4. ¿Por qué cree Ud. que los hispanoamericanos llaman «coloso del norte» a los Estados Unidos?
5. ¿Cuáles son los elementos básicos que influyen en las relaciones internacionales?

IV. Las relaciones en la época de la posguerra

Casi todas las relaciones norteamericanas después de la guerra fueron influenciadas por la «guerra fría» entre los Estados Unidos y la Unión Soviética. Los aliados

5 hispanoamericanos ocuparon un lugar importante en este juego diplomático porque casi todos tenían gobiernos conservadores, pero al mismo tiempo veían el nacimiento de nuevos movimientos izquierdistas. Por lo

10 general, aunque estos movimientos mostraban una ideología de izquierda, sus lazos con el movimiento comunista internacional eran débiles. Sus intereses tendían a ser nacionalistas,

15 antinorteamericanos y anticapitalistas.

En base a los acuerdos y tratados interamericanos, los Estados Unidos comenzaron a formular tratados de seguridad mutua. Los gobiernos conservadores firmaban

20 con gusto estos acuerdos porque contenían garantías de estabilidad interna e iban acompañados de ofertas de ayuda económica en forma de armas modernas. Puesto que estos dictadores generalmente mantenían su

25 poder gracias a las fuerzas militares, las armas representaban una ayuda efectiva contra cualquier grupo rebelde. De nuevo, la política norteamericana aparecía como una política dominadora que exigía cierta

30 conducta de los países vecinos a cambio de la ayuda económica y la amistad. Esta nueva actitud fue formalizada en el Tratado de Río

izquierdistas leftist

débiles weak

En base a Based on

con gusto with pleasure
iban acompañados de were accompanied by
ofertas offers

a cambio de in exchange for

de Janeiro[9] de 1947. Se trataba en realidad de
una alianza militar —la primera de este tipo
35 para los Estados Unidos desde 1778, cuando
el nuevo gobierno había aceptado la ayuda
francesa.

En 1948 los representantes de 21
repúblicas se reunieron en Bogotá para el
40 Noveno Congreso Internacional de Estados
Americanos. En medio de tumultos y   tumultos *riots*
violencia[10] se formularon los principios de un
nuevo cuerpo: la Organización de Estados
Americanos (OEA), que primero se había
45 llamado La Unión de Repúblicas Americanas y
luego El Sistema Interamericano. La nueva
organización, además de reconocer el alto   además de *in addition to*
nivel de actividad nacida durante la guerra,
creó un consejo permanente de defensa para   consejo *council*
50 coordinar la cooperación militar, es decir, la
venta de armas y el entrenamiento de   entrenamiento *training*
oficiales. La Unión Panamericana fue
designada como Secretariado de la
organización y el órgano principal de las
55 relaciones culturales.

A pesar de los acuerdos, la corriente   A pesar de *In spite of*
anticomunista en los Estados Unidos llevó al
gobierno a mezclarse en los asuntos de varias   mezclarse *meddle in*
naciones para que el comunismo no ganara
60 ninguna ventaja.

El caso más notable fue el de
Guatemala. El Partido Comunista logró alguna
influencia en el gobierno de Jacobo Árbenz
Guzmán, un presidente reformista con
65 ideología de izquierda. La oposición,
encabezada por el General Carlos Castillo   encabezada *headed*

---

[9] *Tratado de Río de Janeiro* Known as the Rio Pact; the full name: Inter-American Treaty of Recipro-
cal Assistance. It expressed adherence to the recently formed United Nations and declared the intention to settle disputes peacefully. It also declared that an armed attack against any American
State constituted an attack against all.

[10] *tumultos y violencia* Known as the *Bogotazo*; rioting and burning broke out when a popular political leader was assassinated. The conference seemed to be part of the motive.

Armas, estaba preparando una revolución en
el vecino país de Honduras. Árbenz aceptó la
ayuda ofrecida por la Unión Soviética, y eso
70 despertó el interés de los Estados Unidos.
Éstos ofrecieron ayuda secreta a Castillo
Armas, en forma de armas y de
entrenamiento, que fue llevado a cabo por la · llevado a cabo *carried out*
Agencia Central de Inteligencia. Esto hizo
75 posible el triunfo de la revolución en 1955.
Aunque los Estados Unidos negaron sus · negaron *denied*
acciones durante diez años, las admitieron
después. Con un caso comprobado, los · caso comprobado *proven occur-*
hispanoamericanos comenzaron a culpar a los · *rence*
80 Estados Unidos cada vez que ocurría un · culpar *to blame*
incidente semejante. Los Estados Unidos
siempre han negado su interés en estas
situaciones, pero ocurrieron otros casos, como
el de la Bahía de Cochinos en Cuba en 1961, · Bahía de Cochinos *Bay of Pigs*
85 donde la misma táctica fue empleada, aunque
sin éxito.
      Cuba, por su proximidad geográfica, ha
sido otro punto de conflicto entre los Estados
Unidos y los países hispanoamericanos.
90   El presidente John F. Kennedy formuló
una nueva política hacia Latinoamérica
llamada «La Alianza para el Progreso». El
nuevo programa consistía en un esfuerzo · esfuerzo *effort*
continental de cooperación, cuya base era la
95 oferta de ayuda económica en casos donde el
gobierno local demostrara algún esfuerzo
propio, es decir, donde se pudiera formar una
alianza entre la ayuda norteamericana y el
capital nativo para un programa de
100 desarrollo. Este plan atrajo mucho interés
entre los intelectuales americanos por su
indiscutible idealismo. En la práctica, sin
embargo, logró muy poco.
      Con la llegada al poder de los
105 sandinistas en Nicaragua, Centroamérica
volvió a ocupar la atención del gobierno
norteamericano porque prestaban apoyo a los · prestaban *they lent*
guerrilleros de los países vecinos como El
Salvador. Los dos países fueron la escena de

110 violencia constante durante la década de
1980. En 1990 los sandinistas perdieron las
elecciones y su poder político. En 1992 los
guerrilleros salvadoreños y el gobierno
moderado llegaron a un acuerdo que puso fin — llegaron a un acuerdo *agreed*
115 a la lucha armada por el momento. — puso fin *put an end to*
— lucha *struggle*

En 1989 en Panamá y otra vez en 1993
en Haití, los Estados Unidos volvieron a sus
métodos antiguos. En los dos casos intervino
el ejército norteamericano para derrocar a un — derrocar *to overthrow*
120 gobierno militar y devolver a los candidatos
elegidos a la presidencia. Por un lado
actuaron a favor de la democracia, pero por el
otro constituyeron otras intervenciones más
en la larga serie que ha caracterizado las
125 relaciones interamericanas.

El caso de la guerra en 1982 entre la
Argentina y Gran Bretaña por las Islas
Malvinas[11] muestra otro aspecto de la
complejidad de las relaciones
130 interamericanas. Por un lado un antiguo
aliado de Europa y por el otro una nación
americana quieren el apoyo de los Estados
Unidos. Ni la Doctrina Monroe ni el Tratado
de Río impidieron que el gobierno — impidieron *didn't stop*
135 norteamericano apoyara a los ingleses. El
hecho de que el gobierno militar argentino
estaba casi totalmente desacreditado en el — desacreditado *discredited*
continente añadió otro factor a la decisión.

El Tratado de Libre Comercio,[12] firmado
140 por el Canadá, los Estados Unidos y México es
el primer paso a la creación de una zona de
libre comercio en el hemisferio entero para el
futuro. Hay diversas opiniones sobre todos los
efectos del tratado y no sorprende que haya

---

[11] *Islas Malvinas* Called the Falkland Islands in English. Argentina has long claimed sovereignty over these islands but Great Britain has refused to give them up. In 1982 Argentina attempted to take them by force but was unsuccessful in the face of an all-out British defense.

[12] *Tratado de Libre Comercio* This treaty is abbreviated TLC in Spanish. It is called the North American Free Trade Agreement or NAFTA in English.

145 bastante recelo de parte de los
hispanoamericanos, en vista de la historia de
sus relaciones con «el coloso del norte». Con
el fin de la «guerra fría» las relaciones han
perdido algo de su base ideológica para
150 concentrarse en cuestiones económicas.
        La historia hace difícil lograr una
actitud de confianza y respeto mutuos. Es   confianza *trust*
interesante notar que un latinoamericano o
un español y un norteamericano pueden
155 llegar fácilmente a ser buenos amigos a pesar
de sus diferencias culturales, religiosas o
económicas. Pero, cuando estas diferencias se   se elevan *are raised*
elevan al nivel nacional se vuelven
verdaderos obstáculos para la paz y
160 comprensión que todo el mundo, en el fondo,   en el fondo *basically*
desea.

Comprensión

A. Responda según el texto.

1. ¿Por qué atraían tanta atención los países hispanoamericanos durante la «guerra fría»?
2. ¿Qué aspecto único tenía el Tratado de Río de Janeiro?
3. ¿Cuál era la misión principal de la OEA?
4. ¿Cuáles eran las bases de la «Alianza para el Progreso», y quién originó esta política?
5. ¿Cuál ha sido el motivo principal de los conflictos centroamericanos recientes, y cuál ha sido la posición de los Estados Unidos?
6. ¿Qué dilema para las relaciones interamericanas surgió durante la guerra de las Malvinas?

B. Responda a las siguientes preguntas.

1. ¿Cree Ud. que puede haber mejores relaciones entre los Estados Unidos y los países hispánicos? ¿Cómo?
2. ¿Cuál es su opinión sobre las organizaciones internacionales como la Organización de las Naciones Unidas y la OEA? ¿la OTAN?

Una voluntaria del Cuerpo de Paz le enseña a una niña en Honduras. ¿Tiene el Cuerpo de Paz un lugar en el mundo contemporáneo?

3. ¿Cree Ud. que puede haber una prohibición total de armas nucleares? ¿Cómo?

4. ¿Cuáles son los países más agresivos hoy día?

Videomundo: Puerto Rico

Mire los segmentos y responda a las preguntas.

A. Puerto Rico (1:33:45–1:39:28).

1. ¿Qué tres culturas forman al Puerto Rico moderno?

2. ¿Cuándo y por qué pasó Puerto Rico a ser parte de los Estados Unidos?

3. ¿Qué se hicieron los puertorriqueños en 1917?

4. ¿Cuáles son algunas ventajas, según los comentaristas, de la independencia para Puerto Rico?

B. Deportes: Luis Mayoral, Chi Chi Rodríguez (2:42:05–2:50:45)

    1. ¿Cómo ven los peloteros jóvenes a Luis Mayoral?

    2. ¿Qué quiere Chi Chi Rodríguez para los ciudadanos de Puerto Rico?

Práctica

I. Ejercicios de vocabulario

A. Complete las oraciones.

    1. El comunismo es una política _____.

    2. Cuba ha sido importante por su _____ geográfica.

    3. La «_____ para el Progreso» fue muy popular entre los intelectuales norteamericanos.

    4. Los Estados Unidos recibieron California por el _____ de Guadalupe Hidalgo.

    5. La Doctrina Monroe fue una respuesta a las _____ europeas de volver a colonizar América.

B. Complete con una palabra relacionada con la palabra entre paréntesis.

    1. (prohibir) El tratado contiene _____ contra la intervención.

    2. (Estados Unidos) La política _____ se basaba en la «guerra fría».

    3. (ideal) Ese programa es caracterizado por un tono _____.

    4. (ideología) El movimiento tiene semejanzas _____ con el comunismo.

    5. (colonia) España fue un país _____.

II. Puntos de contraste cultural

1. ¿Cuáles son las causas de la enemistad entre los gobiernos hispanoamericanos y los Estados Unidos?

2. ¿Qué diferencias hay entre los motivos básicos de la política internacional de los Estados Unidos y los de un país hispánico?

3. ¿Cree Ud. que es posible tener unidad en el hemisferio occidental? ¿Por qué?

III. Debate

Organice dos equipos para que ataquen o apoyen esta resolución.

    La influencia de las grandes compañías multinacionales es mala para los países en vías de desarrollo.

IV. El arte de escribir: repaso

Escriba una composición en la que exponga su opinión sobre la idea de que todos los habitantes de este hemisferio deben hablar tanto el español como el inglés. Incluya ideas que apoyen su opinión.

V. Las noticias

Lea los siguientes artículos y coméntelos entre los miembros de la clase.

Panamá celebra con parranda la entrega del canal

Con vigilias, bailes populares y un acto oficial
durante el que dejará de ondear la bandera
norteamericana, los panameños celebrarán el
31 de diciembre [de 1999] la transferencia del
5 Canal a Panamá por parte de Estados Unidos y
la salida del último soldado estadounidense
del país centroamericano...

     Un enorme reloj digital marca las horas,
los minutos y los segundos que faltan para la
10 reversión de la vía acuática, cuya
construcción inició el conde francés Fernando
de Lesseps en el siglo pasado y concluyeron
los norteamericanos en 1914...

     Por décadas, los nacionalistas
15 panameños pidieron a gritos «una bandera,
un territorio» en referencia a la llamada zona
del canal, de 16 km. de ancho, y a la que
describieron como una «estaca que atraviesa
el corazón de la nación».

20   Sin embargo, cuando la estaca
finalmente caiga... y la vía fluvial de 82 km.
de largo pase a control nacional, Panamá
despertará para enfrentar el desafío de tener
una identidad nacional completa.

El Nuevo Herald (Miami, Florida) (29 de diciembre
de 1999)

parranda *binge, party*

entrega *handing over*

vigilias *vigil*

ondear *wave*

vía acuática *waterway*

estaca *stake*

atraviesa *goes through*

vía fluvial *waterway*

desafío *challenge*

Una sola bandera

Panamá alcanza hoy al mediodía su plena
soberanía e independencia total cuando todos
los panameños tomen posesión formal del
Canal, en calidad de nuevos dueños.

5   La culminación de los Tratados Torrijos–
Carter, firmados en 1977 por el general Omar
Torrijos Herrera y el presidente
estadounidense James Carter, marcan el inicio
de la administración total panameña en

10 donde se asume la responsabilidad de
garantizar el funcionamiento, seguridad y un
servicio eficiente e ininterrumpido del Canal
a la comunidad mundial.

     Pero la responsabilidad primordial es

15 garantizar a cada uno de los panameños que
las operaciones del Canal serán rentables y se
llevarán a cabo con transparencia.

El Universal de Panamá (Ciudad de Panamá) (31 dic
de 1999)

plena *full*

rentables *profitable*

Libres y soberanos

Panamá vivió ayer una explosión de
nacionalismo al lograr al mediodía su
soberanía total. Poco antes la presidenta
Mireya Moscoso izó la bandera panameña en   *izó* raised
5   el edificio de la administración de la vía
acuática y tras el canto del himno nacional,
cientos de panameños se tomaron las colinas   *colinas* hills
de la instalación que hasta hace poco era una
agencia federal de Estados Unidos.
10   ...[La presidenta] Mireya Moscoso
prometió «que no habrán más cercas ni
letreros que impidan la entrada a este
territorio que ha vuelto a ser nuestro y que al
grito de soberanía total de tantas
15   generaciones hoy es una realidad, porque el
Canal es nuestro»...

Crítica en Línea (Ciudad de Panamá) (31 dic de 1999)

Guantánamo no es Panamá

La base naval de Guantánamo es, con el Canal
de Panamá, la primera y más famosa posesión
militar norteamericana fuera de sus fronteras.
[Con] la entrega del Canal a las autoridades
5   panameñas, nada parece haber cambiado en
relación a Guantánamo.

    El coronel [Estévez, jefe de la Brigada
Fronteriza cubana en Guantánamo] explica
sobre un mapa cuál es la situación: la base
10   naval ocupa una extensión de 117,6
kilómetros cuadrados, de los cuales el 49%
son tierra firme, el 29% es zona pantanosa y
el resto agua. La bahía, una de las más
grandes de Cuba, tiene 18 kilómetros de
15   profundidad, de los cuales los primeros 9
kilómetros son norteamericanos y el resto,
dice, es «territorio libre». En la parte
norteamericana hay dos aeropuertos, un
hospital, almacenes, radares y hasta playas.

20   «Hace algunos años había unos 7.000
norteamericanos, de ellos cerca de 3.000 eran
militares. Hoy la cifra se ha reducido
considerablemente. En total quedan 1.500
marines y unos 2.000 civiles. También se han
25   llevado los tanques y los aviones de
combate».

    Cuba también ha reducido sus tropas...
[El coronel Estévez explica los motivos por la
reducción.] «El primero es puramente
30   económico... el segundo motivo es la
disminución de tensiones con EE.UU.»...

El País Digital (Madrid, España)

cuadrados *square*

pantanosa *swampy*

profundidad *distance from the
shore to the mouth*

cifra *number*

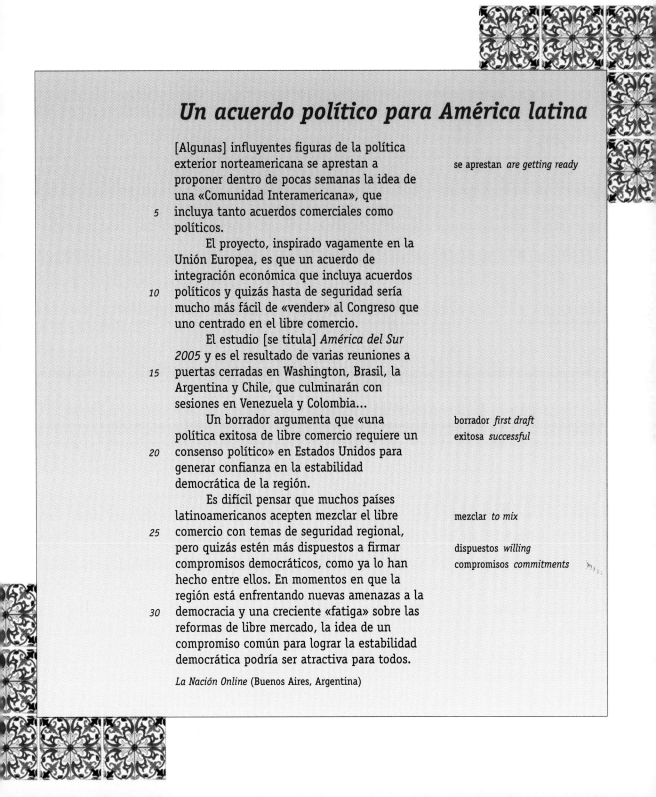

Un acuerdo político para América latina

[Algunas] influyentes figuras de la política
exterior norteamericana se aprestan a
proponer dentro de pocas semanas la idea de
una «Comunidad Interamericana», que

5   incluya tanto acuerdos comerciales como
políticos.

El proyecto, inspirado vagamente en la
Unión Europea, es que un acuerdo de
integración económica que incluya acuerdos

10   políticos y quizás hasta de seguridad sería
mucho más fácil de «vender» al Congreso que
uno centrado en el libre comercio.

El estudio [se titula] *América del Sur
2005* y es el resultado de varias reuniones a

15   puertas cerradas en Washington, Brasil, la
Argentina y Chile, que culminarán con
sesiones en Venezuela y Colombia...

Un borrador argumenta que «una
política exitosa de libre comercio requiere un

20   consenso político» en Estados Unidos para
generar confianza en la estabilidad
democrática de la región.

Es difícil pensar que muchos países
latinoamericanos acepten mezclar el libre

25   comercio con temas de seguridad regional,
pero quizás estén más dispuestos a firmar
compromisos democráticos, como ya lo han
hecho entre ellos. En momentos en que la
región está enfrentando nuevas amenazas a la

30   democracia y una creciente «fatiga» sobre las
reformas de libre mercado, la idea de un
compromiso común para lograr la estabilidad
democrática podría ser atractiva para todos.

La Nación Online (Buenos Aires, Argentina)

se aprestan *are getting ready*

borrador *first draft*
exitosa *successful*

mezclar *to mix*

dispuestos *willing*
compromisos *commitments*

VI. Situación

Ud. acaba de ser elegido(a) presidente de los Estados Unidos. En la campaña electoral Ud. prometió mejorar las relaciones interamericanas. Ahora tiene que cumplir con su promesa. ¿Qué va a hacer en ese campo?

UNIDAD 12

La presencia hispánica en los Estados Unidos

ᴠVocabulario útil

Estudie estas palabras antes de leer el ensayo.

Verbos

adaptarse   *to adapt to*
asimilar   *to assimilate*
emigrar   *to emigrate, to move out of a country*
estallar   *to break out, to erupt, to explode*
incorporar   *to incorporate*
inmigrar   *to immigrate, to move into a country*

Sustantivos

la ascendencia   *ancestry*
los centenares   *hundreds*
la disposición   *disposition, readiness*
el ferrocarril   *railroad*

el ganadero   *cattleman*
el ganado   *cattle;*
la cría de ganado   *cattle raising*
la mayoría   *majority*
la migración   *migration, movement from one area to another*
la minoría   *minority*
el, la obrero, -a   *worker*
el suroeste   *southwest*

Adjetivos

anglosajón, -ona   *Anglo-Saxon*
dispuesto, -a   *disposed to, ready*
étnico, -a   *ethnic*
pacífico, -a   *peaceful*
poblado, -a   *populated*

Trabajen en parejas, o como indique su profesor(a), para hacer y contestar estas preguntas usando el vocabulario de la lista para descubrir algo sobre sus compañeros de clase.

1. ¿Cuándo se incorporaron tus antepasados a los EE.UU.? ¿De dónde vinieron? ¿Cuál es su ascendencia? ¿Sabes por qué inmigraron? ¿Vinieron dispuestos a asimilarse?
2. ¿En tu familia se mantienen algunas costumbres étnicas? ¿Cuáles son?
3. ¿Crees que es mejor que los inmigrantes se adapten a su nuevo país o es mejor que se queden aparte en su propia comunidad? ¿Por qué?

ᴇEnfoque

Por varias razones históricas, la población actual de los Estados Unidos contiene un 10% o más de personas de ascendencia hispana. Se calcula que hay unos 13,5 millones de personas de antecedentes mexicanos, 2,7 millones de puertorriqueños, 1 millón de cubanos y unos 5 millones de otros países hispánicos, muchos de Centroamérica. A diferencia de otros grupos étnicos,

puertorriqueños   *Puerto Ricans*

la mayor parte de éstos nunca inmigraron a los Estados Unidos, ni son descendientes de inmigrantes a este país. En el suroeste de los Estados Unidos, muchas personas fueron incorporadas a los Estados Unidos a través del Tratado de Guadalupe Hidalgo en 1848. Los puertorriqueños se convirtieron en ciudadanos en 1917. En otras palabras, la mayoría de las personas de habla hispana en los Estados Unidos son los habitantes de territorios ocupados en dos guerras.

Generalmente el inmigrante llega a una nueva tierra dispuesto a asimilar la cultura, a aprender una lengua, a adaptarse a las costumbres y a los valores del país, muchas veces con un entusiasmo extremado. Pero cuando se ve incorporado por la fuerza a otra cultura, no siente esta disposición. Más bien tiende a resistirse y a tratar de preservar su cultura original como un tipo de defensa. Un caso comparable es el de la provincia de Quebec, en Canadá, donde la situación de los habitantes de cultura francesa se asemeja a la de los de origen hispánico en los Estados Unidos. Es indispensable conocer este contexto para comprender las actitudes contemporáneas de esta minoría étnica.

por la fuerza *by force*

Una escena de «Spanish Harlem» de Nueva York. ¿De dónde serán la mayoría de las personas que ocupan este barrio hispano?

Anticipación

Con un(a) compañero(a) de clase, haga una lista de los problemas con que se encuentran los hispanos en los Estados Unidos y algunas soluciones posibles. Prepárese para presentarle su lista a la clase.

I. Orígenes de «La Raza»

Mientras que el porcentaje de personas de ascendencia hispánica en el país entero es de casi 10%, en los estados del suroeste ese porcentaje es dos o tres veces mayor. La causa
5 básica de esta concentración tiene su origen en algunos hechos de la primera mitad del siglo XIX.

«La Raza» *"The Race"*

A principios del siglo XIX nació en los Estados Unidos el concepto que se llamó
10 «destino manifiesto». Según éste, el destino de los anglosajones era ampliar su territorio, a expensas del pueblo hispánico, en el continente americano. Existía cierta confusión en cuanto a los límites de esta
15 expansión: algunos pensaban que debía incluir todo el hemisferio; otros sólo veían la necesidad de abarcar la tierra entre Nueva Inglaterra y el océano Pacífico. Antes de invadir abiertamente los territorios, los
20 estadounidenses preferían animar a los habitantes de las regiones fronterizas a que se separaran de México y a que pidieran incorporarse después a la Unión Americana. Los Estados Unidos ya habían comprado el
25 territorio de Luisiana en 1803 y el de la Florida en 1819, de manera que sólo quedaba por anexar el área entre Texas y California.

Hubo entonces una migración constante de estadounidenses hacia estas dos provincias
30 mexicanas tan poco pobladas, con el propósito de fomentar una revolución en favor de la independencia. O sea que, aunque el gobierno de los Estados Unidos no estuviera cometiendo actos agresivos contra
35 México, su política favorecía esta agresión, ya

A principios *In the early part*

ampliar *to increase*

abarcar *to take in*
Nueva Inglaterra *New England*

animar... separaran *to encourage... to separate themselves*

fomentar *to stimulate*

que aprobaba de antemano la incorporación
de esos territorios como nuevos estados. Por
razones económicas, la política mexicana
también favorecía esta inmigración,
40 ofreciendo tierra a inmigrantes tales como
Stephen F. Austin, quien estableció la primera
colonia anglosajona en Texas.

    El resultado de esta política fue un
choque cultural. Como estaba cerca de los
45 Estados Unidos, Texas se llenó de anglos; en
1834 se calculaba que había allí 301.000
anglosajones y sólo 500 mexicanos. En 1836,
los ciudadanos de Texas se declararon
independientes de México. Después de la
50 famosa derrota de la misión del Álamo, el
ejército texano, bajo el mando de Sam
Houston, pudo vencer al ejército mexicano en
San Jacinto. Se inició inmediatamente una
petición de anexión a los Estados Unidos,
55 pero por razones políticas internas ésta no
fue aprobada hasta 1845.

    En las provincias de California y Nuevo
México la política fue semejante, pero el
número de anglos no alcanzó el nivel
60 necesario para imitar el proceso texano. Los
Estados Unidos declararon la guerra en 1846
para conseguir esos territorios. Con la
ocupación de la Ciudad de México en 1847, el
gobierno mexicano se vio forzado a aceptar la
65 pérdida de la mitad de su país y el Tratado de
Guadalupe Hidalgo fue firmado en 1848.

    Por este motivo, a más de 100.000
habitantes mexicanos de esa región se les dio
a elegir entre irse a México o quedarse como
70 ciudadanos estadounidenses sin perder ni los
bienes ni los derechos que tenían. Sin
embargo, el gobierno norteamericano no se
mantuvo completamente fiel a esa promesa.
Dos días después de haberse firmado el
75 tratado llegó la noticia del descubrimiento de
oro en California, lo que contribuyó a
aumentar la población de anglosajones de ese
estado. En Texas los anglos se aprovecharon

---

de antemano *beforehand*

choque (*m*) *clash*

mando *command*
vencer *to overcome*

anexión *annexation*

fue firmado *was signed*

no... fiel *did not remain...
faithful*

se aprovecharon *took advantage
of*

de las leyes norteamericanas para confundir
80 la cuestión de la validez de los títulos de
propiedad aun cuando éstos tuvieran origen
en la época colonial de México.

confundir *to confuse*
validez (f) *validity*

El territorio de Nuevo México, que era la
región menos poblada, no comenzó a recibir
85 inmigración de los Estados Unidos hasta
después de 1848, y no fue hasta fines del
siglo que los anglos llegaron a constituir una
mayoría. La región desde Santa Fe hasta San
Luis, Colorado, estaba poblada por españoles
90 que habían estado allí desde el siglo XVII y
que en realidad no se habían sentido
mexicanos después de la independencia. La
región tenía un fuerte sentimiento español, y
el hecho de que las misiones católicas habían
95 sido su único lazo con el mundo exterior les
dio carácter de conflicto religioso entre
católicos y protestantes a las luchas entre
«anglos» e «hispanos» que hubo durante el
siglo XIX.

100 Sólo en el sur del estado de Arizona
existió cierta paz y amistad entre los dos
grupos. Tal vez porque los ganaderos
mexicanos y anglos tenían que enfrentar a
otros enemigos, como el clima severo del
105 desierto y los indios apaches, no se dedicaron
a la lucha cultural o racial que caracterizó el
resto del suroeste.

enfrentar *to face*

Esta larga época de conflictos dio
origen a una serie de anécdotas sobre héroes
110 culturales. En California, un minero chileno o
mexicano[1] se rebeló contra las condiciones en
que sus compañeros mexicanos vivían y
emprendió una campaña de venganza; su
nombre, Joaquín Murieta, ha venido a
115 simbolizar la resistencia del pueblo mexicano.

emprendió *undertook*
campaña *campaign*
venganza *revenge*

---

[1] *un minero chileno o mexicano* The nationality of Joaquín Murieta is obscure. Many Chileans who
had mining experience in Chile were attracted to California during the Gold Rush of the mid-nine-
teenth century. They, of course, tended to join the Mexican population so that all were considered
Mexicans by the Anglo authorities.

En Texas un bandido llamado Juan
Nepomuceno Cortina dominó una gran región
del sur del estado entre 1860 y 1875; para
asegurarse del apoyo del pueblo adoptó una
120 ideología antianglo. En Nuevo México, Elfego
Baca, que era miembro de la policía territorial
en Socorro, apresó a un texano —cosa
inaudita— y tuvo que resistir solo, durante
dos días, el ataque de varios amigos del
125 prisionero. Se cree que ese acto puso fin a la
migración de texanos belicosos al territorio.

      La reacción de los anglos fue la
venganza organizada de los «vigilantes» (es
interesante —e irónico— el origen del
130 nombre). Se calcula que hubo centenares de
«linchamientos» de mexicanos en esta época.
Los mexicanos muertos a manos de los anglos
llegaron a números espantosos puesto que en
la opinión de muchos eso no era un acto
135 criminal.

      No sorprenderá que esta tradición
violenta no haya conducido a una asimilación
pacífica. Si los mexicanos hubieran sido
inmigrantes, se podría esperar la adaptación
140 tradicional. Si ellos mismos hubieran pedido
la incorporacón de su tierra a los Estados
Unidos, también se podría esperar que
tuvieran una actitud favorable. Si se hubiera
seguido el artículo octavo del tratado, no
145 habrían tenido reclamaciones contra el
gobierno norteamericano. Si se les hubiera
dado la oportunidad de adaptarse, hoy tal vez
no habría problemas. Pero la historia es muy
clara: fueron incorporados a la fuerza,
150 desposeídos de sus tierras y relegados a los
trabajos más bajos. El resultado fue
inevitable.

---

apresó *captured*

inaudita *unheard of*

belicosos *hostile*

linchamientos *lynchings*

puesto que *since*

reclamaciones *claims*

desposeídos *dispossessed*

relegados *relegated*

Comprensión

A. Responda según el texto.

1. ¿En qué parte de los Estados Unidos vive el mayor número de personas de ascendencia hispana?
2. ¿Cuáles eran los dos puntos de vista sobre el significado del concepto del «destino manifiesto»?
3. ¿Qué batalla siguió a la del Álamo y cuál fue el resultado?
4. ¿Cuál fue el resultado para México de la ocupación de la capital por el ejército estadounidense?
5. ¿Qué resultado tuvo en la región el descubrimiento del oro en California?

B. Responda a las siguientes preguntas.

1. ¿Cree Ud. que el concepto del «destino manifiesto» era una política justa? ¿Por qué?
2. ¿Recuerda Ud. algunos aspectos de la batalla del Álamo? ¿Cuáles?
3. Si otro país invadiera y ocupara la parte de los Estados Unidos donde Ud. vive, ¿qué haría? ¿Iría a una parte no ocupada o se quedaría? ¿Cuáles son algunas ventajas y desventajas de las dos posibilidades?
4. ¿Qué cosas, en su opinión, justificarían una invasión de algún otro país por parte de los Estados Unidos?

II. Presencia de la cultura hispánica en el suroeste

Cualquier persona que haya viajado por los estados de Texas, Nuevo México, Colorado, Arizona y California habrá visto que existe una fuerte influencia hispánica en los

5 toponímicos, los apellidos, la arquitectura, la comida y aún en la lengua oída en la calle o en la radio y en la plaza central de los pueblos pequeños. Si una ciudad lleva un nombre inglés, se puede estar seguro de que

10 su origen es reciente. Un ejemplo es Phoenix, en el estado de Arizona. Fue fundada a fines del siglo XIX como parada del ferrocarril, mucho después de Casa Grande, Mesa, Ajo, Yuma, etcétera. Los nombres de montañas —

15 Guadalupes, Sangre de Cristo, Sierra Nevada— y de ríos como el Río Grande (llamado el Río Bravo en México), el Brazos y el Pecos demuestran el origen de sus descubridores. Varios nombres españoles de accidentes

20 geográficos, como cañón, arroyo o mesa, han pasado al inglés por referirse a fenómenos de esa región.

    Tal vez es en el campo lingüístico donde ha existido más intercambio pacífico entre las

25 dos culturas. Una serie de palabras españolas fueron incorporadas al inglés como resultado de ciertas condiciones comunes a todos los habitantes del suroeste. En la cría de ganado los mexicanos habían establecido una

30 terminología que fue adoptada por los anglos: *ranch* (rancho); *lasso* (lazo); *lariat* (la reata); *buckeroo* (vaquero); *burro* (burro); *corral* (corral); *hoosegow* (juzgado); *calaboose* (calabozo); *vamoose* (vamos). Muchas

toponímicos *place names*

parada *stop*

35 palabras en español son usadas comúnmente
en inglés: patio, rodeo, plaza, fiesta, siesta,
tornado. La lista incluye también los nombres
de plantas indígenas (quinina, saguaro), de
animales (puma, coyote), de platos típicos
40 (tacos, chile con carne), de materiales de
construcción (adobe), etcétera.

Claro que el español del suroeste
muestra igual influencia del inglés. Muchas
palabras inglesas son usadas en la lengua
45 diaria y también hay docenas de anglicismos,
o sea palabras tomadas del inglés y
modificadas. Las palabras asociadas con el
automóvil —brecas, troca, parquear—   brecas *brakes*
frecuentemente derivan del inglés. Otro   troca *truck*
50 fenómeno es el uso de una traducción literal   parquear *to park*
cuando algo no tiene equivalente adecuado
en español: por ejemplo, «escuela alta» (*high
school*), «chanza» (*chance*) o «yarda» (*yard*).

La influencia hispánica también se ve
55 en la arquitectura del suroeste. Es muy
común allí el estilo «español» en los edificios
que fueron construidos entre 1910 y 1930,
cuando el estilo estaba de moda en California. de moda *in style*
Sin embargo, existen numerosos ejemplos de
60 auténtica arquitectura española en las
iglesias antiguas y en algunos edificios
preservados. Los elementos básicos de esta
arquitectura son el adobe, los techos de tejas techos *roofs*
y vigas de madera labrada, que no se cubren.   tejas *tiles*
65 Las paredes de adobe encierran el patio. El   vigas *beams*
decorado suele ser sencillo porque el adobe   encierran *enclose*
no se presta a las elaboraciones típicas de los decorado *decor*
edificios del sur de México. Las ventanas   no se presta *does not lend itself*
tienden a ser pequeñas y las paredes
70 exteriores gruesas, tanto en las regiones   gruesas *thick*
cálidas como en las frías.   cálidas *warm*

La influencia española, en la lengua y en
la arquitectura, es muy notable en todos los
estados del suroeste y existe, aunque en menor
75 grado, en los estados de más al norte. Se
pueden encontrar distinciones marcadas entre
una y otra región. Hay por lo menos cinco re-

giones culturales hispánicas en el suroeste,
debido a los antecedentes históricos coloniales
80 y luego al movimiento de los pobladores
norteamericanos del siglo XIX. Geográfica-
mente, estas regiones pueden identificarse así:
1) el sur de Texas; 2) la región que se extiende
desde el noroeste de Texas hacia el sur de
85 Nuevo México, Arizona y California; 3) la costa
de California; 4) los grandes centros urbanos,
creaciones del siglo XX; 5) la región del norte
de Nuevo México y el sur de Colorado.
    La primera de estas regiones fue
90 poblada en la época colonial por los
españoles. Como tenía tierra fértil, atrajo a
los primeros anglosajones. Por su proximidad
al centro de México, fue la región más
disputada en la guerra de 1846.
95   La segunda región, concentrada en la
cría de ganado, tuvo un desarrollo más tardío,
pero la llegada del ferrocarril lo aceleró. Es el
sitio de las grandes haciendas, como el *King
Ranch*. La región también se caracterizaba por
100 los conflictos entre los nuevos pobladores,
anglos y mexicanos, contra los indios
guerreros.
    La costa de California era el lugar más
poblado por los españoles y por los mexicanos
105 después de 1824. Su accesibilidad por mar
contribuyó a la actividad, tanto comercial
como misionera, de la colonia.
    Las grandes ciudades del suroeste, Los
Ángeles, Tucson, Albuquerque, Denver, El
110 Paso, Laredo, San Antonio, reflejan una
cultura hispánica nueva, formada por
elementos y acontecimientos del siglo XX.
    La región entre Santa Fe, Nuevo México
y San Luis, Colorado, es la que ha preservado
115 en su estado más puro la antigua cultura
española. Estimulado por las historias de
Cabeza de Vaca,[2] en 1539 el Virrey mandó a

debido a *due to*
pobladores *settlers*

tardío *late*

guerreros *warlike*

---

[2] *Cabeza de Vaca* Shipwrecked off the coast of Texas, Cabeza de Vaca wandered through much of the
Southwest, living with the Indians and learning their legends, including that of the Seven Cities of
Cíbola, all made of gold. He finally made it back to Mexico where he reported his adventures and
stimulated further official expeditions.

Fray Marcos de Niza acompañado por el moro
Estebanillo en busca de las ciudades fabulosas
120 de Cíbola y Quivira. Al año siguiente, la
expedición de Coronado continuó la
búsqueda, llegando hasta Kansas, antes de
decidir que las leyendas eran mitos o
mentiras de los indios. La región fue olvidada
125 hasta 1598 cuando un rico de Zacatecas, Juan
de Oñate, emprendió la colonización.

    Santa Fe existió como una colonia
segura pero aislada de México. A causa de
esta separación se creó una sociedad basada
130 en las prácticas y costumbres del siglo XVII
que cambió muy poco en los años siguientes
por falta de contactos culturales. El viaje de
ida y vuelta desde Santa Fe hasta Chihuahua
llevaba más de cinco meses. Después de 1848,
135 cuando el territorio se incorporó a los Estados
Unidos, entró en contacto con la cultura
anglosajona, aunque los habitantes
persistían, como lo hacen hoy, en seguir su
vida tradicional.

140   Los estudios folklóricos en esta región
revelan la existencia de poesías y canciones
procedentes de la España medieval. También
muestran todavía ejemplos de artes
coloniales: los tejidos de Chimayó y los
145 santeros[3] que labran imágenes de madera.
Estas imágenes ejemplifican la mezcla de las
culturas española e indígena. Los que han
estudiado la lengua de la región notan la
presencia de formas antiguas que ya no
150 existen en el español moderno.

búsqueda search
mitos myths
mentiras lies

aislada isolated

falta de lack of
de ida y vuelta round trip

labran carve

---

[3] *los santeros* Carvers of saints. A traditional art form involving the creation of images of saints
either from wood or as paintings, frequently on metal. The *santeros* of northern New Mexico show
the isolation from the mainstream of Mexican culture and the strong indigenous influence of the
region.

Comprensión

A. Responda según el texto.

1. ¿Cuáles son algunas palabras españolas usadas en inglés?
2. ¿Cuáles son algunas palabras inglesas usadas en el español de la frontera del suroeste?
3. ¿Cuántas regiones distintas de cultura hispánica hay en el suroeste? ¿Cuáles son?
4. ¿Por qué era más poblada la costa de California?
5. ¿Quién fue Cabeza de Vaca? ¿Por dónde viajó?
6. ¿Por qué cambió relativamente poco la vida de Santa Fe?

B. Responda a las siguientes preguntas.

1. ¿Cuántos nombres españoles de lugares norteamericanos puede Ud. mencionar?
2. ¿Ha viajado Ud. por el suroeste de los Estados Unidos? ¿Por dónde? ¿Le gustó? ¿Ha vivido allí? ¿Dónde?
3. ¿Cree Ud. que es mejor que los grupos étnicos mantengan su propia cultura? Explique.

III. Nuevas influencias del siglo XX

La época entre 1900 y 1930 se caracterizó por un intenso desarrollo económico en el suroeste y por una gran necesidad de trabajadores. La fuente natural era el norte
5 de México, donde vivían miles de mexicanos desempleados. La construcción del ferrocarril, las cosechas del algodón, de frutas y legumbres en las tierras regadas por el Río Grande y de betabeles en Colorado y
10 California, fueron realizadas por obreros mexicanos, como ya lo había sido el establecimiento de las industrias minera y ganadera. No sólo fue el trabajo de los mexicanos, sino también sus conocimientos
15 tecnológicos lo que facilitaron este progreso. Los angloamericanos no conocían la técnica del riego que los españoles habían aprendido de los árabes ni las técnicas mineras que se habían desarrollado en México en el siglo XVI.
20 El ferrocarril[4] tuvo que seguir las rutas ya descubiertas por los mexicanos. Todo el progreso del suroeste habría sido imposible o mucho más lento sin la ayuda de la población hispánica.
25 En las tres primeras décadas del siglo la población mexicana de Texas creció en un mil por ciento. El contrabando más importante de toda la frontera consistía en obreros mexicanos; hubo guerras de contrabandistas
30 en las cuales se robaban a los obreros como si

desempleados *unemployed*
cosechas *harvests*
algodón (*m*) *cotton*
legumbres (*f*) *vegetables*
regadas *irrigated*
betabeles (*m*) *(Mex.) sugar beets*
como... sido *as had been*

---

[4] *El ferrocarril* Unlike most railroads, the Southern Pacific was built not following other development but preceding it. The company stimulated the development of the region.

fueran ganado. Hasta 1930 los mexicanos
tenían fama de trabajadores dóciles que   dóciles *submissive*
hacían cualquier tarea sin quejarse. En la   quejarse *complaining*
década de los treinta, sin embargo, bajo la
35 influencia de organizadores sindicales,   sindicales *union*
estallaron varias huelgas de obreros agrícolas
en California. El único resultado de las
huelgas fue la supresión violenta.

    Los sindicatos nacionales, dirigidos por
40 los trabajadores del este del país, no les
ofrecieron mucho apoyo a los mexicanos. Al
contrario, ayudaron a mantener el nivel de
vida como estaba, al establecer sueldos bajos   sueldos *salaries*
para la gente morena y para los mexicanos.

45   Durante la Segunda Guerra Mundial
muchas personas de la comunidad hispánica[5]
sirvieron en las fuerzas armadas de los
Estados Unidos con mucha distinción. Los que
no fueron a la guerra se quedaron a trabajar
50 en las fábricas y agencias de defensa.
Además, durante la guerra, el gobierno
federal, que necesitaba mantener buenas
relaciones con México, había tratado de evitar
la discriminación en el suroeste. Se deseaba
55 evitar la posibilidad de incidentes como el
que ocurrió cuando un restaurante en Texas
se negó a servir al cónsul mexicano en   se negó a *refused to*
Houston. Estos incidentes sirvieron para crear
un clima más propicio para la protesta y para   propicio *favorable*
60 la organización de las minorías.

    Sin embargo, hubo poca actividad
organizada hasta 1965 cuando en California
se oyó de nuevo el grito de «¡Huelga» entre   de nuevo *again*
                                             grito *cry*

---

[5] *personas de la comunidad hispánica* There is no universally applicable name either in English or
Spanish for the people of Spanish ancestry in the United States. Many have been used, Mexican-
American being perhaps the most widely accepted. Mexican, Hispano, Spanish-American and
Latin American all are ambiguous because of their confusion with foreign areas; *Chicano* and «*La
Raza*» imply a somewhat political grouping unacceptable to some members. Government agencies
tend to use "Spanish-surnamed" because of its factual basis. In some areas *mexicano* is acceptable, in
others not. Both *mexicanoamericano* and *méxicoamericano* are sometimes used and recently *latino* has
begun to return to use. As with other minority groups, the situation is generally in flux.

los obreros argícolas. Bajo la dirección tanto
65 práctica como espiritual de César Estrada
Chávez, el 16 de septiembre de 1965 (el día
de la independencia mexicana)[6] fue
proclamado el Plan de Delano. La huelga de
los trabajadores campesinos despertó el   campesinos *of the farms*
70 interés de miles de personas, especialmente
entre los jóvenes. El Plan era un documento
sencillo que proclamaba la solidaridad de los
campesinos mexicanos. «La Causa»
rápidamente ganó el apoyo de muchos
75 habitantes urbanos y creó el término
«chicano», de origen desconocido, que fue
utilizado para referirse a los adherentes al
movimiento.
    Al extenderse el movimiento a otras
80 regiones del suroeste se adoptó otro término
antiguo: «La Raza». Según algunos, el origen
de la expresión se encuentra en la misión
dada a los españoles en la época de la
conquista de formar «La Santa Raza», es
85 decir, de llevar la fe católica a los pueblos de
América. Como quiera que sea, el término «La   Como quiera que sea *However,*
Raza» se ha aplicado genéricamente a la   *at any rate*
tradición hispánica para distinguirla de la
anglosajona. La expresión tiene un
90 significado semejante en toda
Hispanoamérica, donde se celebra el día 12 de
octubre (que en los Estados Unidos se llama
Columbus Day) como «El Día de la Raza».
    En la misma época unos estudiantes
95 universitarios formularon el «Plan Espiritual
de Aztlán» en 1969. En la mitología azteca
Aztlán era el lugar de origen de la tribu, y
según algunos correspondía al suroeste de los
Estados Unidos. Aunque creó cierta unidad

---

[6] *el día de la independencia mexicana* Mexico declared its independence from Spain on September 16, 1810. A priest in Dolores, *Padre Hidalgo*, gave what is called *«El grito de Dolores»* on that day. Many Mexican-American groups in the United States celebrate that day as a show of cultural independence.

100 geográfica, también proclamaba unos
sentimientos separastistas que muchos no
aceptaban.
   Después de estos actos de protesta ha
venido el trabajo aburrido, pero necesario, de
105 los que se ocupan de llamar la atención
pública a los actos discriminatorios y de
educar a la gente sobre sus posibilidades
políticas.

Comprensión

A. Decida si las siguientes frases son verdaderas o falsas. Corrija las falsas.

1. El norte de México sirvió como fuente natural de trabajadores entre 1900 y 1930.
2. El progreso del suroeste hubiera sido más fácil sin la población hispánica.
3. Hasta 1930 los mexicanos tenían mala fama como trabajadores.
4. El resultado de las huelgas iniciales en California fue la supresión.
5. Los sindicatos nacionales ayudaron a mejorar el nivel de vida de los mexicanoamericanos.
6. La guerra hispanoamericana les dio a los mexicanos el primer contacto con los anglos como iguales.
7. La huelga de César Chávez ocurrió en México.
8. «La Raza» viene de los primeros viajes a América.

El descubrimiento de las Américas cambió la civilización occidental. Se celebra el Día de la Raza en toda Hispanoamérica. ¿Cómo lo conmemoran los hispanos en nuestro país?

B. Responda a las siguientes preguntas.

1. ¿Ha sentido Ud. alguna forma de discriminación o la ha visto alguna vez? Describa la situación.
2. ¿Qué concepto tiene Ud. de los trabajadores mexicanos en los Estados Unidos hoy? ¿Ha cambiado su opinión en los años recientes?
3. ¿Cuáles son algunas causas del prejuicio? ¿Cree que es posible eliminar totalmente el prejuicio? ¿Cómo?
4. ¿Cuáles son algunos de los efectos de los cambios en la ley sobre la inmigración en los Estados Unidos?

IV. La variedad de la minoría hispánica

Por lo general, los otros grupos hispánicos de
los Estados Unidos son más recientes. Los
puertorriqueños, que principalmente se
concentran en el este del país, se vieron
incorporados a los Estados Unidos después de
1898 cuando su isla fue capturada en la
guerra con España. Desde 1917 han podido
viajar libremente entre su territorio y el
continente. Su motivo en migrar a Nueva York
y a las otras ciudades del este es básicamente
económico y el número que viene tiende a
reflejar el estado económico, tanto de la isla,
como de los Estados Unidos. Hay años en que
más personas vuelven a la isla y otros en que
más vienen al continente.

    Su experiencia en el país no ha sido
muy buena. Probablemente constituyen uno
de los grupos más pobres de la nación.
Frecuentemente son personas del campo
tropical de la isla y al encontrarse en el norte
—urbano, industrializado y frío— se sienten
bastante desorientadas. No poseen las
capacidades necesarias para encontrar buenos
puestos y se resignan a las tareas más
básicas. Tal vez a causa de su posición
económica tampoco han podido ejercer el
poder político que sus números merecen.

    Al fin, sin embargo, debe haber alguna
atracción fuerte porque de todos los grupos
hispánicos en los Estados Unidos, éste es el
único que puede volver fácilmente a su tierra
si así lo quiere. Es decir que, por malas que
sean sus condiciones en Nueva York, habrán
sido peores en la isla.

(5)   *(10)*   *(15)*   *(20)*   *(25)*   *(30)*

se vieron *found themselves*

capacidades *skills*

merecen *deserve*

35   En los años 70 la inmigración cambió de dirección y hubo más puertorriqueños que volvieron a la isla de los que vinieron al continente. Esto ha creado ciertos problemas culturales. La familias que han pasado algún
40 tiempo en Nueva York u otra gran ciudad estadounidense han cambiado parte de su propio «estilo de vida» y algunas de sus costumbres. Además, han adquirido ciertas capacidades nuevas que los ponen a la cabeza
45 de aquellos que buscan trabajo. Esto puede causar reacciones negativas entre los que nunca han dejado la isla.

     El tercer grupo hispánico de importancia lo constituyen los cubanos que
50 vinieron a los Estados Unidos cuando Fidel Castro formó un gobierno marxista y comenzó a hacerles la vida difícil a las personas que habían tenido una posición importante en el campo económico, político o social antes de
55 la revolución. Estas personas fueron aceptadas en los Estados Unidos como refugiados políticos durante la década de los 60.

     Vinieron principalmente a vivir en el
60 sur de la Florida. En muchos casos ya habían visitado antes la región y algunos tenían en el área parientes que habían salido de Cuba en épocas anteriores.

     Hay unas diferencias profundas en el
65 caso de los cubanos —eran principalmente de la clase media o alta en Cuba. En el caso de los inmigrantes tradicionales la mayoría de los que inmigran son de los grupos más pobres y menos capacitados, pero los cubanos
70 eran gente educada (y frecuentemente habían estudiado en los Estados Unidos) — profesionales, abogados, médicos, ingenieros, etcétera. Aunque en muchos casos no pudieron practicar inmediatamente su
75 antigua profesión, eran personas acostumbradas a prepararse y pudieron aprender otra. Tal vez debido a una ideología

refugiados *refugees*

común las comunidades cubanas han podido
aprovechar su influencia política,
80 especialmente en las relaciones entre los
Estados Unidos y Cuba. Todo esto explica por
qué los cubanos han tenido mucho más éxito
económico y social en su nueva patria y se
encuentran hoy en todas partes del país en
85 puestos altos de la banca, de los negocios y
de la educación.

Finalmente, debido a los problemas
políticos de varios países centroamericanos, el
número de refugiados de esa región crece
90 cada vez más. Se calcula que constituyen un
12% de los hispanos en todo el país.

Es obvio que si sigue esta tasa de
aumento, dentro de pronto los hispanos serán
la minoría más numerosa si es que no lo son
95 ya.

Últimamente ha surgido una nueva ola
de confianza de parte de la generación latina
joven (que a veces se llaman la «generación
Ñ» y otras la «generación Mex» como forma
100 propia de la famosa «generación X»). En vez
de esconder sus raíces latinas, han asumido
una actitud de orgullo y optimismo hacia su
cultura hispana. Este cambio de actitud se ha
visto acompañado de una nueva popularidad
105 entre el público norteamericano en general de
la comida y la música latinas.

Desde Gloria Estefan y Rubén Blades
que ya hace tiempo han ocupado un puesto
de importancia en la música popular
110 norteamericana hasta Ricky Martin, Marc
Anthony y Jennifer López que más
recientemente han atraído un público enorme
fuera de la comunidad hispana, la música
latina ha sido un fenómeno del fin del siglo.
115 Grupos que tocan una música que es
una «fusión» de rock y de salsa también
aparecen en todos los países latinos y tienen
un gran público cuando tocan en EE.UU. «Los
Fabulosos Cadillacs», Los Aterciopelados,
120 Maná, Café Tacuba y El Tri son algunos grupos

surgido *emerged*
ola *wave*

populares del llamado «Rock en español».

La comida mexicana y su variante, «tex-mex» retienen su popularidad entre la mayoría de los norteamericanos. Además, la

125 comida del Caribe, con sus ingredientes tropicales y por eso más exóticos también ha ganado un público mayor en las dos últimas décadas.

Lo importante es el cambio de actitud

130 que ha ocurrido. En vez de clasificarse como víctimas, su amor propio les permite sentir satisfacción de su estado bicultural. Esto promete un futuro de más esperanza.

amor propio *self-esteem*

Comprensión

A. Responda según el texto.

1. ¿Quiénes son los dos otros grupos grandes de hispanos en los Estados Unidos?
2. ¿Cómo llegaron los puertorriqueños a ser ciudadanos estadounidenses?
3. ¿Por qué algunas veces emigran más al continente y otras veces a la isla?
4. ¿Cuáles pueden ser los problemas de las familias que vuelven a la isla?
5. ¿Cuándo y por qué vinieron la mayoría de los cubanos a los Estados Unidos?
6. ¿Quiénes eran ellos principalmente?
7. ¿Cuál ha sido la diferencia mayor entre ellos y los inmigrantes tradicionales? Explique.

B. Responda a las siguientes preguntas.

1. Si Ud. fuera a vivir en otro país, ¿cómo cambiaría su vida?
2. ¿Cuántos nombres de hispanos notables en los Estados Unidos puede Ud. mencionar?
3. ¿Ha visitado Ud. el Caribe alguna vez? ¿Qué países ha visitado? ¿Cuándo? Si no los ha visitado, ¿quisiera hacerlo?

Videomundo

Mire los segmentos y responda a las preguntas siguientes.

A. La creciente influencia hispánica en los EE.UU. Los hispanos en Washington: Henry Cisneros (1:41:59)

    1. ¿Cuáles son algunos de los aspectos del ambiente latino según el secretario?

    2. ¿Cuántas elecciones más faltan para que haya candidatos hispanos para la presidencia según él?

B. Algunas equivocaciones culturales (1:46:29)

    ¿Qué error mencionan más los comentaristas?

C. Carlos Santana y el Centro Cultural de la Misión (1:56:18)

    ¿Cuáles son algunas actividades que tienen en el Centro Cultural?

D. Radiolandia (1:59:30)

    1. ¿Qué noticias ofrecen en esta emisora de radio? ¿Cómo consiguen las noticias?

    2. ¿Cuál es la música más popular hoy y de dónde viene?

E. Alfredo Estrada y la revista *Hispanic* (2:04:20)

    1. ¿De dónde es el Sr. Estrada y dónde se crió?

    2. ¿Cómo quiere la revista tratar la diversidad de la comunidad hispana?

Práctica

I. Ejercicios de vocabulario

A. Dé dos palabras relacionadas.

    Modelo →   tierra   territorio   terreno

    1. poblar   _____   _____

    2. migración   _____   _____

    3. incorporar   _____   _____

    4. adaptar   _____   _____

    5. obrar   _____   _____

B. Indique los sinónimos.

1. sueldo		**a.** declarar
2. destino		**b.** afición
3. proclamar		**c.** letrero
4. adherentes		**d.** guerrero
5. cartel		**e.** exigir
6. bienes		**f.** salario
7. reclamar		**g.** aumentar
8. ampliar		**h.** miembros
9. belicoso		**i.** propiedad
10. inclinación		**j.** suerte

C. Complete con una palabra relacionada con la palabra entre paréntesis.

1. (incluir) Es común la _____ de palabras españolas en el inglés.

2. (geografía) Hay cinco regiones _____.

3. (espíritu) Formularon el Plan _____ de Aztlán.

4. (ganado) Estimularon la industria _____.

5. (frontera) Poblaron las provincias _____ de la región.

6. (folklore) Han hecho estudios _____.

7. (por ciento) Hay un gran _____ de personas desempleadas.

8. (oscuro) La palabra «mexicano» _____ la nacionalidad estadounidense de la persona.

II. Puntos de contraste cultural

1. ¿Cree Ud. que se le debe exigir a la gente de habla hispana en los Estados Unidos la misma actitud que se les exige a otros inmigrantes?

2. ¿Por qué existe tanto intercambio lingüístico en la frontera entre dos culturas?

3. El relativo aislamiento de la región de Santa Fe desde el siglo XVII ayudó a impedir el desarrollo de la lengua. ¿Sabe Ud. de alguna región de los Estados Unidos donde haya ocurrido algo semejante con el inglés?

4. ¿Cree Ud. que se debe observar hoy día el derecho a la tierra que tuvo su origen en las mercedes reales del siglo XVII?

III. Debate

Organice dos equipos para que ataquen o apoyen esta resolución.

Los Estados Unidos tenían el derecho de aumentar su territorio en el siglo XIX aunque tuvieran que quitarles la tierra a otras personas como a los hispanos y a los indios.

IV. El arte de escribir: repaso

Escriba una composición exponiendo sus opiniones sobre si existe o no la discriminación en los Estados Unidos hoy día. Trate de convencer al lector de su posición.

V. Las noticias

Lea estos artículos y prepárese para comentarlos con los compañeros de clase.

Los reyes del mambo escriben en castellano

Mucho antes de que los primeros anglosajones
pisaran Estados Unidos, ya había un libro
escrito y publicado en castellano. Tras cuatro
siglos de aventuras editoriales, la lengua de
5 Cervantes ha copado un puesto en el mercado
que no deja de crecer. Los propietarios de las
editoriales han fijado su mirada en nombres
como la chilena Isabel Allende, la mexicana
Laura Esquivel, el argentino Tomás Eloy
10 Martínez o la puertorriqueña Rosario Ferré.
Además de ellos, hay otros escritores de
origen hispano que escriben en inglés y son
traducidos al castellano. Gente como el
neoyorquino de padres cubanos Óscar
15 Hijuelos, el dominicano Junot Díaz o la
chicana Sandra Cisneros tienen una música,
un sabor, un estilo propio e inconfundible. El
estilo hispano.
        «Lo interesante del caso es que el
20 primer libro escrito en cualquier idioma en el
territorio de lo que hoy es Estados Unidos lo
fue en castellano», recapacita el español
Eduardo Lago...
        Pero la escritura en castellano en
25 EE.UU. no es sólo cosa del pasado. «Al
contrario, ha recobrado en los últimos años
un vigor muy excitante», dice Julio Ortega,
escritor peruano...
        Y dice Eduardo Lago «Más pragmática,
30 la industria editorial norteamericana está
descubriendo que el mercado de libros en
español es uno de los más jugosos de Estados
Unidos».

El País Internacional (Madrid, España)

---

pisaran *stepped on the soil of*

copado *won*

neoyorquino *New Yorker*

inconfundible *unmistakeable*

recapacita *considers*

recobrado *recovered*

jugosos *juicy*

Expertos analizan la presencia hispana en EE.UU.

El 10% de la población de Estados Unidos ya habla español —unos 26 millones— , pero en medio siglo la cifra de hispanohablantes ascenderá a 80 millones en el territorio de la
5 Unión. Entretanto, unos 600.000 estudiantes anglohablantes estudian español como segunda lengua en los centros de enseñanza. A partir de estos datos, un grupo de expertos no dudó en subrayar que «el futuro de
10 Estados Unidos es bilingüe entre el inglés y el español».

Las razones básicas de este impresionante crecimiento de los hispanoparlantes responden a la enorme y
15 sostenida emigración desde países de América Latina a Estados Unidos, a la proliferación de los medios de comunicación en español... y a una cada día mayor presencia de la literatura hispana. Estas circunstancias vienen a
20 sumarse a todos aquellos estadounidenses que cuentan desde siempre con el español como lengua materna.

El País Internacional (Madrid, España)

cifra *number*
ascenderá *will rise*
Entretanto *Meanwhile*

A partir de *Starting with*
subrayar *underlined*

sumarse *added*

Hollywood celebra
«Mes de la Herencia Hispana»...

...con una exposición que recuerda las contribuciones de esta comunidad a lo largo de la historia del séptimo arte.

    Recordatorio, por ejemplo, de que antes
5 de que naciera Antonio Banderas, el puertorriqueño José Ferrer había [recibido]... el primer Oscar para un actor capaz de hablar español por su labor, en 1952, en «Cyrano de Bergerac».

10   O devolver a la memoria que, mucho antes de que las curvas de Jennifer López o Salma Hayek conquistaran la gran pantalla, Margarita Cansino tenía al público boquiabierto, esperando que se quitara el
15 otro guante como Rita Hayworth [en la película *Gilda*].

    Ferrer sería el primer hispano en conseguir un Oscar pero no el último, ya que a él se le unirían años más tarde actores como
20 el mexicano Anthony Quinn, con «Viva Zapata», o la puertorriqueña Rita Moreno, con «West Side Story».

    Junto a Edward James Olmos, Martin Sheen, Rubén Blades, Raúl Juliá, Héctor
25 Elizondo o Sonia Braga, todos conocidos por sus lazos hispanos, están las nuevas generaciones como Madeline Stowe o Cameron Díaz, tan asimiladas a la parte anglosajona de la cultura estadounidense que casi están
30 olvidados sus orígenes, la primera descendiente de costarricenses, la segunda de padre cubano.

    La exposición guarda un lugar especial para el rostro de Desi Arnaz, no sólo por la

Herencia *Heritage*

recordatorio *reminder*

pantalla *screen*

boquiabierto *open-mouthed*
guante *glove*

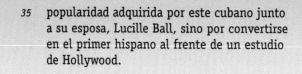

35 popularidad adquirida por este cubano junto
a su esposa, Lucille Ball, sino por convertirse
en el primer hispano al frente de un estudio
de Hollywood.

LatinoLink

VI. Situación

Imagínese que Ud. es nativo(a) del planeta Marte y acaba de inmigrar a la tierra
por razones económicas. ¿Cuáles son las cosas que tendría que hacer al llegar
aquí? ¿Cómo van a reaccionar los terrestres al hecho de que Ud. es de color
verde claro y que mide tres metros y pico? Qué les va a responder? ¿Cuáles van a
ser sus mayores problemas?

Vocabulario

This vocabulary does not include Spanish words that are exact cognates of English ones. The gender of nouns is listed except masculine nouns ending in **-o** and feminine nouns ending in **-a, -dad, -tad, -tud,** or **ión.** Adverbs ending in **-mente** are not listed if the adjectives from which they are derived are included.

Abbreviations

adj adjective
adv adverb
Am American
f feminine
fig figurative
m masculine
n noun

part participle
pl plural
pret preterite
pron pronoun
refl reflexive
subj subjunctive

A

abajo below
abandonar to abandon
abarcar to include, comprise
abertura opening
abierto,-a open; opened
abogado,-a attorney, advocate
abolir to abolish
abrir to open
abrumador,-a overwhelming, wearying
absoluto,-a absolute
absorber to absorb
abstracción abstraction
abstracto,-a abstract
abuela grandmother
abuelo grandfather; **los abuelos** grandparents
abundancia abundance, plenty
abundante abundant, plentiful
abundar to abound, be plentiful
aburrido,-a bored; boring
abusar to abuse
abuso abuse
acabar to end up; **acabar de** to have just

académico,-a academic
acariciar to caress
acarrear to cause
acceder to accede, give in; to have access to; to reach
accesibilidad accessibility
accesible accessible
acceso access
acción action; act; stock
aceite oil
acelerar to speed up, accelerate
aceptar to accept, admit
acerca de about, regarding
acercamiento bringing near
acercarse to approach
acierto good idea
aclarar to clarify
acomodado,-a well-to-do
acompañar to accompany; to go along
acontecer to happen, occur
acontecimiento event, occurrence
acorazado battleship
acordar (ue) to agree
acortar to shorten, cut short
acostar (ue) to put to bed

acostumbrado,-a accustomed; customary

acostumbrarse (a) to be used to; to customarily (+ verb); to become accustomed to

actitud attitude

actividad activity

activo,-a active

acto act; action

actriz *f* actress

actual current, present, contemporary

actualidad current time, the present

actuar to act, act as

acudir to participate (in an election)

acueducto aqueduct

acuerdo accord; **de acuerdo a** according to; **de acuerdo con** in agreement with; **estar de acuerdo** to be in agreement; **ponerse de acuerdo** to reach an agreement

acumulación accumulation

acumular to accumulate

acusar to accuse, blame

adaptarse to become adapted, adapt

adecuado,-a adequate

adelante ahead; **más adelante** later on

además moreover, besides, in addition; **además de** in addition to

adepto,-a initiate, adept, member

adherente *m* or *f* supporter, adherent

adherir (ie) to be a member of

adhesión support, belief in

administrar to administer, run

administrativo,-a administrative

admirable wonderful, awesome

admitir to admit; to allow; to accept

adobe *m* adobe (brick made of clay and straw)

adoptar to adopt, take up

adorar to worship

adorno decoration, adornment

adquirir (ie) to acquire

adquisición acquisition

aduana customhouse; customs

adueñarse to take over, acquire

adulto,-a *n* and *adj* adult

advertencia warning

advertirse (ie) to be noted

aéreo,-a *adj* air

aeropuerto airport

afectar to affect

afición inclination; fondness; taste

afiliarse to join

afinidad affinity, resemblance

afirmación assertion, affirmation

afirmar to affirm, assert

africano,-a African

afuera *adv* outside

afueras *fpl* outskirts

agencia agency, bureau

agotar to exhaust, dry up, run out

agrario,-a agrarian, agricultural

agravarse to become worse

agredido,-a assaulted

agresión aggression

agresivo,-a aggressive

agrícola *adj m* or *f* agricultural

aguardiente *m* brandy, liquor

águila eagle

ahogado,-a drowned person

ahorrar to save (as money)

aire *m* air; **al aire libre** outside, in the open air; **aire acondicionado** air conditioning

aislado,-a isolated

aislamiento isolation

aislar isolate, keep separate

ajedrez *m* chess

ajeno,-a alien, separate

ajuste *m* adjustment

alarmado,-a alarmed

alba dawn

alcachofa artichoke

alcalde *m* mayor

alcanfor *m* camphor

alcanzar to reach; to achieve; to gain; to catch up with

alcázar *m* castle; fortress

alcoba bedroom, alcove
aldea village
alegar to allege, claim, put forward
alejarse to move away, leave
alemán,-ana *n* and *adj* German
alentador,-ora encouraging
alentar (ie) to encourage, inspire
alfabetismo literacy
alfabeto alphabet
alfombra carpet
alfombrar to carpet
algo something; *adv* somewhat
algodón *m* cotton
alguien *pron* someone
alguno,-a someone; **algunos,-as** some
aliado,-a *adj* allied; *n* ally
alianza alliance
aliarse to side with, ally with
aliento vigor, activity, breathing
alimentar to feed
alimento food, nourishment
aliviar to alleviate, lessen
allegado *m* having arrived
allí there, over there
alma soul, spirit
almacén *m* department store; warehouse
almohada pillow, cushion
almuerzo lunch
alpinismo mountain climbing, hiking
alquimia alchemy
alrededor (de) around
alternativa *n* alternative
alto,-a high, tall
altura altitude, height
alumno,-a pupil, student
alusión allusion
alza rise (in price)
amante *m* or *f* lover, mistress
amar to love
amarillo,-a yellow
ambiente *m* environment; atmosphere
ambigüedad ambiguity

ambos,-as both
ambulante *adj m* or *f* walking, strolling
amenaza threat
amenazar to threaten
ametrallar to machine gun
amistad friendship
amo,-a master, mistress
amontonamiento crowding
amor *m* love; **amor propio** self-esteem
amoroso,-a amorous
amparo shelter
ampliado,-a widened, broadened, enlarged
ampliar to widen, broaden, enlarge
Anáhuac *m* Aztec name for valley around Mexico City
analfabeto,-a illiterate
ancho,-a wide
anciano,-a old, elderly
andaluz,-a of or from Andalucía; Andalusian
andino,-a Andean
anécdota anecdote, story
anexar to annex
anexión annexation
anglicismo Anglicism, word borrowed from English
anglo,-a person of English descent
anglosajón,-ona Anglo Saxon
ángulo angle
anhelo desire, eagerness
animar to stimulate, encourage
anonimidad anonymity
anónimo,-a anonymous
antagónico,-a antagonistic, contrary
ante before, in the presence of
antemano: de antemano beforehand
antepasado,-a ancestor, predecessor
anteponer to place first
anterior previous, preceding; former
antes (de) before, earlier; **antes que** before, rather than
anticipar to anticipate, expect

anticomunista *m* or *f*
anticommunist

antiguo,-a old, ancient, antique;
former, prior

antiperonista *m* or *f* opponent of
the Peronista party

antropología anthropology

antropólogo,-a anthropologist

anualmente annually

anular nullify

anunciar to announce

anuncio announcement,
advertisement

añadir to add

año year

aparato apparatus, machine

aparecer to appear

aparentemente apparently

aparición appearance; apparition,
vision

apariencia appearance

apartado,-a distant; separated

apartamento apartment

aparte *adv* separate

apegado,-a close

apellido surname, family name

apenas barely, hardly, just, only

apertura opening

apetito appetite

aplicar to apply

apoderarse to take control

aportación contribution

aportar to contribute, add

apoyar to support, uphold, aid

apoyo support, aid

aprecio appreciation

aprender to learn

apresar to take prisoner

aprestarse to get ready

aprobación approval

aprobar (ue) to approve; to pass (a
course, etc.)

apropiado,-a appropriate

aprovechar(se) (de) to take
advantage of

apuntar to point out

aquel, aquella that; **aquellos,-as**
those

aquí here

árabe *m* or *f* Arabic; *n* Arab

arabesco,-a arabesque

arábigo,-a *adj* Arabic, Arabian

árbol *m* tree

área region, area

arenal *m* sandy ground

argentino,-a Argentinean

argumentar to sustain, defend

argumento basis; argument,
reasoning

árido,-a arid, dry, barren

arma weapon; *pl* arms

armado,-a armed

arqueólogo,-a archaeologist

arquitecto,-a architect

arquitectura architecture

arraigado,-a rooted, deep seated

arrastrar to carry

arrepentirse (ie) to repent

arriba above, up

arriesgar to risk

arrogancia arrogance

arrogante arrogant

arroyo stream, brook

arte *m* or *f* art; skill

artesanía handicraft

artículo article

artista *m* or *f* artist

artístico,-a artistic

asamblea assembly

ascendencia origin, ancestry

ascendente ascending

ascender (ie) to rise to

ascenso promotion

asegurar to assure; **asegurarse** to
make sure of; to satisfy oneself

asemejarse to be similar

asentar (ie) to place, seat; *refl* to
settle

asesinar to murder

asesinato murder

asesino,-a murderer

asesoramiento advising; consulting, tutoring
así thus, in this manner, so, that way; **así que** therefore
asiático,-a Asian
asignatura (school) subject
asilo asylum
asimilar to assimilate, incorporate
asimismo likewise
asistencia attendance
asistente *m* or *f* one who attends
asistir (a) to attend
asociación association
asociado,-a associated
asociarse to associate, be related
asombrado,-a surprised
asombro awe, wonder
asonada demonstration
aspecto aspect, look
aspirar to aspire
astrología astrology
astronomía astronomy
astronómico,-a astronomical
asumir to assume, take upon oneself
asunto matter, subject, affair
asustar to scare, startle
atacar to attack
ataque *m* attack
ataúd *m* coffin
Atenas Athens
atención attention
atender (ie) to attend to
atendiendo in response to
atentado attack
atentar to attack
atmosférico,-a atmospheric
atracción attraction
atractivo,-a attractive; *n m* attraction
atraer to attract
atrajo *pret of* **atraer**
atrapado,-a trapped
atravesar (ie) to go through
atreverse to dare
atribuir to attribute
atributo attribute, characteristic

atrocidad atrocity
aumentar to increase, augment, grow
aumento increase, growth
aun even
aún still, yet
aunque although, even though
ausencia absence
auspiciar to sponsor
austeridad austerity
autocrático,-a autocratical
autodidacto,-a self-taught
automotor *m* automobile
autonomía autonomy, independence
autonómico,-a of an autonomous region (in Spain)
autónomo,-a autonomous
autor,-a author
autoridad authority; *pl* officials
autoritario,-a authoritarian
autorización authorization, permission
autorizar to authorize, permit
avance *m* advance
avanzado,-a advanced
ave *f* bird
avenida avenue
aventura adventure
averiguar to find out
ayer *m* yesterday
ayllus *Quechua* Incan community
aymará *m* Aymara
ayuda help, aid
ayudante *m* or *f* assistant, helper; *adj m* or *f* helping
ayudar to help, aid, assist
azar *m* chance; **al azar** at random
azteca *m* or *f* Aztec (Indian)
Aztlán *m* legendary place of origin of the Aztecs—sometimes thought to be the southwestern U.S.
azúcar *m* or *f* sugar
azucarero,-a relating to sugar
azucena white lily
azufre *m* sulphur

azul   blue, azure
azulado,-a   colored blue
azulejo   glazed tile

B

bachiller   *m or f* bachelor (holder of degree)
bachillerato   bachelor's degree
bahía   bay
baile   *m* dance
baja   fall (in price)
bajar   to descend, go down, lower
bajo,-a   low; **bajo** *adv* beneath, under
bala   bullet
balón   *m* soccer ball
bananera   pertaining to bananas
banano   banana
bancario,-a   relating to banking; financial
banco   bank, financial institution; bench
banda   band (music)
bandido   bandit
barato,-a   inexpensive, cheap
barba   beard
barbarie   *f* barbarousness; ignorance
barril   *m* barrel
barrio   neighborhood, section or district of a city
basarse (en)   to be based on
base   *f* base, basis
básico,-a   basic, fundamental
bastante   *m or f* enough, sufficient; *adv* quite, rather
baste   it's enough
batalla   battle
batir   to break (e.g., a record)
bautismo   baptism
bautizado,-a   baptized
beber   to drink
bebida   drink
belicoso,-a   warlike, bellicose
belleza   beauty
bello,-a   beautiful, pretty

beneficiar   to benefit
beneficio   benefit
benévolo,-a   benevolent, beneficial
betabel   *m* beet
biblioteca   library
bicicleta   bicycle
bien   well; **más bien** rather; **los bienes** wealth, goods
bienestar *m*   well-being
bilingüe   bilingual
billón   *m* billion
biodiversidad   biodiversity
blanco,-a   white; *n m* target
bloque   *m* block
boca   mouth
bocanada   mouthful
boda   wedding
bolsa   stock market
bomba   bomb
bombazo   bomb blast
bondad   goodness, good quality
bono   bond
boquiabierto,-a   open-mouthed
borrador   *m* first draft
bosque   *m* forest, woods
botánica   botany; **botánico,-a** *adj* botanical
bravo,-a   wild, savage
brecas   *n f pl dialect* brakes
brecha   breach, gap
breve   brief; **en breve plazo** shortly
brillante   brilliant, shining
brillar   to shine
brillo   shine, brilliance
brote   *m* outbreak, bud
buen, bueno,-a   good; **bueno** *interjection* well
burguesía   bourgeoisie
burlarse (de)   to mock, laugh at
burocracia   bureaucracy
burro   donkey
busca   search; **en busca de** in search of
buscar   to look for, seek, try to
búsqueda   search

C

cabeza head

cabo end; **llevar a cabo** to carry out, complete

cada *adj* each, every; **cada vez más** more and more

cadáver *m* corpse, dead body

caer to fall

café *m* coffee; café

caída fall; downfall

calabozo dungeon, jail

calar to catch on

calavera skull

calcular to calculate, figure

calefacción heater

calendario almanac, calendar

calidad quality

cálido,-a hot, tropical

califa *m* caliph, Moslem ruler

calificar to grade (exams, etc.)

callar(se) to be quiet, shut up

calle *f* street

callejero,-a *adj* street

calor *m* heat, warmth

cama bed

cámara chamber

cambiar to change; to exchange

cambio change; **a cambio de** in exchange for; **en cambio** on the other hand; **libre cambio** free trade

caminante *m or f* walker, traveller

caminar to walk, travel, go

camino road, street, way

camión *m* truck; *Mexico* bus

campaña campaign; countryside

campesino,-a *n or adj* peasant, rural

campestre *adj m or f* rural, country

campo country, field; campus

canalizado,-a channeled

canción song

candidato,-a candidate

canoa canoe

canonizado,-a canonized, admitted to sainthood

cansarse to become tired

cantar *m* song

cantar to sing

cantidad quantity

caña sugar cane

cáñamo hemp

cañón *m* canyon

capacidad capacity; ability

capita: per capita per person

capital *m* capital, money; *f* capital city

capitalino,-a from the capital

capitalista *m or f* capitalist

capítulo chapter

captar to capture

cara face; side

carácter *m* character, nature

característico,-a *adj* characteristic; *n f* trait

caracterizar to characterize

carbono carbon

cárcel *f* jail

carga load, burden

cargar to carry; to load; to charge

Caribe *m* the Caribbean

caridad charity

cariño affection

carisma *m* charisma, personal magnetism

carismático,-a charismatic

carnaval *m* carnival, esp. the week before Lent, Mardi Gras

carne *f* meat, flesh

carnicería meat market

caro,-a expensive, dear

carrera career; race; course

carta letter; decree

cartel *m* poster

cartero,-a mail carrier

casa house; home; firm

casado,-a married

casarse to marry, get married

casero,-a *adj* home

casi almost, nearly

caso case, occurrence

castellano,-a Castilian; *n m* Spanish language

castidad chastity

castigo punishment

castillo castle

cataclismo disaster, cataclysm

catalán,-ana Catalonian; *n m* the language of Catalonia

catástrofe *f* catastrophe

catedral *f* cathedral

catedrático professor

categoría category; status, rank

catolicismo Catholicism

católico,-a Catholic

caudal *m* abundance; volume of water

caudaloso,-a abundant, voluminous

causa cause, movement; **a causa de** because of

causar to cause

cautivo,-a captive

cayera *past subj of* **caer**

ceder to cede, turn over; to give in

celebrar to celebrate; to praise

celestial heavenly, celestial

celo zeal

celtíbero,-a Celtiberian

cementerio cemetery, graveyard

cena dinner, supper

cenar to eat dinner

ceniza ash; *pl* ashes

censo census

censurar to censure; to criticize

centenar *m* hundred; *pl* hundreds

centenario centenary, 100th anniversary

céntrico,-a centrally located

centro center; downtown; middle; headquarters

Centroamérica Central America—the region from Guatemala to Panama

cerámica ceramics

cerca (de) nearly, close to; **de cerca** closely, close

cercano,-a nearby

cercar to fence in

cerebro brain

ceremonia ceremony

cero zero

cerrar (ie) to close, shut

certificado certificate

Chaco area of jungle around border between Paraguay and Bolivia

chanza *dialect* chance

charla chat

charlar to chat

che *Argentina* pal, buddy

chicano,-a word used to refer to person of Mexican heritage in the U.S.

chico,-a youngster, youth; *adj* small

chileno,-a Chilean

chiquito,-a small child; **rechiquito,-a** *adj* very little

choque *m* shock, collision, clash

ciclo cycle

cielo sky, heaven

ciencia science

científico,-a scientific

ciento hundred; **por ciento** per cent

cierto,-a certain, sure, a certain; **es cierto** it is true; **lo cierto** the truth

cifra number; cipher

cine *m* movies, movie theater

cinismo cynicism

cinturón *m* belt

circo circus

circular to circulate

círculo circle

circunstancia circumstance

cirugía surgery

cita date, appointment; quote

citado,-a cited

citar to cite, quote

ciudad city

ciudadano,-a citizen

cívico,-a civic, civil

civilizado,-a civilized

clandestinamente secretly

clarividencia   clairvoyance
claro,-a   clear; light (color); **claro que** of course
clase   *f* class, type, kind
clásico,-a   classic, classical
clasificar   to classify, characterize
clavar   to plunge (a knife, sword, etc.)
clave   *f* key (to a map, puzzle, etc.)
clero   clergy, clergyman
cliente   *m* or *f* customer
clima   *m* climate
coalición   coalition
cocer (ue)   to cook
coche   *m* car, automobile
cocina   kitchen
códice   *m* codex; an original manuscript
coexistencia   coexistence
coexistir   to coexist
cohabitar   to cohabit, live together
coincidir   to coincide, happen simultaneously
colección   collection
colectivo,-a   shared; collective; *n m* fixed route taxi or bus
colega   *m* or *f* colleague, cohort
colegio   secondary school
cólera   *m* cholera
coletazo   slap with a tail
colibrí   *m* hummingbird
colina   hill
colocar   to place, locate
colombiano,-a   Colombian
colombino,-a   of or belonging to Columbus; **precolombino,-a** before the arrival of Columbus
Colón   Columbus
colonia   colony
colonización   colonization, settlement
colonizar   to colonize, take or settle colonies
colono   colonist, settler
color   *m* color

colorado,-a   *adj* red
coloso   colossus, giant
columna   column
comandante   *m* or *f* commander
combate   *m* combat
combatir   to fight
combinar   to combine, join
comentarista   *m* or *f* commentator
comenzar (ie)   to begin, start
comer   to eat
comercio   commerce, business
comestible   *m* foodstuff, edible substance
cometer   to commit
comida   food; meal
comisaría   police station
comisión   commission
como   as, like, about; **¿cómo?** how? what?
comodidad   comfort
cómodo,-a   comfortable
compañero,-a   companion, comrade
compañía   company
comparación   comparison
comparar   to compare
compartir   to share; to divide
compatibilizar   to come together
competencia   competition
competir (i)   to compete
competitivo,-a   competitive
complacer   to comply with
complejidad   complexity
complejo,-a   complex, complicated
completar   to complete
completo,-a   complete, whole
complicado,-a   complicated
componer   to compose, make up; to fix
comportarse   to behave oneself, act
compra   purchase
comprar   to buy, purchase
comprender   to understand
comprendido,-a   included
comprensión   comprehension, understanding

comprobar (ue) to prove, verify
comprometer to compromise; to commit
comprometido,-a engaged
compromiso commitment
compuesto,-a composed
común common, ordinary, customary
comunal communal
comunidad community; commonness
comunismo communism
comunista *m or f* communist
comunitario,-a from a community or the European Community
concebir (i) to conceive
conceder to concede
concejal,-ala council member
concentración concentration
concentrar to concentrate
concepto concept
concesión concession, grant
concha seashell, shell
conciencia conscience; consciousness
concierto concert; agreement
concluirse to conclude, come to an end
concurso contest, competition
condecorar to decorate (with a medal)
condenar to condemn
condominio condominium
condonar to forgive, cancel (a debt)
conducir to conduct, lead
conducta conduct, behavior
condujo *pret of* **conducir**
conectar to connect, join
confección candy
conferencia meeting, lecture
confesar (ie) to confess, admit
confianza confidence, trust
confiar to confide
conflicto conflict, struggle
confundir to confuse, confound

congestionado,-a congested, crowded
congregación congregation, group
congreso congress
conjunto,-a *adj* joint; **conjunto** *n* group, system, aggregate
conjurar to ward off
conmoción unrest
cono cone
conocer to know, be acquainted with
conocido,-a known, well-known
conocimiento knowledge, skill
conquista conquest, conquering
conquistador,-a conqueror; *adj* conquering
conquistar to conquer, subdue
consagrar to consecrate, hallow, dedicate
consciente conscious, aware
consecuencia consequence
conseguir (i) to attain, get, obtain, succeed in
consejero,-a adviser, counselor
consejo advice
consentir (ie) to consent, agree
conservador,-a conservative
conservar to conserve, preserve
considerar to consider, think over
consignado,-a recorded
consignar to record; to set (write) down
consistir to consist, be made up of
consolador,-a consoling
consolar (ue) to console
consolidar to consolidate
constante *n f* constant; *adj m or f* constant, continual
constar to consist of; **constarle a uno** to be apparent to
constituir to constitute, make up
constituyente *adj* constitutional
construcción construction
constructor,-ra builder
construir to build, construct

consuelo consolation
consulta consultation, referendum
consultar to consult
consumidor,-a consumer
consumir to consume
consumo consumption
contabilizar to account for
contacto contact
contaminación pollution
contaminado,-a contaminated
contar (ue) to count; to relate;
   contar con to depend on, rely on;
   to have use of
contemporáneo,-a contemporary,
   current
contener (ie) to contain
contenido n contents
contestar to answer, respond
contexto context
contiguo,-a adjoining
continente m continent
continuar to continue
continuo,-a continuous
contra against
contrabandista m or f smuggler
contrabando contraband, smuggled
   goods
contracara other side
contraer to contract; to acquire
contrario,-a contrary, opposed
Contrarreforma Counter-
   Reformation
contrastar to contrast, distinguish
contraste m contrast, difference
contratar to make a contract
contribución contribution
contribuir to contribute
contribuyente m or f contributor
control m control
controlar to control, dominate
convencer to convince
convenio agreement, compact
convenir (ie) to suit, fit
convertir (ie) to convert, change
convivencia act of living together

convivir to live together
convocar to convoke
cooperación cooperation
cooperar to cooperate, join in
coordinar to coordinate
copar to win
copla couplet, verse
corajudo,-a courageous, brave
corazón m heart; nerve center
corolario corollary
corona crown; monarch
corral m corral, yard
corregir (k) to correct
corresponder to correspond, fit
correspondiente m or f
   corresponding
corrida bullfight
corriente f current; adj m or f
   common, current
corrupción corruption
cortar to cut
corte f royal court
cortijo farm
cosa thing; matter, affair
cosecha crop, harvest
cosechar to harvest
cosmopolita n m or f cosmopolite;
   adj cosmopolitan
costa coast
costar (ue) to cost
coste m cost (in money)
costo cost
costumbre f custom, habit, tradition
cotidiano,-a everyday, daily
cráneo skull
creación creation
creador,-a creator
crear to create
crecer to grow, increase
creciente adj growing
crecimiento growth
crédito credit
creencia belief
creer to believe
cría raising, breeding, rearing

criar to raise (a crop, a child, etc.)

crimen *m* crime

criollo,-a Creole, person born in the colonies of Spanish parents

cristianización conversion to Christianity

cristianizar to convert to Christianity

criterio criterion, opinion

crítica criticism

criticar to criticize

crítico,-a critic

crónico,-a chronic

cronista *m* or *f* chronicler, historian

cruce *m* intersection

cruz *f* cross

cruzada crusade

cuadrado,-a square

cual which, as, like; **el (la) cual** the one who, who; **¿cuál?** which? which one? what?

cualquier,-a *adj* or *pron* any, whichever, any one

cuando when, whenever; **¿cuándo?** when?

cuanto,-a as much as; *pl* as many as; **¿cuánto?** how much?, *pl* how many?; **en cuanto a** regarding

cuaresma Lent

cuarto room; **cuarto,-a** *adj* fourth

cubrir to cover

cuchillo knife

cuenta account; **darse cuenta de** to realize; **por su cuenta** on one's own; **tener en cuenta** to keep in mind

cuentista *m* or *f* writer of short stories

cuento story, short story

cuerpo body; group, corps

cuestión matter, subject, question

cuidado care, caution

cuidador,-ora caretaker

cuidadoso,-a careful, cautious

cuidar to care for, take care of

culminar to complete

culpa blame, fault

culpable *adj* guilty

culpar to blame, place guilt

cultivación cultivation

cultivar to grow, farm, develop

cultivo cultivation, farming

culto,-a cultured, sophisticated; *n m* cult

cultura culture; politeness

cumbre *f* summit, top, height

cumpleaños *m* birthday

cumplimiento fulfillment

cumplir to fulfill, perform, obey

cuna cradle

cuñao *dialect* **cuñado** brother-in-law

cuota fee

cupo quota, maximum number

cura *m* priest

curado,-a cured

curiosidad curiosity

curioso,-a curious

cursar to follow a course

curso course; degree requirements

custodia custody

curtido,-a hardened, experienced

cutáneo,-a *adj* skin

cuyo,-a whose

D

danza dance (style or type)

dañar to harm, damage

daño harm

dar to give, render

dardo dart

dársena harbor, dock

datar to date, set in time; **datar de** to date from

dato datum, piece of information

datos *m pl* data; **base de datos** *f* database

debatir to debate, discuss

deber to owe; must, ought; *n m* debt, duty, obligation

debidamente duly

debido (a) due (to)

débil   weak
debilidad   weakness
década   decade
decadencia   decadence, decay
decaer   to decay
decena   group of ten
decididamente   decidedly
decidido,-a   decisive
decidir   to decide
decir (i)   to say; n m saying; **es decir**
  that is to say; **querer decir** to mean
decisión   decision
decisivo,-a   decisive
declaración   declaration
declarar   to declare
decorado   decoration, adornment
decorativo,-a   decorative
decretar   to decree
dedicar   to dedicate
deducir   to deduce
defecto   defect
defender   to defend
defensa   defense
deficiencia   deficiency
definición   definition
definir   to define, outline
defunción   death, demise
dejar   to leave, permit, let
delante   ahead, in front; **por delante**
  in front of
delito   crime
demanda   demand
demandar   to demand
demás: lo demás   the rest
demasiado   adv too, too much;
  demasiado,-a adj too much
demócrata   m or f democrat
democrático,-a   democratic
demografía   demographics, study of
  population
demográfico,-a   demographic
demostrar (ue)   to demonstrate,
  show
denominar   to call, give a name to
densidad   density
dentro (de)   in, into, inside (of)

denunciar   denounce
dependencia   dependence
depender (de)   to depend (on)
deponer   to depose; to lay down
  arms
deporte   m sport
depositar   to deposit
depósito   deposit
deprimido,-a   depressed
derecho   legal right, privilege, law
derivar   to derive, trace (from the
  origin)
derretir   to melt
derribar   to overthrow, tumble, tear
  down
derrocar   to overthrow
derrota   defeat
derrotar   to defeat
desacostumbrar   to break of a habit
desacreditado,-a   discredited
desafiar   to challenge
desafío   challenge, duel; struggle
desagradable   disagreeable
desalentar (ie)   to discourage
desaparecer   to disappear
desaprobar (ue)   to fail, condemn
desarrollar   to develop, improve
desarrollo   development, evolution;
  en vías de desarrollo developing
desastre   m disaster
desastroso,-a   disastrous, wretched
desatendido,-a   law-breaker, truant
descansar   to rest
descanso   rest
descender (ie)   to descend, come
  from
descendiente   m or f descendent; adj
  descending
descifrar   to decipher
desconfianza   mistrust, suspicion
desconfiar   to mistrust, lack
  confidence in
desconocido,-a   unknown
descontaminación   decontamination
descontento   discontent,
  unhappiness

describir to describe
descripción description
descrito *past part of* **describir**
descubierto,-a discovered
descubridor,-a discoverer
descubrimiento discovery
descubrir to discover, find
descuidar to neglect, forget
descuido neglect, lack of care
desde since, from, after; **desde hace** for (a length of time)
deseable desirable
desear to want, desire
desembocar to lead to
desempleado,-a unemployed
desempleo unemployment
desenfrenado,-a unchecked, wild
desenterrado,-a unearthed, disinterred
desenvolver (ue) to develop
deseo desire, want, wish
desestabilizar to destabilize
desfavorecer to slight, disfavor
desgracia misfortune; **por desgracia** unfortunately
desgraciadamente unfortunately
desierto desert
designado,-a designated, named
designar to designate, name
desigualdad inequality
desilusionarse to become disillusioned
desligar to loosen, untie
desocupar to vacate; to empty
desorganizar to break up, disperse
desorientado,-a disoriented
despectivo,-a pejorative
despertar (ie) to awaken; *refl* to wake up
desplazamiento displacement
desplazar to move, displace
desposeído,-a dispossessed
despótico,-a despotic
despreciar to scorn, look down on
después (de) after, afterward
desregulación deregulation

destacado,-a outstanding, prominent
destacar to emphasize; *refl* to stand out, be prominent
desterrar (ie) to get rid of; to exile
destinado,-a destined (for)
destinar to assign
destino destiny, future, fortune
destitución discharge
destrucción destruction
destructivo,-a destructive
destruir to destroy
desvelar to awaken; to turn up
desventaja disadvantage
detalle *m* detail
detención arrest
detener (ie) to detain, stop
determinado,-a specific
determinar to determine
deuda debt
devaluación devaluation
devenir (ie) to become
devolución return
devolver (ue) to return
día *m* day; **de día a día** day by day; **hoy día** nowadays
diablo devil
diario,-a daily; *n m* daily paper
dibujar to draw, sketch
dibujo sketch, drawing
dictador,-ra dictator
dictadura dictatorship
dictar to teach, lecture; to hand down (a sentence)
dicho saying; *past part of* decir; **lo dicho** what was said
diferencia difference
diferir (ie) to differ
difícil *m or f* difficult, unlikely
dificultad difficulty
dificultar to make difficult
difunto,-a dead person, deceased one
dignidad dignity
digno,-a worthy
dijo *pret of* decir

dilema *m* dilemma, difficult choice
dinamita dynamite
dinero money
dios,-a god, goddess
diplomacia diplomacy
diplomático,-a diplomatic; diplomat
diputado,-a representative, congressperson
dirección direction; address
directiva directive
directo,-a direct
dirigente *m or f* director, leader; *adj* ruling, leading
dirigir to direct, lead, manage
discoteca discotheque
discriminación discrimination
discriminar to discriminate
discriminatorio,-a discriminatory
disfrazar to disguise
disminución decrease
disminuir to diminish, decrease
disparado,-a unleashed
disparate *m* folly
disponibilidad availability
disponible available
disposición disposition, inclination
dispuesto,-a disposed, ready
disputar to dispute, fight for
distar to be distant
distinción difference; distinction
distinguir to distinguish, differentiate
distinto,-a distinct; different
distribución distribution
distribuir to distribute
diversidad diversity, variety
diversificar to diversify
diversión entertainment, amusement
diverso,-a diverse, various
divertir (ie) to amuse; *refl* to have fun
dividir to divide
divorcio divorce
divulgar to divulge; to popularize
doblado,-a dubbed

doble *m* double; *adj* twice as much
docena dozen
dócil tame, docile
doctrina doctrine
documento document, paper
dólar *m* dollar (esp. U.S.)
doloroso,-a painful
doméstico,-a domestic; **animal doméstico** pet
dominación domination
dominador,-ra dominating
dominancia dominance
dominante dominant, domineering
dominar to dominate
dominio dominion; control, rule
donde where, in which; **¿dónde?** where?
dormido,-a asleep, sleeping
dormirse (ue) to fall asleep
duda doubt
dudoso,-a doubtful
dueño,-a owner, possessor
dulce *adj* sweet
dupla *n* double, dualism
duplicar to duplicate, double
duración duration
durante during
durar to last, go on, endure
duro,-a hard, difficult

E

eclesiástico,-a of or relating to church
ecología ecology
economía economy
económico,-a economic, economical
ecosistema *m* ecosystem
echar: echar el auto encima to run over with a car
edad age
edición edition
edificio building, edifice
edilicio,-a municipal
editorial *f* publishing house

educar   to educate, raise
educativo,-a   educational
efectivo,-a   effective
efecto   effect, result
efectuar   to effect, cause to happen
eficacia   efficiency
eficaz   *m or f* efficient
egipcio,-a   Egyptian
eje   *m* axis; axle
ejemplar   *m* specimen, copy (of a book, record, etc.)
ejemplificar   to exemplify, serve as an example
ejemplo   example; **por ejemplo** for example
ejercer   to exercise, practice
ejército   army
elaboración   working out, elaboration
elaborar   to decorate; to work out; to create
elección   election; choice
electoral   *adj* electoral, election
elegante   elegant, luxurious
elegir (i)   to elect, choose
elemento   element, aspect
elenco   (theater) company
elevar   to elevate, raise, increase
eliminar   to eliminate
elogiar   to praise
embarazo   pregnancy
embargo: sin embargo   nevertheless, however
emergente   emerging
emigrante   emigrant
emigrar   to emigrate, migrate
emisión   emission
emisora   broadcasting station
emperador   *m* emperor
emperatriz   *f* empress
empezar (ie)   to begin
empleado,-a   employee
emplear   to hire, employ
empleo   job
emprender   to undertake, engage in
empresa   enterprise, business
empresario,-a   businessperson

enajenación   alienation
enamorado,-a   person in love, lover
encabezar   to head, lead
encalado,-a   whitewashed
encarcelado,-a   jailed, imprisoned
encarcelamiento   imprisonment
encauzado,-a   on the track
encender (ie)   to light (candle, fire, etc.)
encerrar (ie)   to enclose, close up, confine
encima (de)   above, on top of; **por encima** over
encomendero,-a   holder of an **encomienda**
encomienda   Spanish colonial land grant
encontrar (ue)   to find, discover; *refl* to find oneself in a state or condition
encuentro   encounter, meeting
encuesta   survey, poll
endémico,-a   endemic
enemigo,-a   enemy, opponent
enemistad   enmity, hostility, hatred
energéticas   *adj* energy (not energetic)
energía   energy
énfasis   *m* emphasis, stress
enfermarse   to become sick
enfermedad   sickness, illness
enfermo,-a   ill
enfocar   to focus, concentrate
enfrentamiento   confrontation
enfrentar   to confront, face
engrandecer   to glorify; to make larger or greater
enmascarado,-a   masked person
enmendar (ie)   to amend
enorgullecer   to make proud; *refl* to be proud
enorme   enormous
enriquecer   to enrich; *refl* to become rich
ensayista   *m or f* essayist, writer
ensayo   essay; rehearsal
enseñanza   teaching
enseñar   to teach; to show, point out

entender (ie) to understand
entendimiento understanding
entero,-a entire, whole, complete
enterrar (ie) to bury
entidad establishment, place
entierro burial, funeral
entonces then; **hasta entonces** up to that time
entrada entrance; admission; access
entrañar to be involved
entrañas *f pl* innards, insides
entrar to enter
entre between, among; within
entrega: entrega mensual monthly installment
entregar to deliver, hand over
entrenado,-a trained
entrenamiento training
entretanto meanwhile
entrevistarse (con) to have an interview (with)
entusiasmarse to become enthusiastic
entusiasmo enthusiasm
envenenado,-a poisoned
envenenamiento poisoning
enviar to send
épico,-a epic, heroic
época epoch, period, age, era
equidad equity
equilibrado,-a balanced
equilibrio balance
equipaje *m* luggage
equipo equipment
equivalente equivalent, the same (as)
equivaler to be equivalent
equivocación mistake
erótico,-a erotic, sexual
escala scale
escalar to climb, scale
escándalo scandal
escapar(se) to escape; to avoid
escarlata scarlet
escasez *f* scarcity, shortage
escena scene; view
escenario scene

esclavo,-a slave
escoger to choose, select
escolar *adj m or f* of or relating to school, scholastic
escolaridad school attendance
escolarizar to send to school
escoltar to accompany
escombro ruins, rubble
esconder to hide
escribano,-a scribe
escribir to write
escrito,-a *past part of* **escribir**
escritor,-ra writer
escritura writing
escrutinio vote count
escuela school
esculpir to sculpt
escultura sculpture
ese, esa that; **esos, esas** those; **eso** that
esencialmente essentially
esfera sphere; area
esforzarse (ue) to make an effort
esfuerzo effort; try
eslabón *m* link (of a chain)
esmerar to take pains
esotérico,-a esoteric, rare
espacio space
espantar to scare, frighten
espanto scare, fright
espantoso,-a scary, frightening
español,-a *adj* Spanish; *n* Spaniard
especial special
especialista *m or f* specialist
especialización specialization, major
especializado,-a specialized
especializarse (en) to specialize, major (in)
especie *f* species, kind, sort
espectacular spectacular, notable
espectáculo spectacle, show
esperanza hope; **esperanza de vida** life expectancy
esperar to hope; to wait; to expect
espíritu *m* spirit
espiritual spiritual, of the spirit
espiritualidad spirituality, fervor

esquela note, notice
esqueleto skeleton
esquema *m* scheme
esquina corner
estabilidad stability
estabilizar to stabilize
estable stable
establecer to establish
establecimiento establishment
estaca stake, piling
estacionado,-a parked
estacionamiento parking lot
estadidad statehood
estadística statistics
estado state, condition; political subdivision; *past part of* **estar; los Estados Unidos** the United States
estadounidense of or relating to the United States
estallar to explode
estanciero,-a owner of an **estancia** (large ranch)
estaño tin
este *m* east
este, esta this; **estos, estas** these; **esto** this
estela stele, inscribed stone slab
estera straw mat
estética esthetics; **estético,-a** *adj* esthetic
estilo style, way; **al estilo** in the manner of
estimar to estimate
estimular to stimulate
estímulo stimulus
estirar to stick out; **estirar la pata** to die
estirpe *f* ancestry
estratagema stratagem
estratégicamente strategically
estrecho,-a narrow; close; *n m* strait
estrella star
estreno debut, premier
estribar (en) to rest (on)
estrictamente strictly
estructura structure

estudiante *m or f* student
estudiantil of or relating to students
estudiantina student musical group
estudiar to study
estudio study, investigation; studio
estufa stove
etapa stage; station
eterno,-a eternal, unending
etiqueta label
etnia ethic group
étnico,-a ethnic
europeo,-a European
evadir to evade, avoid
evaluación evaluation
evasión flight
evento event
evitar to avoid; to shun
exacto,-a exact, precise
exagerar to exaggerate
examen *m* examination, test
examinar to examine, test
excavar to excavate
excepción exception
excesivo,-a excessive
excitar to rouse, stir up
exclamatorio,-a exclamatory
exclusivo,-a exclusive
exigencia demand, exigency
exigir to demand, require, need
exilado,-a exiled
exilio exile
existencia existence
existente existing
existir to exist, be
éxito success; **tener éxito** to be successful
exitoso,-a successful
éxodo exodus, emigration
exótico,-a exotic, foreign, strange
expandible expandable
expansión expansion
expansivo,-a: onda expansiva shock wave
expedición expedition
expensas expenses; **a expensas de** at the expense of

experiencia   experience; experiment
experimentar   to experience; to try, experiment
experto,-a   expert
explanada   esplanade, open space
explicación   explanation
explicar   to explain
explícito,-a   explicit
explosivo,-a   *adj* explosive; *n m* explosive
explotación   exploitation
explotar   to exploit; to work, develop
exponente   representative
exportación   export, exportation
exportador, -ra   exporting
exportar   to export
expresar   to express
expresión   expression
expropiación   expropriation
expropiar   to expropriate, confiscate
expulsar   to expel, throw out
extender (ie)   to extend; *refl* to stretch out; to extend to
extenso,-a   extensive, extended
exterior   *n m, adj m* or *f* exterior, outside; **relaciones exteriores** foreign relations, affairs
externo,-a   external
extranjero,-a   foreigner, stranger, alien; **el extranjero** abroad
extraordinario,-a   extraordinary
extremado,-a   extreme
extremaunción   extreme unction, last rites
extremo,-a   extreme

F

fábrica   factory
fabricación   manufacture
fabricado,-a   manufactured
fabricar   to manufacture, make
fabuloso,-a   fabled, legendary
facción   faction
fachada   façade, front of a building

fácil   *m* or *f* easy, likely
facilitar   to facilitate, make easy
factible   *m* or *f* possible, feasible
factor   *m* factor, element
facultad   faculty, school or college of a university
facultar   to empower
faja   strip
falla   fault
fallar   to fail
fallecimiento   death
falso,-a   false
falta   lack
faltar   to be lacking, be needed
fama   fame, reputation
familiar   *adj m* or *f* familiar; family; *n m* or *f* family member
famoso,-a   famous, well-known
fantasma   *m* ghost
farmacia   pharmacy, drugstore
farolillo   small light
fascinar   to fascinate, enchant
fastidio   annoyance
fatalismo   fatalism, determinism
favor   *m* favor; **por favor** please
favorable   *m* or *f* favorable, in favor of
favorecer   to favor, promote
favorito,-a   favorite, preferred
fecundidad   fertility
fecha   date
femenino,-a   feminine
feminidad   femininity
feminista   *m* or *f* feminist
fenómeno   phenomenon
feria   fair, carnival
ferretería   hardware store
ferrocarril   *m* railroad
fértil   fertile
fertilidad   fertility, fecundity
festejar   to celebrate
festivo,-a   festive, gala
feudalismo   feudalism, medieval economic system
fidelidad   fidelity
fiel   faithful, loyal

fiera beast
fiesta party, celebration, holiday, festival, feast
figura figure; image
figurar to figure in, show up
figurativo,-a figurative, symbolical
fijar to fix; to establish; *refl* to notice; to pay attention to
filología philology, historical study of language
filólogo,-a philologist
filosofía philosophy
filosófico,-a philosophical
filósofo,-a philosopher
fin *m* end; **a fin de** in order to, with the motive of; **a fines de** at the end of; **al fin** finally, in the end
final: a finales de near the end of
finalidad goal, purpose
financiación financing
financiamiento financing
financiar to finance, fund
financiero,-a *adj* financial; *n* financier, supporter
firma signature; signing
firmar to sign
físico,-a physical
flaco,-a skinny
flojo,-a weak, lazy
flor *f* flower
florecer to flourish; to flower
florecimiento flowering, flourishing
florido,-a flowery; choice, select
flotar to float
fluir to flow
fluvial *adj m or f* of a river, river
fogón *m* fire
fomentar to foment; to develop, further
fondo *n* bottom, base; *pl* funds
fonético,-a phonetic
forma form, shape
formación formation, shaping
formalizado,-a formalized
formar to form, shape, make up
formativo,-a formative
formular to formulate

foro forum
fortuna fortune, luck
forzar (ue) to force, break into
fracasar to fail
fracaso failure
fragilidad fragility
francés,-esa *adj* French; *n* French person
Francia France
frase *f* phrase, sentence
fraternidad fraternity, brotherhood
fraude *m* fraud
fraudulento,-a fraudulent, phony
frecuencia frequency; **con frecuencia** frequently
frecuentar to frequent
frecuente frequent
frenar to slow, brake
frente *m* front; **al frente de** in charge of; **frente a** in the face of
fresco,-a cool, fresh
frío,-a cold
friolento,-a susceptible to the cold, chilly
frontera border, frontier
fronterizo,-a of or relating to frontier
fructífero,-a fruitful
frustración frustration
frustrar to frustrate
fruta fruit
frutería fruit store or stand
fuego fire; **a fuego lento** over a low fire
fuente *f* fountain, source; spring (of water)
fuera (de) outside of, besides
fuere: sea cual fuere whichever it may be
fuerte strong
fuerza force, strength; **por la fuerza** by force
función function; performance
funcionamiento functioning
funcionar to function, work, perform
funcionario,-a functionary, official

fundación   foundation, founding
fundador,-ra   founder
fundamentalista   *adj m* or *f* fundamentalist
fundar   to found, establish
fundirse   to fuse, blend
funerario,-a   funerary, of or relating to funerals
furia   fury
fútbol   *m* soccer, football
futuro   future; *adj* future, coming

G

galería   gallery
gallego,-a   *n* or *adj* Galician
gana   desire; **con ganas** willingly
ganadero,-a   of or relating to cattle raising; *n* cattleman
ganado   cattle
ganancia   profit
ganar   to earn, win, gain
garantía   guarantee
garantizar   to guarantee, assure
gasolina   gasoline
gastar   to spend
gasto   expense, expenditure
gaucho   Argentine cowboy
generación   generation, time period
generador,-a   creator
general   general; **por lo general** generally
genérico,-a   generic, general
género   type, kind
generoso,-a   generous
gente   *f* people
geografía   geography
geográfico,-a   geographical
germánico,-a   Germanic
germen   *m* germ, seed
gesticular   to gesture
gigante   *adj m* or *f* giant
gira   tour
gitano,-a   Gypsy
gloria   glory, fame
glorioso,-a   glorious

gobernador,-ra   governor, one who governs
gobernar (ie)   to govern
gobierno   government
golpe   *m* blow, coup
gordo,-a   fat; thick
gorra   cap, hat
gótico,-a   Gothic
gozar   to enjoy
gracia   grace; **gracias** thanks
grado   grade, title, degree
graduado,-a   graduate
gramática   grammar
gran, grande   great, large, vast
grandeza   greatness, vastness
gratis   *adv* free
gratuito,-a   free
grave   serious
gravedad   seriousness, gravity
gregario,-a   gregarious, outgoing
griego,-a   *n* or *adj* Greek
gris   gray
grito   shout, yell
grueso,-a   thick
grupo   group
guardar   to guard, keep
guardia   guard
guerra   war
guerrero,-a   warrior, fighter
guerrilla   skirmish; party of **guerrilleros**
guerrillero,-a   guerrilla fighter
guía   *f* guidebook
gustar   to please, be pleasing to
gusto   taste; pleasure; **a gusto** at ease

H

haber   *auxil verb* to have; **hay** there is, there are
hábil   able, capable, skillful
habitación   room
habitante   *m* or *f* inhabitant
habitar   to inhabit, dwell
hábito   habit
habla   *f* speech, language; **de habla española** Spanish-speaking

hablar to speak, talk

hacer to do, make; **hace cinco años** five years ago; **hace un mes que** for a month

hacia toward; around

hacienda ranch

hallar to find

hambre *f* hunger

hambriento,-a hungry

hasta until, up until; even

hay there is, there are

hecho deed, fact; *past part of* **hacer; de hecho** in fact

hectárea hectare (10,000 sq. meters)

hegemónicamente predominantly

heladera refrigerator

hemisferio hemisphere

heredar to inherit

heredero,-a heir, heiress, inheritor

hereditario,-a hereditary

herencia inheritance, legacy

herido,-a *adj* wounded; *n* wounded person

hermano,-a brother, sister

hermoso,-a beautiful

hermosura beauty

héroe *m* hero

heroicamente heroically

hervir (ie) to boil

heterodoxo,-a heterodox, heretical, unbelieving

heterogéneo,-a heterogeneous

hidalgo minor noble

hidráulico,-a hydraulic, moved or operated by water pressure

hierba grass; herb

hierro steel, iron

higiene *f* hygiene, sanitation

hijo,-a son; daughter; child; *pl* children

hilo strand, string

hilvanar to baste, tack

hincapié: hacer hincapié en to emphasize

hipócrita *m or f* hypocrite

hispanohablante *adj m or f* Spanish-speaking; *n m or f* Spanish speaker

hispanoparlante *adj m or f* Spanish-speaking; *n m or f* Spanish speaker

historia history; story

historiador,-ra historian

histórico,-a historical

hogar *m* home, hearth

hogareño,-a *adj* home, pertaining to home

holandés,-esa *adj* Dutch; *n* Dutch person

hombre *m* man; mankind

homicidio homicide

homogéneo,-a homogeneous

homosexualidad homosexuality

hondo,-a deep

honrar to honor

hora hour; time; **¿Qué hora es? ¿Qué horas son?** What time is it?

horario schedule

hostil hostile

hoy today

huelga labor strike

hueso bone

huir to flee

humanidad humanity, mankind

humanitario,-a humanitarian, humane

humano,-a human

humilde humble, simple

hundirse to be submerged

I

ibérico,-a Iberian

ida going, outward trip; **de ida y vuelta** round trip

identidad identity

identificación identification

identificar identify

ideográfico,-a ideographic

ideología ideology

ideológico,-a ideological

idioma *m* language

iglesia church

igual equal; **igual que** like
igualado,-a equaled, alike, even
igualar to match
igualdad equality
igualitario,-a egalitarian
ilegal *adj* illegal
ilícito,-a illegal
ilustrado,-a illustrated
ilustrar to illustrate
ilustre illustrious, famous
imagen *f* image; appearance
imaginar to imagine
imán *m* magnet; attraction
imitar to imitate
impedir (i) to impede, stop
imperio empire
implantación implantation, implementation
implantar to establish
implicación implication, meaning
implicar to imply, to implicate
implícito,-a implicit
imponer to impose
importación importation
importador,-ra importer
importancia importance
importante important
importar to import; to matter; **no importa** it doesn't matter
imprescindible indispensable
impresionante impressive
impresionar to impress, make an impression
impuesto,-a *adj* imposed; *n m pl* taxes
impulsado,-a promoted
impulso impulse, urge
inaccesible inaccessible
inaceptable unacceptable
inapropiado,-a inappropriate
inarticulado,-a incomprehensible, inarticulate
inaudito,-a unheard of, strange
inaugurar to inaugurate, dedicate
incaico,-a Incan, of or relating to Incas

incapacidad inability, lack of skill
incapaz incapable, unable
incitación incitement
inclinación inclination, tendency
incluir to include
incluso,-a included; *adv* including
incomodar to make uncomfortable, bother, upset
incómodo,-a uncomfortable, uneasy
inconfundible unmistakable
incorporación incorporation
incorporar to incorporate; *refl* to join
increíble incredible, unbelievable
incrementar to increase
indebido,-a improper
indefectiblemente unfailingly
independencia independence
independentista *m or f* person who is in favor of or fights for independence; *adj.* of or relating to independence
Indias Indies, original name given to the New World
indicar to indicate, point out
índice *m* index
indicio indication, sign, mark
indígena *m or f* indigenous, native; (*Am.*) Indian
indio,-a Indian
indiscutible unquestionable
individuo *n* individual
indudablemente undoubtedly
industria industry
industrialización industrialization
industrializado,-a industrialized
ineficaz inefficient
inestabilidad instability
inevitable inevitable, unavoidable
inexistente nonexistent
infancia infancy, childhood
inferior inferior; lower
infierno inferno; hell
infinito,-a infinite
inflación inflation
influencia influence

influenciar to influence
influir to influence
informar to inform; to shape
informe *m* report
infrecuente infrequent, seldom
ingeniería engineering
ingeniero,-a engineer
Inglaterra England
inglés,-esa *adj* English; *n* English person
ingresar to enter
ingreso entrance; admission; income
iniciar to begin, initiate
iniciativa initiative
injusto,-a unfair, unjust
inmediato,-a immediate; **de inmediato** immediately
inmenso,-a immense, large
inmigración immigration
inmigrante *m* or *f* immigrant
inmueble *m* building
innecesario,-a unnecessary
innegable undeniable
innovación innovation
inolvidable unforgettable
inoperante inoperative
inquietud concern, worry
inquisición inquisition, hearing
inscripción registration
insecto insect
inseguridad insecurity, uncertainty
insistir to insist
insoportable unbearable
inspirar to inspire
instalación facility
instalar to install
institución institution
institucional institutional
institucionalizado,-a institutionalized
instituto institute
instrucción instruction; schooling
insultar to insult
insulto insult
insurgente *adj m* or *f* insurgent
integración integration

integrantes members
integrar to make up; to be part of
intelecto intellect
intelectualidad intellectuality
inteligencia intelligence
inteligente intelligent
intencionado,-a intentioned
intensificar to intensify
intensidad intensity
intensivo,-a intensive, intense
intenso,-a intense, concentrated
intentar to try
intento attempt
interacción interaction
interactivamente interactively
interamericano,-a interamerican
intercambio exchange, interchange
interceptar to intercept
interés *m* interest; stake
interesante interesting
interesar to interest, be interesting
interino,-a interim, temporary
internacional international
interno,-a internal, inner
interpretar to interpret
interrupción interruption
intervención intervention
intervenir (ie) to intervene, interfere
intimidar to intimidate
íntimo,-a intimate
intrigar to intrigue, arouse interest
introducir to introduce, insert
inundación flood
inútil useless
invadir to invade
invasión invasion, attack
invencible invincible, unbeatable
inventar to invent; to create
invento invention
inversión investment
inversionista *m* or *f* investor
invertir (ie) to invest
investigación investigation, research
investigar to investigate, research
invitar to invite

inyección   injection
irónico,-a   ironic, sarcastic
irrigación   irrigation
isla   island
islámico,-a   Islamic, Moorish
istmo   isthmus
izar   to raise
izquierdista   *m or f* leftist
izquierdo,-a   left; *n f* the left
   (political or direction)

J

jactarse   to brag, boast
jamás   never
jardín   *m* garden; yard
jarope   *m* syrup
jefe   *m* chief, boss, leader
jerarquía   hierarchy
jeroglíficos   *pl* hieroglyphics
jesuita   *m or f* Jesuit
jornada   working day
joven   *m or f* young; youthful
   person
jubilado,-a   retired person
judío,-a   *adj* Jewish; *n* Jew
juego   game; **Juegos Olímipicos**
   Olympics
jugar (ue)   to play (a game or sport)
jugoso,-a   juicy
juguete   *m* toy
junta   governing committee
juntar   to join; *refl* to join with, ally
   with
junto,-a   together; **junto con** along
   with, together with
jurisdicción   jurisdiction; territory
jurisprudencia   jurisprudence, law
justicia   justice
justificar   to justify, explain
justo,-a   just, fair
juvenil   juvenile, of or relating to
   youth
juventud   youth; young people
juzgado   court of justice; **juzgado,-a**
   adj person judged

juzgar   to judge, adjudicate

K

kilómetro   kilometer

L

labio   lip
laboral   *adj* work, labor
laboratorio   laboratory
labrar   to carve (wood); to work
   (iron)
lado   side; **por todos lados** on all
   sides, everywhere
ladrillo   brick
ladrón,-ona   thief
lago   lake
laguna   lagoon, small lake
lamentar   to lament, regret
lana   wool
lanzado,-a   advanced, put forth
lanzamiento   launching
lanzar   to throw; *refl* to launch
largo,-a   long
lástima   pity
lata   tin can
latino,-a   Latin (American)
latir   to beat
laúd   *m* lute
lavar   to wash
lavarropas   *m* washer
lazo   tie, bond; lariat
lealtad   loyalty
lechería   milk store, dairy
lector,-ra   reader
lectura   reading
leer   to read
legalidad   legality
legalmente   legally
legendario,-a   legendary
legislación   legislation
legislativo,-a   legislative
legumbre   *f* vegetable
lejano,-a   distant, far
lejos   *adj* far away, far; **lejos de** far
   from

lema *m* motto, slogan

lengua language; tongue

lento,-a slow

letra letter (of the alphabet); *pl* letters; literature

letrero sign, poster

levantar to raise; *refl* to get up, rise up

leve gentle, light

ley *f* law; *pl* law studies

leyenda legend

liberación liberation

liberalizar to liberalize

liberar to free, liberate

libertad freedom, liberty

librar to unleash, free

libre free

librería bookstore

libro book

licenciado,-a attorney; used also as equivalent of Master's Degree in other fields

liceo lyceum, high school

líder *m* leader

liga tie, connection

ligado,-a tied, attached

ligero,-a light (weight, food, clothing, etc.)

limitarse to be limited

límite *m* limit, boundary

limpiar to clean

linaje *m* lineage, ancestry

linchamiento lynching

línea line

lingüístico,-a linguistic; *n f* linguistics

lino linen

lío *n* fuss, mess, fix

lirismo lyricism

lista list, roll

listo,-a ready

literal *m* or *f* literal, to the letter

literario,-a literary

literatura literature

liviano,-a of light weight

llama llama

llamado,-a so-called

llamar to call; *refl* to be called, named

llamativo,-a interesting

llegada arrival

llegar to arrive; **llegar a ser** to come to be

llenar to fill

lleno,-a filled, full

llevar to carry; to wear; to take lead to; **llevar a cabo** to carry out

llorón,-ona whiner; *f* legendary ghost, used to scare children as is "the bogeyman"

lluvia rain

lobo wolf

localidad locality

localizado,-a located

lodo mud

lograr to achieve, get, manage to

logro achievement, accomplishment

Londres *m* London

loza pottery, clay

lucha struggle, fight, conflict

luchar to struggle, fight

luego then; later, afterward; presently

lugar *m* place; **en lugar de** instead of; **lugar común** *m* commonplace, cliché; **tener lugar** to take place

lujo luxury

luna moon

lustro lustrum, period of five years

luto mourning; **guardar** or **llevar luto** to be in mourning

luz *f* light

M

machacón,-ona bothersome

machismo virility, manliness

madera wood

madre *f* mother; **madre patria** motherland, mother country

madrileño,-a   person or thing from Madrid

madrugada   morning

maduro,-a   mature

maestro,-a   teacher, instructor

mágico,-a   magic

magnífico,-a   magnificent

maíz   *m* corn, maize

mal   *adv* badly, poorly; *n m* evil

malcriado,-a   ill-mannered

malo,-a   bad, evil; sick

mandar   to order, send

mandatario   leader, chief, president

mandato   command, mandate, term (of office)

mando   rule, command

manejarse   to get around

manejo   use, management

manera   way, manner; **de manera que** so that, so as to

manifestación   manifestation, demonstration

manifestar (ie)   to show, manifest

manifiesto,-a   manifest, evident

mano   *f* hand; *fig* control; **a manos de** at the hand of; **en manos de** in the hands of, controlled by; **mano de obra** worker, labour, manpower

mantener (ie)   to maintain, support, keep

manual   *m* manual, handbook; *adj m* or *f* manual, by hand

manufacturado,-a   manufactured

maoísta   *m* or *f* Maoist (follower of Mao Zedong)

mapa   *m* map

maquinaria   machinery

mar   *m* or *f* sea, ocean

maravilla   marvel

maravillarse   to marvel at

maravilloso,-a   marvelous, awesome

marca   brandname

marcar   to mark, stamp; to note

marcha   march

marco   frame

margen   *m* margin, edge

marido   husband

marina   *n* navy

marinero,-a   sailor

mariposa   butterfly

marítimo,-a   *adj* sea, maritime

masa   mass

masculinidad   masculinity

masculino,-a   masculine, male

masivo,-a   massive

matanza   killing, slaughter

matar   to kill

matemáticas   *usually pl* mathematics

materia   subject, matter, topic; **materia prima** raw material

maternidad   maternity

materno,-a   maternal

matiz(-ces)   *f* hue, shade

matrícula   registration (in school)

matricularse   to register in school

matrimonio   matrimony, marriage

mausoleo   mausoleum, burial structure

maya   *m* or *f* Maya (Indian)

mayor   larger, greater; **el (la, los, las) mayor(es)** the largest, greatest; older, oldest

mayorazgo   primogeniture, practice of leaving family goods to the oldest son

mayoría   majority

mecánica   mechanics

mecanismo   mechanism, device

mecanizado,-a   mechanized

media   average

mediados: a mediados de   about the middle of, midway

mediano,-a   medium

mediante   by means of, through

medicina   medicine

medición   measurement

médico,-a   doctor of medicine

medida   measure; means

medio,-a   half, mid-; *n m* middle; means, way; **en medio de** in the midst of; **por medio de** by means of

medio-ambiental environmental
mediodía *m* noon, midday
medir (i) to measure
mediterráneo,-a *adj* Mediterranean
mejor better; **el (la, los, las) mejor(es)** the best; **mejor dicho** rather; **a lo mejor** probably
mejora improvement, betterment
mejorar to improve, better
melancólico,-a melancholic, sad
mencionar to mention, name
menester: es menester it is necessary
menor smaller, younger, less; **el (la los, las) menor(es)** the smallest, youngest
menos *adv* less, minus; **al menos** at least; **por lo menos** at the least; **más o menos** more or less; **menos que** *or* **de** less than
mentira lie
mentiroso,-a liar
mercado market
mercancía merchandise
merced *f* grant, favor, gift
merecer to deserve
mermar to diminish
mes *m* month
mesa table; mesa, land plateau
meta goal
meteórico,-a meteoric
meterse to go into, get into
método method
metro meter (39.37 in.); subway
metrópoli *f* city, capital
metropolitano,-a metropolitan
mezcla mixture, mix
mezclado,-a mixed
mezclarse to mix into, take part; to meddle
miedo fear
miembro *m or f* member
mientras (que) while, as long as
migración migration
migrar to migrate

mil *m* a thousand
miliciano,-a militia member
militante *m or f* militant
militar *m or f* military
milla mile
millón *m* million
mina mine
mineral *adj, n m* mineral
minero,-a *adj* referring to mining; *n* miner
miniatura *n* miniature
mínimo,-a minimum
ministro minister (of government)
minoría minority
mirar to look at
misa mass
miseria misery
misión mission
misionero,-a missionary
mismo,-a same, equal; **él mismo** he himself; **lo mismo** the same thing
misterio mystery
misterioso,-a mysterious
místico,-a *n* mystic; *adj* mystical
mitad *f* half, middle
mítico,-a mythical
mito myth
mitología mythology
moda fashion, mode; **de moda** in style, fashionable
modalidad area; type, sort; situation
modelo model, pattern; *m or f* fashion model
moderado,-a moderate
modernidad modernity
modernizar to modernize
moderno,-a modern
modificación modification, change
modificar to modify, change, adjust
modo way, manner; **de modo que** so that, in order that
mojado,-a wet; wetback
molestar to bother
molesto,-a annoying, bothersome

momento moment

monarca *m* or *f* monarch, king, queen

monarquía monarchy

monasterio monastery

moneda coin

monetario,-a monetary

monopolio monopoly

monopolístico,-a monopolistic

monóxido monoxide

montado,-a mounted; **montado a caballo** on horseback

montaña mountain

montón *m* a lot

monumento monument

moralidad morality

morar to live, dwell

mórbido,-a morbid

moreno,-a brown; **gente morena** blacks

morir (ue) to die

moro,-a *n* Moor; *adj* Moorish

mortal mortal, fatal

mortalidad mortality, death rate

mosca fly; **mosca muerta** one who pretends meekness; hypocrite

mostrar (ue) to show; to prove; *refl* to show oneself to be

motivación motivation

motivo motive, reason; impulse, motif

mover (ue) to move (something); *refl* to move

móvil mobile, movable

movilidad mobility

movimiento movement

muchacho,-a boy, girl

mucho,-a much, a lot; *pl* many

mudarse to move, change lodging

muerte *f* death, demise

muerto,-a *adj* dead; *n* dead person

muestra sign, sample

mujer *f* woman, female

multinacional multinational

mundial of the world, worldwide

mundo world; **el Nuevo Mundo** the New World, the Western Hemisphere

municipio municipality

muralista *m* or *f* muralist

museo museum

música music

musulmán,-ana Mussulman, Moslem

mutuo,-a mutural

N

nacer to be born

nacido,-a born

nacimiento birth

nación nation

nacional national

nacionalidad nationality

nacionalismo nationalism

nacionalista *m* or *f* nationalist

nacionalización nationalization

nacionalizar to nationalize

nada nothing, anything, nothingness

nadie no one, nobody

narcotráfico drug trade

narrativa *n* narrative; **narrativo,-a** *adj* narrative

natalidad birth, birth rate

nativo,-a native

naturaleza nature

navaja razor; knife

Navidad Christmas

necesario,-a necessary

necesidad necessity

necesitar to need

necio,-a foolish

negar (ie) to deny

negativo,-a negative

negociación negotiation

negociar to negotiate

negocio business deal; *pl* business

nena colloquial form of **niña,** child

neolatino,-a neo-Latin, romance

neotrópico neotropics
neoyorquino,-a New Yorker
nepotismo nepotism
nervioso,-a nervous
neutralidad neutrality
nevado,-a snow-covered
ningún, ninguno,-a no, none, not any
niño,-a child, little boy, girl
nivel *m* level
noble *m* nobleman
noche *f* night
nocturno,-a noctural, night
nómada *adj m or f* nomadic
nombramiento nomination, naming (to a position)
nombrar to name; to nominate
nombre *m* name; noun; reputation
nopal *m* prickly-pear cactus
nórdico,-a Nordic
norma standard
normal: escuela normal school for training teachers
normalidad normalcy
normalizar to normalize
normativo,-a regulations
noroeste *m* northwest
norte *m* north
norteamericano,-a North American (used for a person or thing from the United States)
nota grade (in a class)
notable notable, noteworthy
notar to note, take note of
noticia notice; *pl* news
notorio,-a noteworthy
novela novel
novelista *m or f* novelist
noveno,-a ninth
nube *f* cloud
núcleo nucleus
nuera daughter-in-law
nuestro,-a our
nuevo,-a new
nulo zero
número number

numeroso,-a numerous
nunca never, not ever

O

obedecer to obey
obispo bishop
obituario obituary
objetivo objective
objeto object
obligación obligation, duty
obligado,-a obliged
obligar to oblige; to obligate
obligatorio,-a obligatory, required
obra work; labor
obrar to work, toil
obrero,-a worker
observador,-ra observer
observar to observe, watch
observatorio observatory
obsesión obsession
obsesionado,-a obsessed
obsesionar to obsess; *refl* to become obsessed
obstaculizado,-a impeded
obstáculo obstacle, barrier
obstante: no obstante nevertheless, notwithstanding
obtener (ie) to obtain, get
obvio,-a obvious
ocasión occasion
occidental occidental, western
occidente *m* the West
océano ocean
ochenta eighty
octavo,-a eighth
ocular *adj* eye
ocultista *adj* related to the occult
ocupar to occupy, hold
ocurrir to occur, happen
oeste *m* west
ofender to offend
ofensa offense, crime
ofensivo,-a offensive
oferta offer
oficial *adj* official

oficina office, workshop
oficio trade, task, business
ofrecer to offer
ofrenda offering, gift
ofrendar to offer up
oído,-a heard
ojo eye
ola wave
oler a (huele) to smell like
oligarquía oligarchy
olvidarse (de) to forget
onda wave
ondear to wave
operar to operate; to fund
opinión opinion
oponerse to oppose, be opposed to
oportunidad opportunity
oposición opposition
opresión oppression
opuesto,-a opposed; opposite
oración sentence, prayer
orden *m* order
ordenar to order
ordinario,-a ordinary
organismo organization
organización organization
organizador,-ra organizer
organizar to organize
órgano organ; medium
orgullo pride
orientación orientation, direction
oriental oriental, eastern
oriente *m* the East
origen *m* origin
originalidad originality
originarse to originate
orillar to push toward
ornamentación ornamentation, decoration
oro gold
ortodoxo,-a orthodox
osado,-a impudent, shameless
oscilar to vary
oscurecer to get dark, darken, obscure
oscuro,-a dark, obscure

ostentar to show
otorgar to grant, give, donate
otro,-a another, other, the other
ozono ozone

P

paciencia patience
pacificar to pacify
pacífico,-a peaceful, gentle
padecer to suffer from
padre *m* father, priest; *pl* parents
padrino,-a godfather, godmother; *pl* godparents
pagar to pay
página page
pago payment
país *m* country, nation
pájaro bird
palabra word, term
palacio palace
pampa *Argentina* plain
pan *m* bread, loaf of bread
panadería bread store, bakery
panamericano,-a Panamerican
pantalla screen (movie, TV, etc.)
pantanoso,-a swampy
panteón *m* pantheon
Papa *m* Pope
papel *m* paper; role
papelería stationery shop
para for, in order to, towards, by; **para que** so that
parada stop (train, bus, etc.)
paraguayo,-a Paraguayan
paraíso paradise
páramo high plain
parar to stop; to stay
parcela parcel, piece
parcial partial, part
parecer to seem, look as if
parecido,-a similar, alike
pared *f* wall
pariente,-ta relative, relation
parlamentario,-a parliamentary
parlamento parliament

parque *m* park
parquear to park (a car)
párrafo paragraph
parranda binge, party
parroquial parochial
parte *f* part, portion; place; **de parte de** on behalf of; **por parte de** on the part of; **por todas partes** everywhere
participación participation
participante *m* or *f* participant
participar to participate
particular private, personal, particular
partida certificate (of birth, etc.)
partidario,-a partisan, supporter
partido political party; game, match; group
partir to leave; **a partir de** starting at
parto childbirth
párvulo,-a small child, preschool child
pasado,-a past; *n m* past
pasajero,-a passenger
pasante passing
pasar to pass, go, pass through, go over to, come to; to spend (time)
pasear to stroll, take a walk, drive
paseo stroll, walk; drive, ride
pasión passion
pasivo,-a passive, inactive
paso step, mountain pass
pata foot (usually of an animal)
paterno,-a paternal, fatherly
patio patio, yard, courtyard
patológico,-a pathological
patria native country, fatherland; **madre patria** motherland
patriarca patriarch
patriarcal patriarchal
patrimonio patrimony, inheritance
patriota *m* patriot
patrón,-ona patron(ess), boss
paz *f* peace

peatón *m* pedestrian, walker
pecado sin
pecar (de) to commit the sin (of)
pedagógico,-a pedagogical
pedazo piece, shred
pedir (i) to ask for, request, solicit
pegarse un tiro to shoot oneself
pelea fight, quarrel
película film
peligro danger
peligroso,-a dangerous
pelirrojo,-a redhead
pelotero baseball player
pena pain, sorrow; **bajo pena** under threat; **en pena** in purgatory
peninsular *adj m* or *f* (thing or person) of the peninsula
penoso,-a sorrowful
pensamiento thought
pensar (ie) to think; to intend
pensionado pension, boarding house
peor worse; **el (la, los, las) peor(es)** the worst
pequeño,-a small
percibir to perceive
perder (ie) to lose
pérdida loss
perdiz *m* partridge
perdonar to pardon
perdurar to last
perfecto,-a perfect
perfilarse to outline
periódico newspaper
período period (of time), age, era
perjudicar to prejudice, damage, impair
perjuicio damage
permanecer to remain
permanencia permanence, stay
permanente permanent
permiso permission; permit
permitir to permit, allow
perpetuo,-a perpetual, eternal
perro,-a dog

persecutorio,-a persecuting
perseguir (i) to persecute; to pursue
perseverar to persist
persistencia persistence
persistir to persist
persona person
personaje m personage, literary character
personal m personnel
personalidad personality
personalmente personally
perspectiva perspective; prospect
pertenecer to belong, pertain
perteneciente belonging
peruano,-a Peruvian
pesado,-a annoying; heavy
pesar to weigh; **a pesar de** in spite of
pescadería fish market
pese: pese a despite
peseta Spain currency unit
pesimista pessimistic; n m or f pessimist
pésimo,-a very bad, worst
peso weight; currency unit
petición petition, request; **a petición de** at the request of
petróleo oil (crude), petroleum
petrolífero,-a of or relating to oil
peyorativo,-a pejorative, derogatory
pico a bit
pie m foot; **a pie** on foot
piedra stone
pilar m pillar
pintar to paint
pintor,-ra painter
pintoresco,-a picturesque
pintura painting
pirámide f pyramid
pisar to step on, set foot on
piso floor, story; **piso bajo** ground floor
pistola pistol
pistolero,-a gunman
placer m pleasure

plan m plan, scheme
plana page (of a newspaper)
plancha iron
planear to plan
planeta m planet
planta plant; floor
plantación plantation
plantar to plant; to put down
plantear to propose
plata silver
plataforma platform
plato plate; dish; **plato típico** traditional dish
plaza plaza, square; marketplace
plazo term, period; **a largo plazo** long term
pleno,-a full
plomo lead
población population
poblador,-ra settler, colonizer
poblar (ue) to populate, settle
pobre poor; n m or f poor person; pl the poor
pobreza poverty
poco,-a little, scanty; pl a few, some; n m a little bit; adv a little, somewhat, slightly
poder (ue) to be able to, can, may; n m power, authority
poderoso,-a powerful, strong
poema m poem
poesía poetry (also pl)
poeta m poet; **poetisa** poetess
polémica polemic, debate
policía f police; n m policeman
policíaco,-a of or by the police
político,-a political, n f politics; policy; n m politician
polución pollution
polvo dust
pompa splendor
poner to put, place; refl to become, turn; **ponerse de acuerdo** to reach an agreement; **poner de relieve** to emphasize; **poner (a alguien) en**

solfa to make (someone) look ridiculous
popularidad popularity
popularizar to popularize, make popular
por by, through; for, for the sake of, because of; **por eso** for that reason; **por lo tanto** therefore; **¿por qué?** why?; **por su cuenta** on its own; **por tanto** thus
porcentaje *m* percentage
porción portion, part
porque because, for, as
portal *m* gate, doorway
portarse to behave, act
porteño,-a person or thing from Buenos Aires
pos- *prefix meaning* after
posado,-a posed, perched
poseer possess, have
posesión possession
posibilidad possibility
posición position
postergación delay; omission
posterior later, behind, after
postura posture, position
potencia power
potencial potential
potente powerful
practicar to practice, perform
práctico,-a practical; *n f* practice, act, habit
precio price
precioso,-a precious, dear
precipitadamente hurriedly
precisamente exactly
preciso,-a necessary
preconizar to advocate
predecir (i) to predict
predicción prediction
predominantemente predominantly
preferencia preference
preferente preferred
preferible preferable
preferir (ie) to prefer
premiar to reward

premio prize, premium
prensa (printing) press
preocupación preoccupation, worry
preocuparse to worry
preparación preparation
preparar to prepare
prescrito,-a prescribed
presencia presence
presentar to present; to take (exams)
presente *m* present, present time
preservar to preserve, maintain
presidencia presidency
presidencial presidential
presidente,-a president
presión pressure
presionar to pressure
preso,-a *n* prisoner; *adj* captured
préstamo loan
prestar to lend
prestigio prestige
presumiblemente presumably
presunción presumption; conceit
presupuesto budget
pretender to aim to; to endeavor
pretendido,-a pretended; object of love
prevalecer to prevail, dominate
prever to foresee
prima: materia prima raw material
primario,-a primary, elementary
primer, primero,-a first; **lo primero** the first thing
primitivo,-a primitive, early
primo,-a cousin
primogénito,-a first-born
principio principle; beginning; **al principio** at first
prisa haste; **darse prisa** to hurry
prisionero,-a prisoner
privado,-a private
privar to deprive
privatización privatization
privatizar to privatize, sell to private interests
privilegiado,-a privileged

privilegio privilege

probar (ue) to prove; to test

problema *m* problem

procedencia origin, source

procedente coming from

proceder to come from, originate

procedimiento procedure, process

procesión procession, pageant

proceso process

proclamación proclamation

proclamar to proclaim, pronounce

procreación procreation

procuraduría prosecutor's office

producción production

producir to produce

producto product, result; **producto interno bruto (PIB)** gross domestic product (GDP)

profesión profession

profesional professional

profesor,-ra professor, teacher

profesorado professoriate, group of professors, faculty

profundo,-a deep, profound, radical

progenitor,-ra direct ancestor

programa *m* program; plan of action

progreso progress, advancement

prohibición prohibition, forbidding

prohibir to prohibit, forbid

prolífico,-a prolific

prolija dreary

promedio *n* average, mean

promesa promise

prometedor,-a *adj* promising

prometer to promise

promover (ue) to promote

promulgar to promulgate, proclaim

pronosticar to predict

pronóstico prediction

pronto *adv* soon, promptly

pronunciar to pronounce, speak

propensión propensity, learning

propicio,-a favorable, propitious

propiedad property

propietario,-a owner; proprietor; landowner

propio,-a one's own; appropriate; **amor propio** self-esteem

proponer to propose

proporción proportion

proporcionar to provide, make available

proposición proposal, proposition

propósito purpose, intention

prostitución prostitution

protagonismo significant presence

protagonizar to star in, play the lead in

protección protection

proteger to protect

protesta protest

protestante *m or f* Protestant

protestantismo Protestantism

protestar to protest

prototipo prototype, model

proveer to provide, furnish

provenir (ie) to arise, originate

provincia province, political division

provisión provision; *pl* supplies

provocar to provoke

proyectado,-a projected

proyecto project

proximidad proximity, nearness

próximo,-a next; near

proyectar to plan, project

prueba proof; test

psicológico,-a psychological

psicólogo,-a psychologist

publicar to publish; to publicize

publicista *m or f* advertising person

publicitario,-a *adj* advertising

público,-a public; *n m* (the) public

pueblo small town; the people, nation, citizenry

puente *m* bridge

puerto port

puertorriqueño,-a person or thing of Puerto Rico

pues then, since

puesto,-a put, placed; *n m* job, position; **puesto que** since

puma *m* puma, American panther
punto point, dot, period; **al punto de** on the point of; **punto de vista** point of view
puntualizar to put the finishing touch on, to complete
pureza purity
purgatorio purgatory
puro,-a pure

Q

que that, which, who, whom, than; **el (la, los, las) que** the one(s) who; **lo que** that which; **¿qué?** what?, which?; **¿para qué?** what for?; **¿por qué?** why?
quebrantado,-a broken; desecrated
quebrar (ie) to break
quechua *m* Quechua
quedar(se) to remain, end up; **quedar** to be located
quejarse to complain
quemar to burn
querer (ie) to want, love; to try; **querer decir** to mean
querido,-a beloved, lover; dear
quien who, whom; **¿quién?** who?; **¿a quién?** whom?
quinina quinine
quiosco kiosk, vending stand
quizás perhaps, maybe

R

racional rational, reasonable
racismo racism
racista *m* or *f* racist
radical radical, basic
radicar to live, settle
raíz *f* root; basis; **a raíz de** soon after, as a result of
rancho mess hall; hut; *S.W.U.S.* cattle ranch
rápido,-a rapid, fast

raro,-a rare, strange
rascacielos *m* skyscraper
rasero: medir con el mismo rasero to treat impartially
rasgo trait, characteristic
raso,-a flat, clear; **soldado raso** enlisted man, foot soldier, soldier of low rank
rastro trace, trail
ratificar to ratify
rato (a) little while, short time
rayo ray; lightning bolt
raza race; cultural group or people
razón *f* reason; **con razón** with reason, rightly; **sin razón** without reason, wrongly
reacción reaction
reaccionar to react
real royal
realidad reality
realismo realism
realizado,-a realized, brought to fruition, fulfilled
realizar to complete; to carry out
realmente really
reanimar to revive
reata rope
rebelarse to rebel, rise up
rebelde *m* or *f* rebel
rebelión rebellion
recapacitar to reconsider, mull over
recargo surcharge
recaudación receipts
recelo suspicion, misgiving
receta prescription; recipe
rechazar to reject, turn down
rechazo rejection, rebuff
recibir to receive, get
reciente *adj* recent
reclamación claim, demand
reclamar to claim, demand, complain
recobrado,-a recovered
recoger to gather
recomendar (ie) to recommend

recompensar to compensate, repay

reconciliar to reconcile

reconocer to recognize

reconocimiento recognition

reconquista reconquest

reconquistar to reconquer, retake

reconstrucción reconstruction

reconstruir to reconstruct, rebuild

récord *m* record

recordar (ue) to remember, remind

recordatorio reminder

recorrido route

recreacional recreational

recreativo,-a recreational

recto,-a straight; **ángulo recto** right angle

recuento vote count

recuerdo memory, reminder, remembrance

recuperar to recover

recurrir to recur, happen again

recurso resource

red *f* net, network

redistribución redistribution

reducir to reduce

reemplazar to replace, substitute

referencia reference

referendo policy election

referirse (ie) to refer to, have relation to

refinado,-a subtle, polished, refined

refinar to refine, purify

reflejar to reflect

reflejo reflection

reflexión reflection

reforma reform; Reformation; **reforma agraria** redistribution of land (in Spanish America)

reformar to reform, remodel

reformista *m* or *f* reformer, person or thing favoring reform

reforzar (ue) to reinforce, strengthen

refrán *m* refrain, proverb

refrescarse to cool off

refugiarse to take refuge

regado,-a sprayed, irrigated

regalar to give a gift

regar (ie) to irrigate, spray

régimen *m* regime, political system

región region, area

regir (i) to rule, govern

registrarse to be noted, seen

regla rule, principle

regresar to return

regreso return

rehén *m* hostage

rehusar to refuse, decline

reina queen

reinar to reign, rule, govern

reino kingdom; reign

reiterar to repeat

reivindicar to claim; to recover

relación relation, relationship

relacionar to relate; *refl* to be related, connected

relatividad relativity

relativo,-a *adj* relative

releer to reread

relegado,-a relegated; banished

relevo change, relief

religiosidad religiosity, religiousness

religioso,-a religious

remarcar to note

remedio remedy

remoto,-a remote

renacimiento rebirth

rendirse (i) to surrender, give in to; **rendir culto** to honor

renovación renovation

renovador,-ra *n* renovator; *adj* renovating

renovar (ue) to renew

renta income, profit

rentable profitable

renunciar to renounce

reparación repair

reparto distribution

repatriar to repatriate, return to one's country of origin

repente: de repente suddenly
repercusión repercussion
repetir (i) to repeat, do again
representación representation
representante *m or f* representative
representar to represent
represión repression
represivo,-a repressive
reproducir to reproduce, recreate
república republic
republicano,-a republican
repunte *m* rebound
requerimiento requirement
requerir (ie) to require, need
requisito requirement
resbalarse to slip out, down
rescatar to rescue
rescate *m* ransom, ransom money
resentido,-a resentful, offended
reserva reserve
reservación reservation
reservado,-a reserved, held back
residencia residence
residente *adj m or f* residing
residir to reside
resina resin
resistencia resistance
resistir to resist
resolver (ue) to resolve; to solve
respaldo support, backup
respectivamente respectively
respecto respect; **al respecto** in that respect
respeto respect (for something)
respiratorio,-a respiratory
responder to respond, answer
responsabilidad responsibility
responsable responsible
respuesta reply, answer, response
restaurante *m* restaurant
restaurar to restore
resto rest, remainder; *pl* remains
restricción restriction
restringir to restrain, restrict
resucitado revived

resultado result
resultante resulting
resultar to result, turn out
resumen *m* summary
resumir to summarize
retener (ie) to retain, hold
retornar to return, come back
retrasar to delay
retraso *n* delay
retroceso *n* setback
reunión meeting, reunion, gathering
reunirse to meet, gather
revelar to reveal, show
revista magazine, review
revolución revolution; revolt
revolucionario,-a revolutionary
rey *m* king
rico,-a rich; delicious
riego irrigation
riesgo risk
río river
riqueza riches, richness
risa laughter
ritmo rhythm
rito rite
ritual *adj* ritual; *n m* ceremony
robar to rob, steal
robo robbery
rodado,-a vehicular
rodear to surround; to round up
rodeo rodeo, round-up
romanizar to romanize, make like Rome
romano,-a Roman, esp. of ancient Rome
romántico,-a romantic; idealistic
romper to break
ropa clothing, clothes
rosa rose
rudeza roughness
rueda wheel
ruido noise
ruidosamente noisily
ruina ruin

rumano,-a Romanian
ruso,-a Russian
ruta route, way

S

saber to know, know how (to); to find out
sabiduría knowledge, wisdom
sabio,-a wise; wise person
sabor *m* taste, flavor
sacar to take out, remove
sacerdocio priesthood
sacerdote *m* priest
sacrificar to sacrifice
sacrificio sacrifice
sacudir to shake
sagrado,-a sacred, holy
saguaro a type of cactus
sajón,-ona Saxon
sala room, salon, hall
salario salary
saldo balance
salida exit, way out
salir to leave, go out, come out; **salir al paso** to come up against
salud *f* health
saludable healthy
salvación salvation
salvadoreño,-a El Salvadoran
salvar to save
San, Santo,-a Saint
sangre *f* blood
santero,-a maker of images of saints
sarampión *m* measles
satisfacer to satisfy
satisfactorio,-a satisfactory
sección section
secretariado secretariat
secretario,-a secretary
secreto *n* secret
secta sect
secuestrar to kidnap, abduct
secuestro kidnapping, abduction

secundario,-a secondary
sede *f* seat, headquarters
sedentario,-a sedentary, settled
sedicioso,-a *adj* seditious, *n* rebel
sefardita *adj* Sephardic
segmento segment
segregación segregation
seguidor,-ra follower
seguir (i) to follow; to continue, keep on
según according to
segundo,-a second
segundón *m* second son
seguridad security; certainty; **con seguridad** with certainty, surely
seguro,-a sure, safe
selección selection, choice
selva jungle
selvático,-a of the jungle
semana week
semejante similar
semejanza similarity
semestre *m* six months
semilla seed
senado senate
sencillo,-a simple
sensual sensual, relating to the senses
sensualidad sensuality
sentar (se) (ie) to sit down, be seated
sentencia (judicial) sentence
sentido sense, meaning
sentimiento sentiment, feeling, sense
sentir (se) (ie) to feel, feel like
señalar to signal; to mark, stamp; to indicate
señor Mr.; sir
señora Mrs.; madam
señorío lordship, domain
señorita Miss, young lady
separación separation
separado,-a separate; **por separado** separately

separar to separate
separatismo separatism, secessionism
separatista *m or f* separatist, secessionist
séptimo,-a seventh
sepulcro sepulchre, tomb
sepultura grave, burial place
ser to be; **a no ser** except; *n m* being, human being
serie *f* series
serio,-a serious; **tomar en serio** to take seriously
serpiente *f* serpent
servicio service
servir (i) to serve; **servir (de)** to serve as
severo,-a severe, harsh
sexo sex
sexto,-a sixth
sexualidad sexuality
sicología psychology
sicológico,-a psychological
sicólogo,-a psychologist
siempre always, ever
sierra mountain range
siesta nap, midday rest
siglo century, age
significado meaning
significar to mean, signify
siguiente following, next
silencio silence
simbólico,-a symbolic
simbolismo symbolism
simbolizar to symbolize
símbolo symbol
simetría symmetry
simpatía support, fellowship
simpático,-a congenial, likeable
simple simple; mere; silly
sin without; **sin embargo** however, nevertheless
sinceramente sincerely
sindical relating to a union
sindicato labor union
sino but, but rather, but also, except

sinónimo synonym
sintetizar synthesize, summarize
siquiera *adv* even
sistema *m* system
sistematizar systematize
sitio site, place
situación situation
situar to situate, locate
soberanía sovereignty
sobre over, on, above; about; towards; **sobre todo** above all
sobrecoger to startle
sobrenatural supernatural
sobresaliente excellent, outstanding
sobresalir to excel
sobresaltado,-a startled
sobrevivir to survive
sobrino,-a nephew, niece
sociedad society
socio,-a partner
sociológico,-a sociological
sociólogo,-a sociologist
sofocar to suffocate
sol *m* sun
solamente only
solar solar, of or relating to the sun
soldado soldier
soledad solitude, loneliness
solemne solemn, holy
soler (ue) to be in the habit of, used to, accustomed to
solidaridad solidarity
solidez *f* solidity
sólido,-a solid
solitario,-a solitary, lonely
solo,-a alone; only, sole
sólo only
soltar (ue) to release
solución solution
solucionar to solve
sombra shadow
someterse to submit oneself
sondeo survey, poll
soneto sonnet
soñar (ue) to dream
sor *f relig* Sister

sorprender to surprise

sorpresivamente in a surprising way

sosiego tranquility, quietness

soslayar to ignore

sospecha suspicion

sospechar to suspect

sostén m support

sostener (ie) to sustain

soviético,-a Soviet

sótano basement

subcultura subculture

súbdito,-a subject (as of a king)

subir to rise; to go up; to raise

subocupado,-a underemployed

subrayar to underline

subsecretario,-a undersecretary

subsuelo subsoil

subterráneo,-a subterranean, underground

subtítulo subtitle

suburbano,-a suburban

subversivo,-a subversive

subyugación subjection

subyugado,-a subjugated

suceder to happen

sucio,-a dirty

sudamericano,-a South American

sueldo salary, wages

suelo soil, ground, earth

sueño dream

suerte f luck, fortune

suficiente sufficient, enough

sufrir to suffer; to undergo

sugerir (ie) to suggest

suicidarse to commit suicide

suicidio suicide

suma sum, total; **de suma importancia** very important; **en suma** in short, summary

sumar to add, total

suministrado,-a supplied

sumir to sink

superar to surpass; to pass

superior superior, higher

supermercado supermarket

superstición superstition

supervivencia survival

superviviente n m or f survivor

supremacía supremacy

supresión suppression

suprimir to suppress

sur m south

sureño,-a southern

sureste m southeast

surgir to break out, come forth

suroeste m southwest

surtido selection, supply

suscrito,-a signed

suspender to suspend; to discontinue

suspensión suspension, interruption

sustantivo substantive; noun

sustento sustenance

sustitución substitution

sustituir to substitute

sutil subtle

T

tabaco tobacco

tabaquería tobacco shop

tabú m taboo

tacho de basura trash can

taco Mexico type of sandwich made with a tortilla

táctica tactics, policy, way of operating

tajante sharp, cutting

tal such, so, as; **tal vez** perhaps; **un (el) tal** a certain

talento talent

tamaño size

también also, in addition, too

tampoco either, neither

tan so, as

tango tango, dance which originated in Argentina

tanto,-a so much, as much; pl so many, as many

taquillero,-a popular, moneymaker

tardar to delay; be late, take a long time

tarde *f* afternoon; *adv* late; **más
tarde** later
tardío,-a late
tarea task, homework
tasa rate
teatro theater
techo roof; ceiling
técnica technique
técnico,-a technical
tecnología technology
tecnológico,-a technological
teja tile (of clay)
tejedor,-ra weaver
tejer to weave
tejido woven cloth, textile
tela cloth
tele *f* television
televisor *m* TV set
teléfono telephone
tema *m* theme
temblar (ie) to tremble
temblor *m* earthquake, tremor
tembloroso,-a trembling
temer to fear, be afraid
temor *m* fear
templo temple
temprano,-a early; **temprano** *adv*
early, early on
tenaza pincer
tendencia tendency
tender (ie) to tend to, have a
tendency toward
tener (ie) to have, possess, hold;
tener que to have to
teniente *m or f* lieutenant
tensión tension, strain
tenso,-a tense
tentativa attempt, try
tenue tenuous, delicate, subtle
teocracia theocracy
teología theology
teoría theory
teórico,-a theoretical
teorista *m or f* theorist
teorizar theorize
tercer, tercero,-a third

tercio one-third
terminar to end, terminate, finish
término term
terminología terminology
termómetro thermometer
ternura tenderness
terrenal earthly
terreno parcel of land, terrain
terrestre of the earth; *m or f*
"earthling"
terrible terrible
territorio territory, region
terrorista *m or f* terrorist
tesoro treasure
texano,-a Texan
texto text
tiempo time; weather
tienda store, shop
tierra earth, land
tinte *m* aspect
tío,-a uncle, aunt
típico,-a typical, traditional
tipo type, kind, sort
tiránico,-a tyrannical
tirano tyrant
tiro shot
titular *m* head, chief
título title; degree
todavía still, yet
todo,-a all, everything; *pl* everyone;
all of; **de todos modos** anyway; **del
todo** completely; **todo el mundo**
everyone, everybody; **todo un (el)**
a (the) complete, a (the) whole
tolerable tolerable, bearable
tolerancia tolerance
tolerante tolerant, forgiving
tolerar to tolerate, allow
tolteca *m or f* Toltec Indian
tomar to take; to drink
tono tone
toponímico place name, toponymic
torear to fight a bull
torero,-a bullfighter
tormento torment, anguish
toro bull

torre *f* tower
tortura torture
totalidad totality
totalitario,-a totalitarian
trabajador,-ra worker
trabajar to work
trabajo work, job
tradición tradition
tradicional traditional
traducción translation
traducir to translate
traer to bring, carry
tráfico traffic; **tráfico rodado** vehicular traffic
tragedia tragedy
trágico,-a tragic
traidor,-ra traitor
tramar to design, devise (a plot)
trámite *m* process
trance *m* difficulty
transformar to transform, change
tránsito traffic
transitorio,-a transitory, temporary
transmitir to transmit, relay
transportar to transport
transporte *m* transport, transportation
trascendental of great importance
trasladar to transfer
traslado transfer, removal
tratado treaty, treatise, tract
tratamiento treatment
tratar to treat; to try
través: a través across, through
trazar to trace, draw
trébol *m* clover
trecho distance
tremendo,-a tremendous, huge
tren *m* train
tribu *f* tribe
tribunal *m* jury; panel
triste sad
tristeza sadness
triunfante triumphant
triunfar to triumph, win
triunfo triumph

trono throne
tropas troops
turbar to disturb
tumba tomb, grave
tumulto tumult, riot
tuna student musical group
Túpac Amaru Incan leader's name
Tupamaros *pl* Uruguayan guerrilla band
turístico,-a of or relating to tourism

U

ubicado,-a located, placed
ubicarse to be located
ubicuo,-a ubiquitous
último,-a last, ultimate; **por último** finally
ultratumba *adv* from beyond the grave, the afterlife
único,-a only, unique
unidad unity; unit
unido,-a united; **Estados Unidos** United States
unión union; combination; **Unión Soviética** Soviet Union
unir to unite; *refl* to join
unitario,-a unitarian; *Amer* one who favors a strong central government
universalidad universality
universidad university
universitario,-a of or relating to the university
universo universe
urbanización urbanization
urbanizar to urbanize, group in cities
urbano,-a urban, living in cities
urbs *Latin* city
urgente urgent
usar to use; to wear
uso use; **hacer uso de** to make use of
utensilio utensil, tool
útil useful

utilidad   utility, usefulness
utilitarismo   utilitarianism
utilizar   to utilize, use

V

vaca   cow
vacilar   to hesitate
vacuno: ganado vacuno   beef cattle
vagar   to wander
valerse (de)   to make use of
validez   *f* validity
válido,-a   valid
valiente   valiant, brave
valioso,-a   valuable
valle   *m* valley
valor   *m* value; bravery, valor
valorar   to value, place a value on, appraise
vanguardia   vanguard, advance guard, leaders of a movement
vaquero,-a   cowboy, cowgirl
vara   rod, line
variar   to vary, mix
variedad   variety
varios,-as   various, several, some, a few
varón   *m* man
vasco,-a   Basque; **País vasco** Basque country
vascuence   *m* Basque language
vaso   glass, cup
vasto,-a   vast, extensive
vecindad   neighborhood
vecino,-a   neighbor
vehículo   vehicle
vejamen   *m* humiliation
vejez   *f* old age
vela   candle
vellón   *m* tuft
velorio   wake, vigil
vencer   to defeat, win
vendedor,-ra   seller, salesperson
vender   to sell
veneración   honor, veneration

venganza   revenge
vengarse   to take revenge
venidero,-a   coming
venir (ie)   to come
venta   sale
ventaja   advantage
ventana   window
ventilador   *m* fan
ver   to see; *refl* to find oneself
verbalmente   verbally
verbo   verb
verdad   truth
verdadero,-a   true, real
verde   green
verificar   to verify, confirm
verso   line of verse, verse
verter (ie)   to pour into, put into
vestido,-a   dressed, clad
vestirse (i)   to get dressed
vez   *f* time; turn; **a su vez** in its turn; **en vez de** instead of; **tal vez** perhaps
vía   way; **vía acuática** waterway; **vía fluvial** waterway; **en vías de desarrollo** developing; **por vía** by means, in a manner
viajar   to travel
viaje   *m* trip
viajero,-a   traveller
vicepresidente,-a   vice-president
victoria   victory
victorioso,-a   victorious
vida   life; **en vida** while living
viejo,-a   old, elderly; (*colloquial*) old man (father), old lady (mother)
viento   wind
viga   wooden beam
vigesimal   *adj m or f* based on the number twenty
vigésimo,-a   twentieth
vigilante   *m* vigilante, citizen police
vigilia   vigil
vigor: en vigor   in effect
vigoroso,-a   vigorous
vincular   to tie, connect
violación   violation

violar to violate
violencia violence
violento,-a violent
virreinato viceroyalty
virrey *m* viceroy
virtud virtue
visigodo,-a Visigoth
visitante *m* or *f* visitor
visitar to visit
vista view; **punto de vista** point of view
vital vital; **promedio vital** life expectancy
vitalidad vitality
vítor *m* hurrah!, bravo!
viudo,-a widower, widow
vivienda dwelling, housing
viviente living, alive
vivir to live, dwell
vivo,-a alive
volar (ue) to fly

voluntad will
voluntario,-a voluntary; volunteer
voluntarioso,-a willful, arbitrary
volver (ue) to return
votivo,-a votive; offered by a vow
voto vote
vuelta return; **ida y vuelta** round trip
vulgar common, low, vulgar

Y

yarda yard (measurement) *dialect* lawn
yendo *pres part of* **ir**
yerno son-in-law

Z

zanahoria carrot
zona zone, area of a city